叢書 現代社会のフロンティア 16

ローカル・メディアと都市文化

『地域雑誌 谷中・根津・千駄木』から考える

岡村圭子 著
Okamura Kayko

ミネルヴァ書房

ローカル・メディアと都市文化――『地域雑誌　谷中・根津・千駄木』から考える【目次】

図表一覧

序章　現代のローカル・メディア

1　気になる「地元」の情報

四半世紀にわたって地元の情報を発信し、記録しつづけた『地域雑誌　谷中・根津・千駄木』（以下『谷根千』）が二〇〇九年夏、第九十四号をもって終刊を迎えた。このほかにも、ここ数年、地域の内側を知りつくしたローカル・メディアや地元の人々に愛されてきた老舗の郷土紙／誌の終刊や休刊が相次いでいる[1]。

その一方で、東京の渋谷や福岡の天神など、特定のエリアの店舗や企業の動向を知らせるネット配信の経済新聞が注目を集めている[2]。そして紙媒体においては、タウン情報（地域情報）を専門とする有料の女性誌や大衆誌の発行部数が減りつづけるなか[3]、特定のエリアのサービス情報が掲載された無料クーポン誌、地元の観光情報のフリーペーパーやフリーマガジンが「雑誌タイプを軸に爆発的な創刊ラッシュを迎えている。」（稲垣 2008 : 15）[4]

電通総研の『情報メディア白書二〇〇六』によれば、フリーペーパーから得る情報としては、「旅行・レジャー」「ファッション」「美容」などを押さえ、「お店紹介」「映画・演劇・催し物案内」「買い物」といった身近な地域（地元）の情報が上位を占めている。なるべくお金をかけずに地元の「お得」情報を「お手軽に」収集できればよい、といったところだろうか。「いまわたしがいるところ」の情報が求められているのである。

何年もつづいてきたミニコミやタウン誌が休刊や終刊に至った経緯を考えるとき、フリーペーパーの躍進あるいはインターネットのインフラ設備の充実や利便性の向上、利用者の増加、利用コストの減少といった社会的背景を無視することはできない(5)。インターネットが、地域情報の取得に限らずあらゆる面においてわたしたちの生活を大きく変えたことはたしかである。ただ、従来の紙媒体が、あえて「紙」を残しつつもウェブサイトを並存させるといった方向性を実践もしくは模索しているところをみると、紙のローカル・メディアがまったく無くなってしまうというわけでもなさそうだ。

わたしたちはさまざまなメディアを「同時に」使いこなしながら、ローカルな情報の発信・受信を行っている。本書でとりあげる『谷根千』も、紙媒体としては終刊したものの、ウェブ上では「谷根千ねっと」として活動を継続している(6)。また、第4章でとりあげる『シティライフ』は、記事内容のほぼすべてをウェブサイトで読めるようにしてあり、ウェブサイトと紙それぞれを補完的なメディアとして積極的に活用している。

時間と空間を飛び越えて仮想現実の世界を構築し、身体を拡張するメディアとまでいわれたインターネットが、あえて手近な場所の情報を収集するツールとして利用されているのはきわめて興味深い。インターネット上で、同じ地域に住むリアルな「ご近所さん」や、かつて実際に机を並べていた「同窓生」、さらにはリアルな結婚相手まで——それが自分の好みかどうかはともかく——探すこともできる[7]。なにもネットで探さなくてもほかに方法はいくらでもあるだろうに、と思わなくもないが、グローバル化の担い手であり推進力であるインターネットが、むしろローカルな世界を歩きまわるためのツールとなっているのだ。もちろん、物理的にはるか遠くに住む誰かと簡単にやりとりができることによって、インターネットの恩恵を受けている人もいるだろう。しかし、インターネットの普及によって、グローバルなネットワークを最大限に利用した情報収集が中心になったわけではなく、むしろローカルな情報に人々の関心が向いている。つまり、グローバルに張りめぐらされたネットワークが構築したサイバー・コミュニティ構築のためというよりも、自分がリアルに住んでいる地元やある局所的な（ローカルな）領域に関する情報の取得のためにインターネットが利用されている状況は、とりたてめずらしいことではない[8]。

地域情報化といえば、すぐにインターネットのインフラ整備を思い浮かべるように、地域振興の救世主としてインターネットがもてはやされるのも理解はできる。しかしながら、だから「紙」のローカル・メディアは不要かといえば、そうではない。ネット利用が一般的になっても、有料情報誌を「購入」する頻度はあまり変わっていないという調査結果[9]を無視して、安価もしくは無料で情報が手に入るインターネットが紙媒体を完全に駆逐してしまうと結論づけるのはあまりに単純ではなかろうか。

大手の旅行情報誌が、一般に観光地としては知られていないエリアを特集することがしばしばある。それを見ると、なんらかのかたちで自分が関わる「ローカルな領域」（すなわち「地元」）への関心が人々の間で薄れているわけでもなければ、地域の情報は「インターネットで事足れり」というわけでもないことがわかる。その背景には、「自分のすみかをあたかも旅するように、外からの目で眺めることへの新鮮な好奇心」（西村 2009：15）があり、たとえそれが「内なる地元からの要請」によってつくられた雑誌（特集記事）であったとしても、「ニーズ」や「好奇心」を実際に掘り起こすこともあるだろう。

インターネットが普及したこのユビキタス社会において、紙媒体の研究なぞ「時代遅れ」だと主張する人もいるかもしれない。しかし時代遅れかどうかはともかくとして、別の観点から検討すべき課題もあるのではないかと考えている。すなわち、「ネットか紙か」「ネットが紙を駆逐した／するのかどうか」ではなく、昨今のローカル・メディアと、インターネットが普及する以前のそれとでは、それぞれ扱う地域情報の種類や情報提供の目的、その社会的役割や身体性がどのように異なっているのか、という問いである。

以下本章では、まず、特定のエリアの情報を伝達するメディアにおける「地域」概念の変遷とその歴史を概観しながら、『谷根千』の特徴について整理したい。そのうえで、『谷根千』がもたらした遺産とはなにか、今後ローカル・メディアにはどういった役割が期待されるのかについて考えてゆこう。

2　ローカル・メディアとはなにか

ここでいうローカル・メディアとは、ある特定のエリアの情報を発信する媒体、もしくはある特定のエリアの特定の集団に情報を提供する媒体の総称である。それゆえ、「地域メディア」と表記してもよさそうなものである。しかし、本書のタイトルにもあるように、あえて「ローカル・メディア」、つまり「地域」ではなく「ローカル」とした理由はふたつある。ひとつは、行政圏の境界に縛られない領域を議論の対象にしたいからであり、ふたつめは「グローバル」との関係において成立する概念として「ローカル」を位置づけながら「地域メディア」を考察したいからである。

「地域」というと、どうしても都道府県・市区町村などいずれかの行政区画をすぐに想像してしまうが、「ローカル」という言葉には、もうすこし曖昧で緩やかな括りによって形成された文化単位（エリア）という感じがある。「ローカル」と「ローカルでないもの（ローカルな領域のソト）」との境界線はさまざまなところに引かれ得るものである。地元民（ジモティ）文化や沿線文化だけでなく、○○駅周辺、○○商店街のあたり……といった生活文化圏としての領域は、かならずしも行政区画に規定されるものではない。同じ東京都内であっても、多摩地区と二三区ではまるでちがった雰囲気であるし、わたしが育った東京の東部は、西部とはまた「ちがった感じ」を受ける。ファッションや音楽に関しても、「渋谷系」と「新宿系」はまったく異なっている（と、主張する人々もいる）。行政区画上は違うエリアにありながらも、アクセントなど言語的な類似性があったり、いくつかの行政区画にまたがって「わたしたちの町／かれらの町」といった意識（ローカルな帰属意識）が認められたりするケースも少なくない。

そのような状況を考えると、ある特定のエリアについての情報を得るためのローカル・メディアが提供する情報は、行政区画内におさまらない。いや、むしろ行政区画におさまらないエリアのほうがよりわたしたちの生活感覚（実感）に近いのではないだろうか。しかし、行政区画の狭間に位置する「境界線上」のエリアは、行政区画をもとに企画・発行される地域メディアではカバーしきれない。しかもそういったエリアは、地方行政の中心地からの距離も遠い。第2章でも述べるが、『谷根千』創刊の背景にもこういった事情があった。

本書で検討する事例はすべて、ひとつの行政区画の枠内におさまらない境界線上のエリアを対象としたメディアである。すなわち、行政単位ではなくローカルなエリアの生活文化単位をターゲットにした紙媒体である。そういった研究対象を扱ううえで、そこでの議論により適した用語で考察を進めるためにも、本書では行政区画のイメージがこびりついた「地域」ではなく、より広義な概念をイメージできる「ローカル」を使用する。

本書であえて「ローカル」にこだわる理由について、もうひとつ確認しておきたいのは、ローカリティの生成と維持は、なんらかの共通性もしくはなにかの共有の産物によるものではない、ということである。つまり、ローカルな領域の「ソト」（たとえばグローバルな世界）との関係において、ほかの〈ローカル〉なものと区別されてこそローカルな領域はひとまとまりの「ローカルなもの」として位置づけられる。たとえば、「わたしたちの町」という感覚を、行政区画や地形「だけ」を基準に考える視点や、また「わたしたち」という感覚を言語や習俗、宗教などの共通性「だけ」をもって説明する考え方からは、どうしても描ききれない部分が出てくる。そういった考え方を否定するわけではないが、人々の活き活きとした生活（生活実感）と密接に関係するローカルな文化単位には、それぞれの状況に応じてさまざまなヴァリエーションが生まれ得る。たとえば、地球上のどこかある一地点だけを切り取ったエリアだけが「ローカル」ではなく、複数の地点が観念的なレベルで絡み合ったなかで生まれる「ローカル」も考えられるだろう(10)。ひとくちに「ローカル・メディア」といってもさまざまなものがあることからもそれは明らかだろう。

紙媒体に限定して、ローカル・メディアを示す単語を列挙してみよう。regional media、community media、タウン・ペーパー、タウン誌、ミニコミ誌、ローカル紙、地域雑誌、地方自治体の配布物、（地域の）フリーペーパー、小新聞[11]、豆新聞、郷土紙、団地新聞、ショッピング・ペーパー[12]、またエスニック・メディアや電話帳もローカル・メディアとしてみなしてよいだろう[13]。ユニークなところでは、地元の文化情報を印刷したパン袋がエアランゲン（ドイツ）にはあるというが（高松 2008：189-190）、これも立派な紙のローカル・メディアである。

さらに、紙媒体に限定しなければ、電波によって地域情報が送受信されるローカルラジオ（コミュニティFM）やケーブルテレビ（CATV）[14]、あるいは近年ではインターネットのウェブサイト、BBS、ブログなどもローカル・メディアとしての存在感を強めている。

このようにさまざまな形態をもつローカル・メディアであるが、その定義を整理すると、おおよそ次のようになる[15]。

（1）特定のエリアで有料／無料で販売／配布される新聞や雑誌
（2）特定のエリアで放送されるFMラジオ、CATV
（3）特定のエリアに居住するエスニック集団や言語コミュニティを対象として（その地域の）情報を提供する媒体
（4）特定のエリアの情報を流すウェブサイト
（5）全国的な規模で流通する地域情報誌

(6) 特定のエリア内に設けられた情報交換の「場所」(公民館、図書館、公演、広場、井戸端など)

「メディア」という概念をより広義に捉えれば、公民館や井戸端といった特定の場(スペース・メディア)もローカル・メディアである(田村・竹内 1989:7)。あるエリアで交わされる個人的な会話も、ローカルな情報のやりとりを含んでいればローカル・メディアであろう。また、花粉を運ぶミツバチのごとく、Aさんが地域情報の媒体となって、Bさんに伝え、それがC、D……と伝播してゆく。この構図から、ヒトもローカル・メディアの一種だということも可能である。

「ローカル」という概念もまた広義に捉えられる。たとえば、新聞を一定の地理的な領域を基準に類型化すれば、地方紙[16]、県紙、準県紙、地域紙もローカル・メディアであるし、視点を変えて日本というエリアをひとつの限定された領域(領土)とするならば、全国紙さえもここに含めてよいだろう。つまり、領域としての国家もある意味で「ローカル」な空間であり、さらには国境をまたいだエスニック・メディアもローカルな場所と場所をつなぐローカル・メディアと呼べるだろう[17]。

グローバルに張りめぐらされたネットワーク(電子的なものもふくめて)で繋がったエスニック・コミュニティは、グローバルであると同時にローカルである。しかも、そこでの「ローカル」という概念は、地方自治体や、地図上のある一点を指しているとは限らない。逆にいえば、ローカルなものは、グローバルなものとの関係性においてのみ「ローカル」なものとしてわれわれの前に出現する、いわば相関的概念なのである。誰が、なにを基準に「ローカル」として観察・認識するかによって、その範囲はいとも簡単に縮小したり拡大したりするのである。

数年前、わたしが担当する「地域メディア論」の授業で、履修者に地域メディア（ローカル・メディア）だと各自が思うものを持参してもらったことがあった。ある学生がもってきたメディアは、日本のニュースと南米のX国のニュースが書かれたスペイン語の新聞、いわゆる日本にいるスペイン語系住民のために発行されるエスニック・ペーパーであった。その時点ではまだ、ローカル・メディアの定義についてはなにひとつ細かい話はしていなかったので、彼女は自分の判断で、母親がいつも読んでいるそのメディアを持参したのだろう。なるほど、日本国籍の父親とX国籍の母親をもつ彼女にとって、そのエスニック・ペーパーはまぎれもなく（彼女にとっての）「ローカルな」情報を発信するメディアなのだ。なおかつ、彼女の母親にとっては、日本の情報と母国の情報の両方を母語で読むことができる、数少ないきわめて重要なローカル・メディアなのである。

彼女にとっての「地域」もしくは「ローカルな場所」は、彼女が居住する市町村ではなく、「日本」もしくは「X国」という領域、もしくは複数の地域（行政区域）にまたがった領域のことなのだろう。彼女にとってなじみ深いいくつかの「地域」についての情報が載っているそのエスニック・ペーパーは、まさに地域情報紙（本書の言葉でいえば「ローカル・メディア」）なのである。そう考えると、国家も「ローカル」のひとつであり、ふたつのエリアを結ぶ（複数のエリアの情報を媒介する）メディアもまたローカル・メディアのひとつとみなすことができる。

このことから、「ローカル」な領域というのは、あるひとつの地点だけを指すものでもなければ、固定化したものでもなく、相関的な関係のなかで定義づけられるものだということが理解されよう。さらに文化論的な視点からみれば、「ローカル」というものは「グローバル」や「ナショナル」との関係において規定されるものの、それらの下位にある絶対的に従属的な概念ではないのである(18)。本書全体をとおして「地域メディア」ではなくあえて「ローカル・メディア」と呼ぶ理由はここにもある。「地域」という語には行政区画によって区切られた空間や居住者にとっての実際の固定化された生活圏といった語感がある。しかし、日常の生活の場や近隣だけが「ローカル」というわけではないし、そもそもどこまでを自分にとっての日常の生活エリアとするかは、諸個人の置かれた状況やライフスタイルによって違うはずである。

複数の領域が「ローカル」な概念だとは到底思えない人にとっては、先のエピソードに違和感を覚えるかもしれない。しかしそれでも、「ローカル」概念をより柔軟に捉えるにあたっての好例と思えてならない。日本とX国との間を空間的かつ社会的に行き来する彼女にとって、「ローカル」な領域とは、ふたつの国がセットになったうえで形成されるものなのだろう。たとえ日常生活を日本で送り、母語が日本語であるとしても、また日本とX国それぞれが地理的に離れた「国家」であるとしても、である。繰り返すが「ローカル」という概念は相関的なものなのだ(19)。それゆえあらゆるメディアがローカル・メディアとして機能する可能性があり、本書でいうところのローカル・メディアとは、これらを一括する大きな概念である。そのことを前提にしつつ、論をすすめてゆきたい。

さて、同じクラスには、もうひとり印象的な発言をした学生がいた。一般的には「地域メディア」と呼べそうな大手出版社が発行する紙媒体を指しつつ、「これは地域メディアのようだけど、地域メディアではない」というのだ。彼の居住地域の情報が掲載されているにもかかわらず、そのメディアを地域メディアとは呼べない、と主張する。なぜそう思うのかとたずねたら、「自分が行かないところの情報ばっかで、なんかあたたかくないから」だという。彼にとっての「地域」の「メディア」とは、たんなる物理的空間にひしめく情報の塊ではなく、自分の行動範囲や関心に合致しそうな情報を伝えてくれる「あたたかい」――けっして「クール」であってはならない――媒体なのだ。

学生たちのこうした発言はあくまで直感的なものではある。しかし、あながち的外れとも思えなかったのは、ローカル・メディアを考えるうえで、きわめて根本的な問いを提起していたからだ。

本書でのローカル・メディア研究の目的は、ひとつひとつのローカル・メディアの特徴を詳細にあるいは網羅的に描き出すことではなく、『谷根千』を例にそれがいかにしてローカルなメディアたり得たかを考察し、「ローカル」や「メディア」という概念を再考することにある。次節以降、主に紙媒体を中心に、その成り立ちと歴史的経緯を概観しながら、『谷根千』がどういったローカル・メディアであったのかをみてゆこう。

3　『地域雑誌　谷中・根津・千駄木』と地域情報

ローカル・メディア『谷根千』について

『地域雑誌　谷中・根津・千駄木』は一九八四年に三人の女性によって創刊された（図序-1を参照）。A5版（約四八頁）の季刊誌で発行部数は約七〇〇〇～九〇〇〇部[20]、主に東京の山手線の上野から西日暮里の内側のエリアにある書店や商店にて五二五円で売られていた[21]。「谷中・根津・千駄木」という誌名は「たんなる語呂」で決められ（森 1991：30-31）、商業的なタウン誌でも従来型のミニコミでもない、

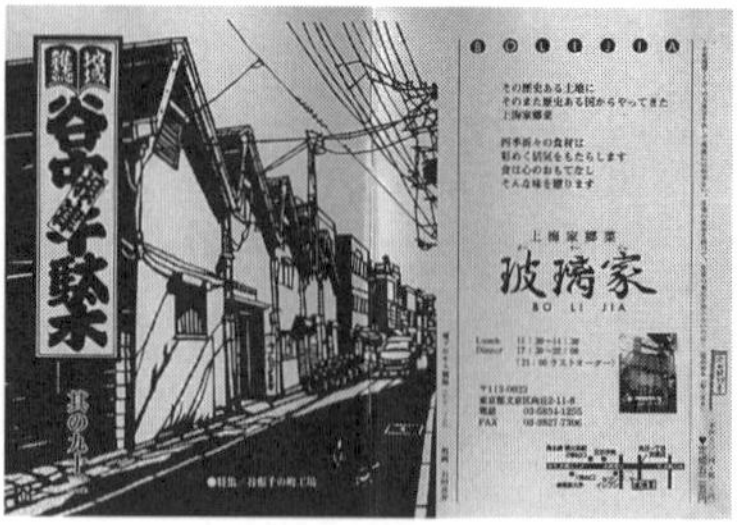

図序－1　『地域雑誌　谷中・根津・千駄木』（其の九十二）の表紙と裏表紙

あくまで「地域雑誌」として地域史の記述・記録というスタイルをとるようこころがけていたという。一九八五年の「NTT第1回全国タウン誌フェスティバル」の大賞を受賞した際『谷根千』の編集者たちが、「いままで『谷根千』をタウン誌といわず、地域雑誌と自称してきた。それは町の雰囲気が横文字に馴染まないこと、またタウン誌といえば、加盟店をつのり広告を多く載せる営利的PR誌のイメージが強いのが嫌だったから」（『谷根千』1985. 12 : 37）というコメントを出していることからもわかる[22]。

さらに編集者のひとりである森まゆみは、『谷根千』が「主婦のタウン誌、下町情緒」と紹介され、定着している状況に対し、「主婦も、タウン誌も、下町も全部異議を唱えたい」（森 2001）と講演のなかで述べている。

地域の（ローカルな）情報を提供するメディアは数え切れないほどあるが、それぞれにおいて提供される地域情報は、その質がちがう。では、そこで言うところの「地域情報」とはなにか。つまり、「地域情報」といったときにそこでの「ローカルな領域」はいかに定義されているのか。以下では、『谷根千』の特徴について、それが射程に置くエリアはどこか、想定する読者は誰か、といった点を整理しながら、まずは『谷根千』にとっての「地域情報」とはなんだったのか考えてみたい。

「地域情報」と呼ばれるものが、わたしたちの生活に欠かせないものだとするならば、それを伝達するメディアもまた必要不可欠である。ある地方紙の記者への調査によると、回答者の八〇％以上が、地方紙（県紙）の重要性は今後も増してゆく、もしくは変わらないとしており、その理由としては、「インターネットや他メディアが普及しても、最もカバーできない（ローカル紙のみがカバーできる）情報分野が地域ニュースだから」（山口 2006：214）と答えている。(23)

特定の地域の情報を伝達するのがローカル・メディアであるが、「地域の情報（-化）」の特性を、船津衛は次の四点に整理している。第一に「地域に関連した情報であり、地域に依存した、地域レリバントな情報」であり、「それは一般の情報を地域の観点から切り取り、意味づけし、解釈し、また新たに創造した情報」いいかえれば「地域に応じたきめこまかな情報」が提供されていること（船津 1994：107）、第二に、「地域に密着した地域の情報、人びとにとって身近な情報を表すこと」（Ibid.：109）、第三に、「地域の抱える問題を明確に把握し、また人びとのニーズに応える情報」を提供していること（Ibid.：115）、第四に、情報を生み出す情報主体が住民であり、地域の多くの人びとによって担われた共同活動であること（Ibid.：120）である。

地域（ローカルな）情報にはさまざまな側面があり、その情報を発信する媒体の性質と対象、すなわち、どこの、誰に、どうやって、なんのために、どんな情報を提供しているかによって、そこで扱われる地域情報が変わってくる。これらの観点から『谷根千』にはどういった特徴があるのかみてみよう。

まずは、地域情報の「地域」というとき、どの範囲（エリア）をターゲットにするかについて考えてみたい。どのエリアにメディアを配布し情報を発信するか、「ローカル」の範囲をどのように決めるかによって、地域情報の性質は異なる。『谷根千』は、四つの行政区（文京区、台東区、荒川区、北区）の境界にあるエリアをターゲットとしているため、行政が発行する公報（区報）とはその性質がまったく違う。つまり、「谷根千」と呼ばれるエリアは区境にあるため、それぞれの自治体の広報に掲載される情報は、このエリアの住民にとってはいまいちピンとこない場合も多い。たとえば台東区の住民であっても、台東区役所より他区の区役所のほうが近く、行政サービスを受けづらいといったことも少なくない。

森は『谷根千』がターゲットにするエリアを決めた理由を次のよう説明している。「谷中と桜木は台東区、根津・千駄木・弥生は文京区、日暮里は荒川区、そして田端は北区とここは四区の区境。それだけに区役所からは遠く、行政サービスは薄」い。[24]それゆえ、行政区にはこだわらず、むしろ氏子圏のような生活実感に近いエリア、つまりは「私たちにとって自分の町と考えられるところ」をエリアと定めた（森 1991 : 74-75）。

さらに、面的な広がり（同心円的な広がり）か、線的な広がり（交通機関の沿線や河川などに沿った広がり）かでいえば、『谷根千』では中心が曖昧な面的広がりによるエリアを対象にしている。地理的共通性（行政区画や自然発生的なエリア）にもとづいたエリア、共通関心にもとづいたエリア、そのいずれもが『谷根千』においてはかならずしもあてはまるとはいえない。[25]なぜならば、そもそも谷根千の境界線は制度的に明確に引かれているわけではなく、また「谷根千住民」が一丸となってなにか住民運動などを起こすといった現象もないからだ。むしろ、そういったコミュニティ的な繋がりが希薄になっていたからこそ――少なくとも編集者たちはそう感じたからこそ――『谷根千』は創刊されたわけで、その『谷根千』が扱う「地域」とは、行政区の狭間の局所的でローカルな領域なのである。

第二に、情報発信の相手についてである。『谷根千』においては、明らかに地域住民に向けた情報提供が主流であった。それと対照的な、観光客（来訪者）向けに同じエリアの情報提供をする『るるぶ――東京下町を歩こう』（JTB）や『まっぷるマガジン――東京下町を歩く』（昭文社）などと比較するとわかりやすい。ローカル情報の内容については、大きく分けて「地域内の居住者向け」の生活情報か、「地域の外の人々」もしくは一時的な滞在者への情報かに分類することができる。それによって記事や放送において伝達する情報の内容も変わってくるが、いうまでもなく『谷根千』は前者である。住民にとっては、ふだん利用するお店のご主人のことや、近所のお年寄りの昔話（戦中この地域がどういった状態だったかなど）、あるいは地域の文化財の豆知識を得ることは日常のなかの「新しい発見・刺激」である。一方、観光客や来訪者にとっては、よっぽどの谷根千マニアでもない限りそういった情報は些末な事で、むしろその日のランチや夕食を楽しむ店や、お土産に適当な雑貨やお菓子などを買える店の情報が嬉しい。このように考えると、消費を促すことを目的としたメディアかどうか、という分類の仕方も可能であろう。『谷根千』の誌面をみればわかるが、広告の少なさに加え、ある程度の基礎知識をもって「じっくり読む」ような記事が多く、直接的に消費を促すようなものは少ない。

第三に、紙（印刷）媒体か電子（放送・通信）媒体か、どのような経路で情報を流すか、によっても地域情報の内容が変わってくる。『谷根千』は、近年はウェブに移行しつつあるとはいえ、題字のフォントや大きさ、表紙の質感、手触り、色合いなど、紙であることへのこだわりは強い。『谷根千』のほかにも、第4章で述べる『シティライフ』や『渡良瀬通信』においても、編集者たちが一様に紙へのこだわりやレイアウトの美しさなどに言及していた。紙のメディアにおける情報とインターネットなどにおけるデータ情報には、それぞれ異なる身体性があるのだ。

『谷根千』には、速報性が重視されるような記事はほとんどないが、丁寧な聞き書きによる記録は「なんとなくとっておきたくなる」感情を呼び起こす。和風の表紙のざらっとした触感も、谷根千の「和」のイメージを作るのに一役買っていたかもしれない。まさに「紙」媒体ならではの、その特性を活かした情報提供をしてきたのである。

第四に、その目的である。『谷根千』は、地域住民へのインタビューや独自の取材をとおした地域情報の提供とともに、地域住民が地域の歴史を再発見し古い建造物に関心をもつように、そして地域への愛着や誇りを育むように、といったことを目的のひとつとして掲げている。(26) それゆえ『谷根千』は、このエリアの居住者や生活者に向けたローカル・メディアであり、その土地柄からか文芸誌的な色彩もある。地域の文化や郷土史を掘り起こす側面と、いま地域でなにが問題になっているか提起するといった側面もある。『谷根千』は、そういったいくつかの顔をあわせもちながら、その問題意識の根底にある「町並みの保存」に向き合っていたのである。

谷中の町並み——いや、並というほどには揃ってない、お寺の間に散在する明治や大正期の民家が次々に消えてゆくのを、このまま手をつかねて見ていなければならないのだろうか。とはいえ、家や土地はいまの日本では私有財産である。（略）それでも、谷中の民家を壊すのは惜しい、と私の心は揺れた。（略）第一、何十年も時代を生き延びて、いろいろな人々の人生、思い出がしみついている家というものをみすみす壊してよいのだろうか。何かできないか……。（森 1991：28-29）(27)

森は、そのような思いを強くいだき、このエリアの住民である数名の仲間とともに『谷根千』を創刊し、さまざまな切り口でローカルな情報を提供していった。

さて、このような目的で始められ、結果的にはエリアを越えてひろく知られるようになった『谷根千』は数々の賞を受けている。[28] それゆえ、ローカル・メディアの「優等生」として評する向きもあった。たとえば、「『谷・根・千』はいま、都市型地域雑誌のエースである。全国的に知られた存在である」（丸山 1997：203）という評価があり、また、タウン誌の編集者が集まるあるイベントで『谷根千』の成功について「あのエリアには特別な歴史があり古い建造物が残る特別な場所だからだ」と分析する人もいた。二〇〇七年一一月のインタビューにおいて、このことについてどう思うかと疑問を投げかけたところ、編集者の山崎範子は「『谷根千』が成功したとは思えない」と前置きをしつつ、次のように続けた。「私たちは自分たちが面白いと感じたこと、知りたいと思ったことを調べて特集してきただけ」。たしかに、編集者がそれぞれのプライベートな経験をふまえて特集した「私の最期はどんなだろう　谷根千介護事情レポート」（其の八十八、二〇〇七年一一月）や、時事問題をとりあげた「牛肉騒動　冷静と饒舌のあいだ――お肉屋さんへの応援歌」（其の六十八、二〇〇一年一二月）は、谷根千という場所でなければ書けない記事というわけでもない。[29] 要は、話題をとりあげるときの視点、記事にするときの切り口の問題なのである。

『谷根千』と地域情報化

以上、『谷根千』の特徴をいくつかの角度から整理してきたが、次に『谷根千』にとっての地域情報

(化)について考えてみたい。

『谷根千』創刊から数年後、各新聞や観光情報誌、他のタウン誌などにも「谷根千」の文字が躍り、テレビの地域特集でも谷根千がとりあげられるようになった。「谷根千」という単語は当該エリアの情報とともに、さまざまな種類の媒体によって広がっていったのだ。その結果、谷根千を訪れる人々だけでなく、住民自身もまた自分たちが住むところの情報に関心を向けるようになっていった。これも地域情報化のひとつの成果であろう。

地域情報化というと、一般には、地方自治体における電子市役所システムの構築や、地域のインターネットインフラの整備を指すことが多い。そういった取り組みのねらいは、都市(中央)と地方(周縁)との情報格差、経済格差の是正にある。つまり地域社会(とくに地方)においては、そういった類の情報化が地域振興と深く結びついており(少なくともそう信じられており)、それゆえに地域情報化が重大な政策課題とされる傾向がある。(30) 情報というものが水や空気と同様、人間の生存に関わる重要な要素であるとするならば、限界集落などの過疎化や高齢化がすすむ地域の人々や、経済的貧困から情報インフラを十分に整備できない人々にとって、自治体主導のハード面での地域情報化は必要不可欠である。しかし、地域情報化はそれだけにとどまらない。(31)

丸田一は、これまで「地域情報化」と呼ばれてきた概念を、住民やNPOなどの「自治体以外の主体が行う」地域の情報化(＝地域情報化)と、電子自治体構想に象徴されるような地方自治体が進める情報システム開発、すなわち「自治体内部の情報化」(＝行政情報化)とに分け、「地域情報化とは(略)地域での活動であり、地方自治体内部の情報化とは一線を画」すものであることを強調する(丸田 2007:

54–56)[32]。この分類に従えば、『谷根千』による地域情報化は明らかに前者に入るだろう。

ところで、地域振興をねらいとした日本の地域情報化（政策）は、けっしてうまく進められてきたとはいえない。たとえば、一九八〇年代のテレトピア構想、ニュー・メディア・コミュニティ構想などの地域情報化構想は、「今に至るも所期の成果が得られているとはいえない情況に」あるという指摘もある。すなわち、これらの構想の背景には、国土開発計画や産業政策と連動した情報化政策という考え方があり「極言すれば、ここには地方の中央への従属という構図が見え隠れしている」（犬田 1998：79）。

さらに地域情報化政策や電子自治体関連政策については、実際にそこで生活する人々の「要求に応じて展開されてきたとは言い難い現状」も指摘されている（津田 2005：34）。その背景には、地域情報化の政策目標としては「地域コミュニティの活性化」や「行政運営のコスト削減」が掲げられているものの、実際には「多くの人びとは地域の情報メディアに対して、地域の『伝統』や『文化』よりもむしろ、国家レベルの情報を伝達することに期待を寄せて」いること（Ibid.：46）、さらに情報通信のインフラ整備のためには大規模な財政支出がともなうことなどがあるという。地域はそれぞれ抱えている事情が異なっており、一般化していうことはできないが、地域情報をめぐって生じる問題の多くは、「地域」の範囲指定の仕方も含め、地域情報の需要と供給の歯車が嚙みあっていないところにある。その点『谷根千』は、当該エリアの住民の情報欲求をうまく満たしていたのであろう。

現代の地域情報化の象徴的なインフラとして、またローカル・メディアの役割を担うインフラとして、インターネットは有力かつ注目に値するものである。ただしそれは、情報の発信・伝達・交換の迅速さといった側面から捉えれば、という条件付きである。地域情報化が「コミュニティ・コミュニケーションの活性化を引き起こすとともに、他方に、コミュニケーションのあり方に関して、一方性や受動性を克服し、双方向性や主体的『参加』を促す新しいコミュニケーションを生み出すもの」（船津 1994：5）であるならば、インターネットがより適しているようにも思える。しかし、『谷根千』をはじめとするいくつかの紙メディアを取材してみると、そうとも言い切れない。もし、インターネットに代表されるような情報インフラの整備を中心とした地域情報化に限定しないで地域振興を模索するのであれば、地域情報化のための行政予算には、インターネット・システムの整備費用に加えて、紙媒体の印刷費や配送料、記者の取材経費などがふくまれていたほうがよかっただろう。とはいうものの、簡単にいかないのが現実ではあるが、実際に紙媒体の『谷根千』は、インターネットのインフラよりも、地域文化の発掘や住民相互の交流を積極的に構築してきた。ここに、地域情報化のひとつのかたちがみてとれよう。

4　ローカル・メディアの歴史と「地域」概念の変化

ローカル・メディアの成立とその役割

『谷根千』が商業的なタウン誌とは異なるということについては、先にも述べたとおりであるが、以下では明治期以降のローカル・メディア（主に紙媒体）の歴史やその社会的背景を俯瞰しながら『谷根千』のスタンスについて考えてみたい。

一八七一年（明治四年）の廃藩置県は、現在に至る政治・行政圏としての「地域」社会の基礎をつくったとされている。廃藩置県は、近代国民国家が推し進める中央集権制、すなわち国家による経済・教育・文化の支配のための政策のひとつであったが、そういった社会的状況のもと一方では、印刷技術や識字率の向上もあいまって、「政論紙」とよばれる紙メディアを用いたジャーナリズム活動も活発化していた（林 2003）。

時代は下って一九四二年（昭和一七年）、効率的に言論を統制するため、新聞については一県一紙制が導入されることになった（Ibid.）。民放ラジオや戦後に普及したテレビも、当初は県紙を母体にし、県域をサービスエリアとしていたことからもわかるように、都道府県という行政的枠組みが、大手メディアにとってきわめて強い基盤であったことがわかる。

行政単位の地域に関する情報を提供するメディア、すなわち「地域メディア」の始まりは、この一県一紙制の導入以後とみることができる。一九四五年以降は、ＧＨＱによる指導のもと、公的な情報サービスの一環として各自治体は行政広報を定期的（月一〜二回）に発行し、全世帯に配布した。それもあって、行政区画を基盤とする地域メディアにおいて、地域情報とはそれぞれの自治体内部の情報、という意識が定着していった。

第二次世界大戦中の地方紙の合併・統合（一九四二年に出された新聞整理方針による）の後、「全国紙から人や機器が提供されたり、用紙など製作資材の配給が政府から優先的に行われるように」[33]なり、今日の地方紙および地方のテレビ局（キー局ではなく地方局）の経営基盤ができた（川名 1980：69）。つまり、戦後の地方紙の成長は、皮肉なことではあるが言論統制の一環として戦時下で行われた一県一紙体制によって支えられていたという側面もあった。高木教典はいくつかのデータを示し、戦後の地方紙は朝日、毎日、読売などの全国紙の「攻勢」すなわち地方進出に「よく対抗して全国紙を上まわる着実な発展をとげたこと」に言及し、その理由を次のように説明する。すなわち、独自の技術革新や経営努力（経営の合理化と近代化）はいうまでもないが、言論統制の効率向上と資材統制の目的から実施された新聞の企業統合によって成立した地方紙は、統制によって独自の専売網を組織するなど経営基盤を強固なものにし、なおかつ戦時下におけるいわゆる「新聞の疎開」によって、「中央紙の新聞製作技術」を習得できたのだという（高木 1967：46–49）。

地域（ローカル）メディアは、とくに地方においてその発言力を維持してきたが、戦後のマスコミュニケーション研究（新聞学）においては、しばしば地方の政治の有力者と地域メディアとの癒着、すなわち地方政治と地方記事との関係が「地方紙最大の課題」だと指摘されつづけてきた（Ibid.：53）。[34] 地域メディアと地方政治との関係について大石裕は、鎌田慧の『地方紙の研究』を参照しながら、地域ジャーナリズムにおいては「地域メディア、地域住民、地域の政治エリート、三者の物理的・心理的距離は、全国規模のそれと比べるとはるかに近く、また相互依存の度合いも高い」が、それこそが「地域ジャーナリズムの強みであり、また弱みでもある」と述べている（大石 2003：90）。

近年においても、ますます情報産業の巨大化と寡占化が進行するなか、大新聞などの「マスコミ」批判を原点としたローカル新聞がある一方で（田村［1968］1976：36）、首都圏を仰視する地元の有力者や政治家の「広報機関」としての役割を果たす地域メディア（ローカル・メディア）もある。つまりは、地元で生活する市井の人々の意見を代表するよりも、広告を提供するクライアントや地元の有力者や国家の意向に沿った紙面づくりに終始するようなメディアもあるということだ。ローカル・メディアの役割のひとつは、あるエリアの情報をそのエリアの内外に伝達することであるが、ときにその性質ゆえ地元有力者や企業との癒着を引き起こしてしまいかねない。

ジャーナリストの小和田次郎は、一九八〇年代当時のローカリズム重視の編集（地ダネ編集）を評価しながらも、「いまの地ダネ重視の紙面づくり傾向は、このままいくと『負』のローカリズムに傾いてしまうのではないか」と疑問を呈していた。小和田によると、ローカリズムが抱える負の側面とは、封建制によって支えられた「郷党意識」を助長したり、「地ダネ主義を徹底してやっている新聞が、県政汚職の追及には極めて消極的」であったりするようなことである（小和田 1980：22-23）。

ただし「負」のローカリズムの克服という課題を抱えながらも、地方から全国、さらには世界を眺め、論点・争点を提起してゆく姿勢や、とにかく地方の情報にこだわって報道する姿勢は[35]、全国紙に対抗する媒体としての地方紙（ローカル・メディア）の存在意義を示しているといえよう。

ところで、「全国紙」対「地方紙」あるいは「中央」対「地方」という対立軸ではなく、むしろそこに連携を見出すことにローカル・メディアの可能性を期待する論者もいる。たとえば、琉球新報記者の前泊博盛は「ローカルメディアの課題と可能性を論ずる上で、また『地方の課題をいかに全国に発信するか』という課題を考えたときに、『中央紙』と『地方紙』の連携、協同の必要性」を感じるという。その理由は「沖縄の地方紙が扱う『沖縄問題』の多くが、米軍基地問題や地域振興による環境破壊やコミュニティの破壊など、『中央』の政府や企業から持ち込まれるものが多」く、しかもその解決も「中央の対応なしには不可能なものが多い」からだ（前泊 2006：75）。さらに、新井直之もまた、「大事な」地ダネとは身近な地域社会の問題についての意見の対立、すなわち「世論を起こす」記事であり、地方で起こっていること（小状況）と日本社会もしくは国際社会が抱える国政レベルの問題（大状況）とを「つなぐ」ものでなければならない（新井 1980：59-63）と主張する。

ここで興味深いのは、「対立」にせよ「連携」にせよその姿勢こそちがってはいるものの、ローカル・メディアはつねに国家や都市（中心）を意識しながらその存在価値を確立してきたということだ。県域も含めたローカルな領域もしくはローカリティは、そうではない領域との対峙的な関係において、それとしての独自性を表出してきたのである。つまり、つねに「ローカルでないもの」との差異化によって、「ローカルな領域」というユニットが意識されるようになるということだ。

ただし、そこでいう「ローカルな領域」とそれ以外との関係は、近年多少なりとも変化してきているのではないだろうか。日本のローカル・メディアの歴史を俯瞰すると、そこに生じる対他関係には、「ローカル」対〈ローカル〉関係、「ローカル」対「ナショナル」関係、そして「ローカル」対「グローバル」関係といった具合に、いくつかのパターンがみえてくる。たとえば、「ローカル」対〈ローカル〉関係というのは、廃藩置県以前の社会関係のような、各地方がそれぞれ独立的な「くに」と〈くに〉としてそのローカリティを主張している状況を考えるとわかりやすい。

つぎに、「ローカル」対「ナショナル」関係というのは、近代化政策とともに生じた首都圏の一極集中のもとで関係づけられる「地方」と「国（もしくは首都）」といった構図のなかでローカリティを主張している状況である。これはもっとも一般的でイメージしやすい対峙的な関係であろう。ながらく日本の地域メディアは、この関係の利点と欠点の狭間に置かれてきた。

そして、「ローカル」対「グローバル」関係において見えてくるのは、「ローカル」な領域が「グローバル」に対して副次的なものではなく（国家の付属としての「ローカル（地方）」ではなく）、あくまでグローバルなネットワークのなかで成立したそれぞれ対等な主体としての複数の「ローカル」という捉え方である。そういった観点においては、戦うべき／手を取り合うべき直接の相手は「国家」だけではなく、グローバルなネットワークの先にいる「彼ら」でもある。すなわち、ローカルな「われわれ」と、われわれではない「かれら」との関係はさまざまなヴァリエーションで表され、「ローカリティ」はそこでの関係において再帰的に規定されるのである。

地方には依然として国家の協力・介入では解決しえない問題と、逆に介入が必要とされる問題が混在している。さらに近年では、国際社会の動向や取り決め、グローバル規模で展開される経済システム抜きには解決できないローカルな問題もある。そうした状況のなかで、国家との関係においてだけではなく、グローバルなネットワークのなかにいる「かれら」――それは国内・国外を問わず――との関係においてて確立されるローカリティの姿を捉えることが今後のローカル・メディアの役割として必要とされてくるのではないだろうか。

地域密着型メディアとしてのミニコミ

一九六〇年代後半、経済発展優先の政策によって引き起こされた環境問題や公害問題への関心の高まりや[36]、人々のマスメディアへの不信感が増すにつれて、地方自治体や地元の有力者・権力者の「声」だけでなく、住民の「声」を各地に届け、公にする役割をもつローカル・メディアが注目され、「住民の生活環境を守り、地域情報を伝える地域紙、郷土紙（いわゆるミニコミ）などが改めて見直されてきた」

（高木 1981：17–18）。

『公害原論』で知られる宇井純も、「小さな町の大きな事件」である水俣病報道をめぐって、記録資料としてとくに重要とされる『水俣タイムズ』などの小さなローカル・メディア（地方紙や豆新聞）は「地域のコミュニケーションの手段としては、ある時には四大紙よりも強い力を持つことさえある」（宇井 1968：26–27）と評している(37)。このことからわかるように、マスメディアとはちがった形態のメディア、すなわちローカル・メディアが、アジェンダ設定機能(38)をもち、近代化の影の部分に積極的に光をあてたことは看過できない(39)。

とくに「ミニコミ」と呼ばれる媒体は、不特定多数を受け手として想定するマスメディアとは異なり、ある程度書き手の（情報の送信者の）顔がみえるような規模である。マスコミとミニコミとのちがいについて、田村紀雄は以下のように整理する。まず、大量（大量印刷が可能）で画一的なマスコミとはちがい、ミニコミは「小さな地域、小さな分野」についてのきめこまやかな情報伝達が可能であるということ、また、伝達の対象が絞りにくいゆえに情報の内容が一般的なものになるマスコミに比べて、ミニコミは特定の地域や社会階層などがターゲットとして限定できるため、「コミュニケーションの内容を深いものにする可能性をもつ」ということ、さらに、ミニコミはマスコミに比べ広告費が安いことを挙げている（田村 1972：232–233）。

地域に密着したローカル・メディアの評価は分かれるところではあるが、ミニコミがマスコミに対抗する概念として登場したことを考えれば(40)、ローカル・メディアとしてのミニコミの役割は、たんに地域の情報をそのままタレ流したり、マスコミが流す首都圏の情報を無批判に伝達することではない。つまり、地域の生活者としての視点から大きな問題にアプローチしてゆく姿勢があるかないかが、ローカル・メディアを特徴づけるひとつの基準となる。『谷根千』の編集者たちが、自らがつくったローカル・メディアをどちらかといえば「タウン誌」よりも「ミニコミ」に分類されるのを好むのもこういった理由からだろう。

タウン誌からフリーペーパーへ

ミニコミが発展する一方、一九六〇年代以降はタウン誌もその存在感を強めていった。田村（1980）によれば、「閉じたサークル」すなわち共通の趣味などをもつ読者の輪が主体となって発行する「伝統的学芸誌に限定」されていたミニコミのなかには、一九六〇年代の市民運動の高まりにともなって、政治的なミニコミとなっていったものがあった。やがて、政治的な争点を主眼においたミニコミも、一九七〇年代以降は風俗的ミニコミへ、さらには、記事の内容や読者層についてはまったくちがったタイプの文化的ミニコミ、すなわち「タウン誌」[41]へと変化していったという[42]。

ここで田村がいうところの「風俗的」と「文化的」とに関しては明確な説明および定義がなされていないが、「ミニコミの担い手の側からすれば、政治への接近と失望、そして風俗への離脱、さらに文化への高揚という筋道がある」（田村 1980：126）という記述から察するに、ミニコミからタウン誌への変遷は、人々（とくにミニコミの編集者と読者）の関心が政治的なところから離れ、より日々の生活に即した「風俗的」情報へと向き、やがて余暇や娯楽を楽しむ余裕のある社会階層によってその消費欲求を満たすような「文化的」情報が求められるようになったと理解してよいだろう[43]。音楽評論家の篠原章も、一九六九年から一九七二年まで発行されていたロック情報誌『新宿プレイマップ』が「呼び水となって」七〇年代には『シティロード』や『ぴあ』などの「タウン誌・情報誌ブームが到来した」（篠原 2005：130）と述べているように、「ライヴハウスとロックファンを結ぶ媒体」（Ibid.）であったこれらの雑誌は、都市生活を楽しむ若者向けの「文化的」情報を提供するローカル・メディアの典型であったといえよう。

週刊・月刊の活字の地域メディア（地域新聞）は一九六〇年代以前にもあったが、その論調は硬く「戦後の地域行政、地域開発、企業誘致、環境破壊などへの批判」が主体であった。その後一九六〇年代を境に、日本だけでなく欧米諸国においても、若者を中心にタウン誌の人気が高まり、日本では全盛期に一〇〇〇種以上のタウン誌が発行されていた（田村 1980）。学生運動に挫折した人々が、生まれ故郷へ戻り、新しいタイプの活字媒体を興したのがタウン誌の始まりであり、その特徴は、地元の商店街を広告主にするなど、スポンサーをそれぞれの地域で発見し、独自の流通ネットワークを構築しているところにある。つまり、既存のシステム（出版社＝取次＝小売書店への委託販売＝代金回収＝残部の返還というシステム）に乗るのではなく、タウン誌は、版元も読者も地域内で、書店だけでなく地域内の商店、飲食店、美容室などで販売され、そういった販売形態によって、地域での影響力が強くなっていった（田村 2007：11）。地域メディアの主役がミニコミからタウン誌に移っていった理由として田村は、「都会のアイディア、形式、若者文化、メディアのノウハウ、編集・印刷技術、広告活動、マーケティングを地方都市に拡散・波及させたことによる」と分析している（Ibid.：11）。

タウン誌の特徴としてもうひとつ着目すべきは、石田佐恵子が指摘するように、さまざまなイベントを、その規模や有名性に関わらず「等価な記号として」並列したことにある。『ぴあ』などはその代表格であろう。有名店や見どころ、イベントなどを網羅的に掲載した（しているかのように見せかけた）タウン誌をとおして、人々は「都市」を経験していったのだ（石田 1992：71-79）。

その後一九七〇年代後半からは、「草の根の市民活動」が発端となってフリーペーパーが多数生まれた。(44) フリーペーパーとは、無料で配布される新聞・雑誌を指し、その発行に要するコストは、ほぼすべて広告収入で補っている。

フリーペーパーが活発化した背景には、公団住宅（団地）およびそれにともなう、新中間層すなわち「団地族」の出現があった（田村 2007）。(45) 団地族は、住宅公団によって設けられた入居基準の結果、年齢、学歴、家族構成、所得、通勤距離、住宅への需要などがきわめて近似した人々からなり、「レジャー、娯楽、文化、政治、教育への関心が高く活発な消費活動」をしていた。そういったなか、彼らに向けて「きめこまかく地域情報、ニュース、各種案内、イベント情報、行政サービス情報、商店広告」を提供する無料誌が、団地族自身の手で発行されたのである（Ibid.：12）。

タウン誌のいくつかは、全国規模のメディアとは違った範囲の「地元」ないし「遊び場」をターゲットとし、フリーペーパーは「団地」という狭い領域から始まった。(46) ここで注目しておきたいことは、これらの領域はいずれも、行政区画（市区町村）によって境界づけられたエリアではないということだ。「地元」も「団地」も、たしかにある特定の行政区画の「一部」ではあるが、行政区画の「全体」を示すものではない。ある人々にとっての身近な、局所的な「ローカル」なエリアである。そのような領域を前提にしたローカル・メディアが人々に必要とされてきたことが、タウン誌やフリーペーパーが活発化した背景にあった。このことは、おさえておくべき点である。

ローカル・メディアのひとつの姿――「ローカル」と「メディア」について

「情報誌は役割を終えたか」と題された記事（『朝日新聞』二〇〇八年一一月一五日）では、イベントや映画情報を発信してきた『ぴあ』の大幅な誌面刷新の試みや、関西の月刊誌『L magazine』の休刊など、一九八〇年代まで「カルチャーの中心にいた」情報誌の方向転換について、読者層が見えにくいゆえに広告主が敬遠し広告収入が伸び悩んだことによると説明されている。しかしその一方で「マイナーでもニーズがある情報」を「路地裏」から発信している『足立区ウォーカー』や『TMO尼崎』などは、マイナーでもおもしろい情報、インターネットでは手に入らない「地元」情報――それはかならずしも都心の情報とは限らない――を探し出し読者に提供することで、生き残りをかけているという(47)。

たしかにいわれてみれば、あちこちで「地元」や「沿線」のエリア情報を提供する紙媒体が目につく。地方に出張した時やすこし遠出した時などには必ず「ご当地」のタウン誌やフリーペーパーを入手するようにしているが、その種類の豊富さや出来栄えに感動することもしばしばある。こうした感覚をもって、「地方の時代」の到来を語ってみたくもなるのだが、遡ってみればそれはいまに始まったことでもないのだ(48)。一九六〇年代からすでに地方分権が叫ばれ（伊藤 1998）、首都圏への一極集中型社会の弊害が指摘されてきた。現在もなお、「地方の時代」「地方分権」のかけ声のもと、地域活性化に多額の予算が組まれているが、ずいぶん長い間「地方の時代」が続いているわりにはローカルな特徴をかき消すような動きも止まらない。

平成に入って行われた総務省主導の市町村合併によって、とくに地方の市町村の固有名の多くが消失した。それによって「大都市も地方も、地域の『境界』が消失しつつあり、存在するのは地方自治体の行政域だけ」になり、「一般の住民がこの境界を意識するのは、引越しのときか、あるいは選挙のときぐらい」だとする指摘さえある（丸田 2007 : 15–16）。

しかしながら、それまで慣れ親しんできた地域の名前が消えたことによって、ローカリティも消滅し、「行政域」だけになってしまったとは到底思えない。地方や地域という概念（区切り方）そのものが変化してきたと理解できないだろうか。なぜならば、先にも述べたようにいくつかのローカル・メディアにおいては、地域と地域の狭間や行政区内のごく一部（たとえば「団地」など）のエリアがターゲットにされる場合もあるからだ。

『谷根千』も、区境のエリアをターゲットとしてきた。そこで前提とされる「地域」は、本書でいうところのローカルな領域であり、「地方自治体の行政区域」ではない。越智昇は、『日本のローカル新聞』（田村紀雄著）に対する書評のなかで、「地域」と「地域社会」とを区別すべきではないか、としながら次のように述べている。

制度化された行政区域を、ここでいわれる「地域」と理解してさしつかえないならば、「地域社会」は何と限定すべきであろうか。私の見解によれば、それはコミュニケーション原理によって展開される価値創造——文化創造の場である。〝新しいムラ作り〟といった運動はかって花やかに登場したが、あのばあいも明らかに後者の「地域社会」意識をもってすすめられるべきであったし、評価されるべきであった。図式的に言えば、それは制度化された、権力によって方向づけられた「地域」に対して、生活者の普遍的な要求（文化価値）――それはまさに「地域」をこえたもの――がぶっつけられ、生活者がそれを「地域」において実現しようとする運動である（あったかどうか）と考えられねばなるまい。そうすれば、マス・メディアが国土なり県域なりといった「地域」にもたれかかって権力の論理と癒着して「地域社会」を忘れようとするとき、ローカル新聞は「地域社会」をゆさぶって、どの角度からでも新しい価値創造の媒体になりうる。（越智 1969：214-215）

越智がいうところの「地域社会」とは、本書の定義に従えばまさに「ローカルな領域」である。そう考えると、『谷根千』をはじめ行政区画の狭間のエリアをターゲットとしたローカル・メディアは、「制度化された、権力によって方向づけられた『地域』」ではなく、生活者としてのローカルな領域を対象としたメディアなのである。

さらに、その役割も行政区的な境界線をもとにした地域メディアとローカル・メディアとはすこし異なっている。『谷根千』だけでなく、後述する『シティライフ』や『渡良瀬通信』も政治的共同体を前提にはせず、編集方針としては、特定の政治的思想からはあくまで距離を置く、という姿勢をとっている。もちろん、まったく完全に特定の思想信条から独立して記事を書くことはできないし、「完璧な中立」などありえない。

それでも、これらの紙メディアができるだけその姿勢をこころがけているのはたしかだ。多少なりともスポンサーとの関係もあるだろう。それゆえ、これらのローカル・メディアは娯楽・生活情報が中心で、特定の政治的主張のあるメディアとは一線を画しており、政治的論点を積極的に提起するミニコミとは別次元のメディアとして論じるべきかもしれない。しかし、これらのローカル・メディアを丹念に追いかけてみると、そうともいえないことがわかる。編集者が意図するかしないかに関わらず、それらのローカル・メディアは、ローカルなネットワークをつくる媒介（まさにメディア！）にもなっているということだ。やや誇張していえば、それらは「地域をつくる」のではなくて「人と人とのネットワーク」をつくる、もしくはそのための情報の集積場になっている、ということである。そこで生まれたネットワークが、結果的に、政治的な運動や特定の主義・主張――エコロジーであるとか、地域主義（ローカリズム）であるとか、自分にとって身近な生活圏（ローカルな領域）でできることからグローバル社会を考えるという思想など――に支えられた集合的な行動に繋がることもあるだろう。しかしそれを可能にするのは、そういったローカル・メディアが特定の政治的な共同体を前提にしたものではないからではなかろうか。

地域メディアとローカル・メディアとの違いを意識すると、以上のような、ローカル・メディアに求められる役割とその特徴が浮き彫りにされるのである。

5　情報の記録とメディアの身体性

ローカル・メディアに期待されるのは、ローカルな領域の情報の「伝達」とともに「記録」（と「再発見」）という役割もある。まさにそこに重点を置いたのが『谷根千』だった。ローカル・メディアのアジェンダ・セッティング機能や大規模なメディアには載らない情報の伝達の機能は重要であるが、それと同じく必要とされるローカル・メディアの機能は「記録」である。(49)

本章3節でも述べたように、地域情報化を推進する議論の多くは、地域の情報の（とくに市役所などの地方自治体の業務における）「電子化」を念頭に置いてきた。それが利用者や管理者の利便性や記録の効率化を重視してのことだというのも、ある程度は理解できる。しかしながら、「地域振興」や「町おこし」の一環として地域情報化を位置づけるならば、双方向性や主体的な住民参加を促進する地盤をハード面からではなく、ソフト面から固めるための、情報の記録・蓄積を、地域情報化の重要な論点のひとつとして加えたい。なぜならば地域の情報を次世代に（時空を超えて）記録してゆくことこそが、地域の歴史の再発見と地元・地域文化への愛着の醸成に繋がると考えられるからだ。

紙メディアである『谷根千』も、まったく電子メディアに無関心というわけではない。谷根千工房がウェブサイトをたちあげたのは二〇〇〇年六月で、始めたきっかけは、編集者の強い要望というのではなく、「そういうことに詳しい人（現在の管理者）がいたから」だという。

二〇〇九年頃まで「谷根千ねっと」の管理・運営をしていたシステムエンジニアの守本善徳は、一九九〇年代の終わりごろ学生時代から住んでいた本郷を離れ千駄木に移ってきた。「森鷗外などの文学者が住んだ場所へのあこがれ」があったという。『谷根千』の公式ウェブサイトを立ちあげるまでの経緯を、守本は次のように説明する。

当時、守本は自分の事務所を根津に構え、ドメイン名をとろうとおもったとき、〝やねせん〟という言葉をどこかで聞き、ドメインの響きとして「口で伝えやすいし、覚えやすくていい」と思い、調べたところまだだれにも取得されていなかったので取得した。しかしその後、『谷根千』という雑誌があるのを知り「これだったら仁義とおしておかなきゃいけないないと思って。だったら、運営はこちら（有限会社ファブリス）で、コンテンツはそちらから提供してくれませんかということで話がまとまった」のだという（Interview 2001. 9. 9）。

「谷根千ねっと」の掲示板（BBS）[50]には、谷根千エリア以外の土地の人が「～について調べているんだけど、という問い合わせ」が多いが、地元の人は「口づてで（こんなBBSがあるよって）紹介されてくる」ことが多いという。[51]つまり、「口コミ」がウェブサイト閲覧のきっかけをつくっているのである。「谷根千ねっと」へのアクセスの特徴は、[52]滞留時間の長さ、そして地域住民の割合の多さにある。さらに、地元の店がリンクをはっていることもあり、アクセスは東京以外からというよりも、このエリアに住む人のほうが多く、「声としては出てきてないけど、みんな見ているみたい。よく行くお寿司やさんとかで見てますよ、っていう話を聞く」のだという。

ウェブの利点として守本は、サンフランシスコのcraigslist[53]を挙げながら「低コストな地域の情報交換の場」が提供できることを指摘する。[54]たしかに雑誌も必要だが将来的に紙（の『谷根千』）は無くなっても、電子媒体によるものは永続的に残しておけるし、またいくら国会図書館に紙媒体が収蔵されていても、わざわざみに行かないので、ウェブの利点は手に届くところに残しておけることと「検索性の拡張」だと守本は語る。二〇一〇年六月現在、谷根千工房は紙媒体の『谷根千』は発行していないが、「谷根千ねっと」としてウェブを積極的に利用しながらローカルな情報を発信しつづけている。

あらゆるローカル情報を電子情報にして発信・保存することの利点は、いまさらここで挙げるまでもないだろう。しかし、電子情報はその扱いやすさや送受信（伝達）のしやすさといった利便性に富む一方で、情報の記録という点に関してはある程度の限界と脆弱さがあると指摘する声もある。アーキビストの小川千代子は、「数百年後、歴史をひもとく私たちの子孫」が導き出すかもしれない「定説」を次のように想像する。

20世紀末から21世紀初頭にかけて、資料は殆ど残っていない。その理由は、当時流行した記録媒体にある。当時はコンピューターを用いて記録を電子的に作成・送付・保存していた。だがこの電子記録は、記録媒体としては劣悪なものであった為、21世紀末には殆ど全てが、読み取れなくなってしまった。それで、20世紀末から21世紀にかけては、記録の暗黒時代と呼ぶ。（小川 2003：40）

なんとも滑稽な話にも聞こえるが、事態はそう楽観できるものではなさそうだ。小川によれば、一九九五年に製造されたCD‐ROMやMOなどの電子記録媒体は「三〇年の耐用年限を期待できない」（Ibid.：177）ばかりか、紙やフィルムなどのアナログ記録は「読みにくい」「見えにくくなる」というように緩やかに劣化が進むのに対し、電子記録ではそれまで記録されていたはずの情報が突然「見えない」「読めない」ものとなる（Ibid.：116）。それだから、「電子記録は、現時点的な利便性を持つが、未来の世代に引き継ぐための媒体ではない」とアーキビストは考えているのだという（Ibid.：208）。

古代エジプトでは、墓碑銘に刻まれた特定の治世者の姿や名前がことごとく削り取られることがあった。憎い政敵が生きていた証を残したくない、といったところであろうか。彼らは知っていたのだ。いかに「記録」が重要かということを。そして「記録から抹消する」こと、「その人が生きた記録を残さないようにする」ことが、後の世の自分自身の評価に深く関わるということを。逆に考えれば、ある情報が石に刻まれることでその記録とともにある人物の存在やある出来事の「事実」が半永久的に残る／残ってしまうことも同時に理解していたのだ。それは、自分が生きていた（黄泉の世界で生きている）ことを誰かに「伝える」ことでもあり、同時に、自分自身と自分以外の者が「私の名前」を忘れないように「記録」するためでもあったのだろう。

時代は下って二一世紀に入り、わたしたちは彼らほどに記録（次世代にメッセージを遺すこと）に執着してはいない。しかし、多くのアーキビストたちが警鐘を鳴らすように[55]、なんの対策もなくこのまま情報の電子化が加速すれば、デジタルカメラで撮影した大事な画像やコンピューターで作成した書類などは、一〇〇年後――場合によってはたった数十年後でさえ――ほとんど残らないという事態になってしまいかねない。

さらに紙媒体の特徴をもうひとつ加えると、インターネット上の情報は自ら積極的にアクセスしようとしなければまず目に入ってはこないが、紙媒体はいやがおうでも視界に入ることだ。インターネットは自分で意識的に検索しなければ、またその検索の技術がなければ、なかなか自分が必要としている（地域の）情報にたどりつけない。その技術があっても――いや、あるからこそ！――ネットサーフィンをしているうちに、情報の大波に飲まれて、気づいたときにはいったいなにを検索していたか／どこへ向かっていたのか忘れ「漂流」してしまうことさえある。

テレビやラジオで流れる地域情報は、好きなときに好きな場所で見聞きし読むことはできないが、雑誌や新聞などの紙のメディアは速報性こそないものの、偶然店頭でみかけて手に取ることができる、持って歩ける、切り取って手帳に挟んでおけるなど、端末がないところでも読める。新聞などの大判の紙メディアに至っては、電気の通っていないところでも読めるだけでなく、まったく別の次元での「利便性」もあるのだ。(56)

『谷根千』は電子データ化を十号まですでに終えており、今後も順々にやってゆく予定で、それによって『谷根千』の記事検索がしやすくなると思われる。(57) しかしながら、電子データでは検索しにくい情報が『谷根千』には多く、また「紙」だからこそ可能な検索の仕方があることも看過できない。(58)

たとえば、雑誌の読者や編集者が、表紙の色と関連させて特集記事や発行時期を覚えており、その記憶をもとに検索することがある。つまり、『谷根千』は毎号表紙の色を変えているため、たとえばバックナンバーの注文のときなどに「『色』で（巻号を）言う人もいる」のだという。さらに、『谷根千』の紙面を開いてみると、タイプされた文字の横に（まるでハイパーリンクのごとく）こちょこちょとメモのような手書きの書き込みを見つける。追加情報であったり訂正事項であったり、たんに「印刷に間に合わなかったから」と編集者たちは笑うが、そういった「味のある」手書きの加筆・修正箇所は、おそらくそのままのかたちでは電子データでは検索が不可能であったり、データの上ではちがったかたちでの表現になるだろう。これを検索プログラムのなかに組み込むこともできるだろうが、ここでわたしたちが気づくのは、こうした紙メディアの身体性が、電子メディアとはまた違った感覚を呼び起こすことだ。(59)

手書きの文字や紙そのものの身体性は、電子メールに慣れきってしまうとかえって強く感じるものである。とくに個人から個人に宛てた手紙（郵送された手書きの手紙）とEメールとは、まったく別の感覚をもたらすことさえある。

在外研究で滞在していた町で、ある朝、わたしは一通の手紙を受け取った。それはいまではあまりみかけなくなった赤青に縁取られた封筒に入って、毛筆で書かれた文字が薄い和紙に綴られていた。そこから、わたしはさまざまなメッセージを受け取った。庭に植えたばかりの球根の未来のことだけでなく、紙の風合いと墨の濃淡、その匂い、筆で器用に書かれたアルファベットの住所、特徴のある筆跡、几帳面に貼られた切手、そういったひとつひとつの記号から、Eメールでは届けられない情報、すなわち送り主の人柄やそのときの心模様、そしてその手紙を書いていた状況が手に取るように感じとれた。その手紙を何度も読み返していたころ、送り主はこの世を去った。もしEメールで送ってくれたならば、こちらもすぐに返信できただろうからこんなに悔むこともなかったかもしれないが、紙であったからこそ手に入れられた情報もある。それゆえだろうか、その紙（手紙）に触れるとき、それはまるで朽ちた身体の代替のようにさえ思えてくるから不思議だ。

だから紙がすごい、などという気は毛頭ないが、要するに紙メディアと電子メディアは、それぞれまったく別のタイプの情報を担う、別の役割をもった媒体だということだ。そして、手に届く「ローカル」な範囲の身体的な世界の情報を載せたメディア、すなわちローカル・メディアとしては、紙は紙なりの可能性をもつ媒体である。

『谷根千』の特徴は、そうした紙媒体への記録に徹底的にこだわったところにある。(60)現代のローカル・メディアをとりまく状況を考えると、「伝達」とともに「記録」（と「再発見」）は、きわめて貴重なことである。そこに重点を置いた『谷根千』は、速報性や広範囲／多数への伝達性は低いが、ある種の情報の記録性に優れ、独特の身体性を有する媒体であった。『谷根千』の魅力は、その手法においては古典的で、そのコンセプトにおいては現代的という相反する側面をもっていたところにこそあったのだろう。

6 記号の「暴走」と意図せざる結果

『谷根千』というローカル・メディアの特徴として最後に挙げておくべきは、その「名称(呼称)」である。たんなる語呂の良さで誌名として採用された名称「谷中・根津・千駄木」が、住民によって呼び縮められ、マスメディアや来訪者によってさまざまなイメージを付与されて、ひとつの記号として拡散していった。住民、来訪者、編集者、マスメディアの、いわば協同作業によって、それぞれ異なった趣きの谷中と根津と千駄木は、ひとつの文化単位として生成され、維持されてきた。隣接してはいるものの、個々に異なった地域「谷中」「根津」「千駄木」(谷中は寺町、根津は商業の町、千駄木は文学者ゆかりの町)が、その周辺もふくめて「谷中・根津・千駄木」、もしくは略されて「谷根千」と呼ばれるようになったのは、まぎれもなく『谷根千』創刊以降であった。遅くとも創刊二年目ごろまでには定着し、本書の第1章で詳しく述べるが、現在では「この地域は谷根千と呼ばれ」というフレーズが数々のメディアにおいてあたりまえのように使われている。

『谷根千』の特徴は、地域に密着したメディアであり、地域情報を伝達・記録するというだけでなく、その記号性にもある。「谷根千」という記号をつくりだしたことにこそ、谷根千現象そのもののインパクトがあったのだ。創刊当時、まず住民と雑誌の購読者たちが長い誌名を縮めていつしか「ヤネセン」

と呼ぶようになり、それと時期を同じくして、谷根千は日暮里や田端、池之端、上野桜木をもふくむエリアそのものの呼称としても用いられるようになった[61]。それからのち、マスコミにおいても谷根千が固有名詞として用いられるようになった。

ここで着目しておきたいことは、外部からの視線（この場合マスコミの視線）を意識して初めて／あらためて内部そのものを認識できるようになるプロセスである。記号によって谷根千は、ほかの記号（たとえば「ほかの下町」に付与された地名）と分節化された。やがて、谷根千という名称（記号）が外部に拡散されてゆく。つまり、記号「谷根千」がマスメディアなどによって「下町」イメージを付与されて外へ運ばれ――ほかの「下町」エリアとの比較において「谷根千」が語られ――、再び住民たちにもたらされ、好むと好まざるとに関わらず「下町的なエリアである谷根千の住民である」ことを彼らに意識させる。こういったプロセスである。谷根千の指示対象が、曖昧なものであってもかまわない（そもそも谷根千エリアとほかのエリアとの境界線は、きちんと線引きされているわけではないのだから）。重要なのは、谷根千という記号がほかの記号と分節化され、その記号が人々の間で使用されることである。

谷根千は、記号をめぐる相互作用によって創出されたエリアであり、それはひとつの紙媒体がつくりだした記号現象としてのリアルな「フィクション」でもあった。ひとつのローカル・メディアが、ローカル文化（文化単位）をつくったともいえよう。メディアは、ただたんになにかを伝達するだけではなく（メッセージのやり取りだけでなく）、当該エリアに関係する人々とともにフィクションでありながらもリアルなローカル文化をつくりだすこともある。このように考えれば、ローカル・メディアによる地域振興とは、インターネットのインフラ整備の充実化をねらった地域情報化でも、自治体が積極的にイベントを開催することでもないことがわかる。ローカル・メディアは、ローカルな領域（地元）への愛着を生み、場所そのものをメディアにすることもできるのだ。そういった意味で、谷根千は現代のローカル・メディアの状況やその果たすべき役割や将来性を考えるうえで、また地域文化の生成のメカニズムを考察するうえで、きわめて興味深い事例なのである。

さて、記号としての谷根千について、もうひとつふれておきたいことがある。谷根千という記号が、あるイメージとともにさまざまなところへ拡散した後、やがてそれが地域住民のもとに戻り、地域住民自身が「谷根千の住人である」ことを自覚し――場合によってはあえてそれを否定する人もいるが――意識するようになる、いわば「逆輸入」のような状況が起こった。このことはまた、町への愛着に繋がったのと同時に、土地のブランド化も招いた。おしゃれでレトロな町としてマスメディアでとりあげられればとりあげられるほど、週末の谷根千エリアは観光客や散策者で溢れ、彼ら相手の店が繁盛する。その一方で、古い民家の跡地は駐車場や近代的ビルに変わってゆく。

『谷根千』創刊の目的は、「伝達」「記録」とともに、自分たちの町を知ること、町への愛着を育てることだった。そして、それはある意味では「成功」した。谷根千という呼称（記号）は、すっかり定着し、地域の歴史が掘り起こされ、記録され、地域の魅力が再発見・再構成された。しかしながら「再発見」したことによって、失ったものもあった。すなわち、『谷根千』によって（再）発見されたものが、経済利益優先の土地開発がひきおこす深刻な問題に飲み込まれつつあるのだ。

『谷根千』の終刊の理由は、編集者たちの体力的・経済的な限界と社会的な変化であると、大手新聞各紙は報道した(62)。『谷根千』を置いてくれる店舗には、なるべく自転車などで配達をしていたので、それがかなりの体力的負担になり、さらには編集者自身の体調だけでなく、その家族の介護の問題なども抱えるようになった。そのような状況のなかで、体力的限界は精神的な負担にもなったという。編集者のひとり山崎範子は（『谷根千』を）「読んでいるフリをしてた〝友人〟がいた」一方で、やめないでくださいといってくれる人もいたが、「いまのテンションで六〇～七〇歳までやっていくのは、『おわり』を決めないと無理」で、それはある意味「しょうがないこと」だという。

経済的問題に関していえば、制作費がかさんだことともに、「（決算のときに払う）消費税が三％から五％になったことも痛い。ほんとうに自転車操業」だったという。ピーク時は一万二〇〇〇部を発行したが、広告収入にほとんど頼らない『谷根千』にとっては、購買部数の落ち込みは致命的である。

インターネットの普及も終刊の背景にあることは無視できないが、プライバシーをめぐる社会的な変化もまた、取材・情報収集を困難にした。「個人情報保護」の意識の高まりによって、ここ二～三年取材がしにくくなり、写真も撮らせてもらえず、なかなか（本音を）話してくれなくなってしまったのだという。

しかしそれだけではない。「町がもう私たちのものではなくなってきたよう」だと森が述べているように（『東京新聞』二〇〇八年五月一〇日）、終刊という選択をさせたのは記号「谷根千」がひとり歩きしていった挙句に「暴走」し、それによってもたらされた現実に対する困惑と深い失望があったからではないだろうか。もちろん、四半世紀にわたりローカル・メディア出版という困難な道のりを走りつづけてきた達成感や満足感もある。しかしその一方で、体力的・精神的な疲労や、思うようにならないもどかしさもあったから「私たちの町」ではなくなったように感じたのだろう。

インタビューで何度か『谷根千』を「成功した」ローカル・メディアだとわたしがいったとき、編集者のひとりは驚きながらそれを否定した。もちろん大きな達成感もあるが、それと同程度の挫折感のようなものもあるというのだ。その理由のひとつは、独自に資料を収集・整理してきた谷根千工房の活動に対する、またその取材のプロセスに対する敬意が払われていないこと——少なくとも、編集者らにはそのように感じられたようだ——への戸惑いもあったのかもしれない。

町の文化財に関連する資料を集めるのにどれだけの労力を使ったかまったく理解していない人もいたという。ある文化財保護の活動をめぐっては、谷根千工房が収集しファイリングしている資料、すなわち彼女たちがこれまで苦労しながら丹念に集めてきた町の情報を、それまでとくに谷根千工房の活動に関心を払っていなかった人たちから「出して（渡して）ほしい」といわれたこともあったという。その仲介役として関わった人をはじめ、多くの住民は谷根千工房の取り組みや取材プロセスに深い理解と敬意を示し同情的ではあったものの、一方でまったくねぎらいの念を示さないで、たんに資料という「結果」だけを求める「町の住民」も一部ではあるがいたようだ。

「記録」をすることは大切である。しかしそれとともに、情報収集活動とその整理を自らの手で遂行した人やその活動に協力した人への評価がともなわなければ、その活動はなかなかつづかない。つまりは、地域社会の（周囲の）支えや励ましがあってこそ、記録の社会的意義が再確認されるのである。それがなければ、汗水たらし、時には子どもを背中におぶって町の情報を収集し、記録しつづけるなど到底できない。記録の重要性を社会的に認め合う基盤がなければ、記録媒体としてのローカル・メディアはつづいてゆかない。

さらにもうひとつ、編集者らを失望させた記号の「暴走」とは、地域の「開発」である。都市開発から取り残されてきたエリアが[63]、各種メディアによってその希少性が喧伝され有名になると、不動産業者が飛びつき、土地の値段はそのイメージとともにつり上がり、次々に古い建物が新築のアパートやマンション、駐車場に変わってゆき、皮肉にも「古き良き下町」的な長屋や屋敷、路地裏の風景がかき消されていった。

いうまでもなく、『谷根千』の編集者たちがめざしていた「地域活性化」とは程遠い現状がそこにはある。「谷根千」という記号がひとり歩きしてゆく様は、編集者にとっても、また一部の住民にとっても、記号の「暴走」と映るだろう。あるいは、「都市を居住可能な場所とし、ミドルクラスの嗜好に合わせて再活性化しなければならない」とする消費イデオロギーにもとづいた「都市空間の商品化」(Delanty 2003=2006 : 82) が谷根千においても行われているとみることもできる[64]。

二〇一〇年現在、千駄木に建設中のマンションのパンフレットには、文筆家リリー・フランキーによる次のような短いエッセイが添えられている。

僕は、九州から上京して東京に住みつき、もう、28年になります。でも、今でもどこかで〝ここの人間ではない自分〟という気持ちが、心の奥底、肌のすきまに、離れることはありません。谷根千と呼ばれる土地をゆっくりと歩いた時、その疎外感から、少し開放されている自分に気付きました。この町は、人を受け入れてくれる。人が作った、人が主役の町だから。故郷の町にも、東京の都会にも、同じように、優しい体温を感じる場所があるのだと思いました。

この大規模なマンション建設をめぐっては、「谷根千の町と子どもを守る会」をはじめ周辺住民は激しく反発をしている(65)。その宣伝パンフレットにおいて提示されるイメージとは相容れない規模と性質をもったマンションだと周辺住民からはみなされているのである。リリー・フランキーのエッセイのなかに折り込まれたイメージ、すなわち都会の「疎外感」からの開放、「人を受け入れてくれる」町、「優しい体温」を感じるような「人が主役の町」、これらの描写のいずれもが、静かで小ぢんまりした谷根千の風景を愛する人々や、マンション建設に反対する住民たちにとっては、空々しく、また悲しく聞こえるだろう(66)。

「谷根千」という記号が有名になったことによって、それまでの住環境を大きく変化させる（地元の住民からすれば「破壊」される）出来事が数々起こった。「古い町並み」を保存することによって、それを見下ろす高層マンションが建設され、その宣伝パンフレットやモデルルームで渡されるアンケート用紙にはかならずといってよいほど「谷根千」の文字をみつける。もちろん販売員のセールストークのなかにも「ヤネセン」という言葉が出てくる。つまりは、マンション建設に抵抗する側にとっても、それを推進する側にとっても、「谷根千」という記号はそれぞれの活動の主柱となっているのである。

ローカル・メディアが育んできた地域の文化的な生産性は、経済的生産性にとって代わられようとしているのか、それともこれはローカルな領域への愛着が生まれる通過点なのか。いずれにせよ、記号「谷根千」が拡散された先には、意図せざる結果が待っていたのである。しかしこれを「結果」と呼んでよいのかどうかは、答えを留保しておくべきだろう。今後、新しいマンションに入居する住民たちも関わった新たな展開があるかもしれないからである。

7 『谷根千』の遺産から学ぶ

広い東京のなかの、せいぜい二〜三キロ四方のエリアに誕生した地域雑誌『谷根千』は、あらためてローカル・メディアの役割について考えさせてくれる。終刊したとはいえ、今後はウェブをとおして編集者らは活動をつづけてゆくであろうし、谷根千というエリアの名称がすぐに消えるわけではない。

ここで『谷根千』の特徴について整理しておこう。

まず、ローカル・メディアの歴史をふまえて考えると、『谷根千』の功績は、多くの地域メディアがこれまで抱えてきた問題に挑戦するあたらしい試みを示したことにある。地元に密着はするが、特定の有力者や政治家、企業、団体とは一線を画して、徹底した生活者目線で、しかし激しい住民運動を先導するというわけでもなく、住民が地域へ関心や愛着をもてるようにこころがけること。これが『谷根千』における第一の特徴であった。

次に、これまで記録されてこなかった地域の情報を積極的に（採算は度外視して）記録してゆくこと。これがもっとも編集者たちが意識したところかもしれない。『谷根千』が牽引した地域情報化は、インターネットなどの情報インフラを整備する地域情報化とは明らかに異なっている。速報性や情報の詳細さ、管理のしやすさにおいては、デジタル情報にはそれなりの利点はあるが、それとは別の側面からみたとき、記録するメディアとしての紙のローカル・メディアの存在が強く求められることもあるのだ。

さらに、行政区画に限定しない「ローカル」な領域設定と、それを称する記号（名称）も重要な特徴である。ここでいうローカルな領域への愛着とは、固定的で本質的なものではない。谷根千には実体がないからだ。そこには明確な物理的境界線はない。それは（記号・名前によってほかの記号と区別され続けるなかで）「生じている」といったほうが適切かもしれない。そして、もっと踏み込んだいい方をすれば、それはエリアですらなく「メディア」だといっても過言ではない(67)。

メディアとは、ＡからＢに情報を運ぶ媒体であるだけでなく、情報の集積点（集積地）でもあり、それ自体が情報の発信・受信体となる。紙や電波などの媒体だけでなく、人や場所もある種のメディアだとするならば、『谷根千』の編集者やそこに暮らす人々もメディアであり、谷根千と呼ばれる空間もまたメディアなのである。

ローカル・メディアの社会的意義とその将来性について考えるとき、また地域情報化と地域振興との連関について探るとき、『谷根千』の遺産から学ぶべきことは多い。次章では、都市のなかのローカル・メディア『谷根千』についてもう少し詳しく見てみよう。

注

（1）Ｊ－ＣＡＳＴニュースの「休刊相次ぐ有料タウン誌　ウェブ版で生き残りか？」と題した記事は、次のように伝えている。「地元に密着する『タウン誌』の休刊が相次いでいる。中には無料化・リニューアルという形で復刊を果たす例もあるが、その経緯は一様ではない。」（http://www.j-cast.com/2007/08/14010325.html. 2007. 8. 15）また、「94年創刊人気タウン誌Ｎａｏ休刊　完全ウェブ化」（『朝日新聞』二〇〇八年五月一五日（長野版））でも、有料タウン誌の苦戦が伝えられている。

（2）「ネット『経済新聞』続々　小さな編集部　街ネタで勝負」（『朝日新聞』（夕刊）二〇〇六年一一月一七日）。

（3）全国出版協会・出版科学研究所（編集発行人阿部信行）『二〇〇九出版指標年報』（一七二～一八二頁）を参照。

（4）稲垣太郎（2008）はフリーペーパーを、住宅地の主婦をターゲットとした全戸配布型生活情報誌の「コミュニティペーパー」、読者の年齢層や階層、職域を絞った嗜好別情報誌の「ターゲットマガジン」、数は少ないが大手新聞社等からの配信ニュースを扱う報道系「ニュースペーパー」の三つに大別する。本書でいうところのフリーペーパーとは、この類型に従えば、コミュニティペーパーに該当するだろう。

（5）全国出版協会・出版科学研究所（編集発行人阿部信行）『二〇〇九出版指標年報』（一八四頁）においては、二〇〇八年のタウン情報誌（女性向け除く）は三〇誌で「発行部数は2999万冊で前年比15・4％減という激しい落ち込みを示した。インターネットで情報が入手できるだけに、読者離れは急速だ。」と分析されている。

（6）『谷根千』の公式ウェブサイトは「やねせんネット」（http://www.yanesen.net/）。

（7）「ご近所さんを探せ！」は、登録・投稿が無料でできる一九九五年開設の「エリアコミュニティ」である（http://www.gokinjo.net/, 2010. 1. 15）。

（8）アメリカでは一九八〇年代からの情報産業における規制緩和が始まり、さまざまな情報サービスや多チャンネルが激しく競い合いながらも「各メディアがローカル情報の提供に力を注いで」（菅谷 1997：8）いたようだが二〇〇九年度に制作されたドキュメンタリー「新聞が消えた日――報道の未来は?」（BS世界のドキュメンタリー、二〇一〇年三月一三日放送）によれば、アメリカの地方の老舗のローカル新聞（Rocky Mountain News）が、経済不況やインターネットの普及による広告収入の激減、それにともなう親会社の経営方針の転換によって廃刊に追い込まれたという現状も報告されている。一方で、人々の新聞離れがすすみ経営上の困難を抱えつつも、郷土紙が生き延びている事例をドイツ在住のジャーナリスト高松平藏が報告している。高松によれば、それらのローカル・メディアが、首都ベルリンよりも地元のニュースを求める人々の需要にきちんと応えていること、また取材相手、記者、読者の距離が近いことなどがその背景にあるという（高松 2008：192–198）。

（9）『ネット一〇〇人調査』（日経産業新聞 2004：80–85）を参照。そもそもインターネットが、一方的に既存メディアさらにはジャーナリズムを駆逐するものだという考えには疑問が残る。日本におけるツイッターの「名人」津田大介も、ツイッターが「既存メディアのオルタナティブ（代替手段）ではなく、既存メディアの足りない部分を補完するものと言ってもいいかもしれない」と自身の見解を述べている（津田 2008：105）。

(10) ジョン・アーリは、「ローカリティ」や「ローカル」といった言葉が、「ただ具体的なものないし経験的なもの、実在的なものないし現実的なもの、あるいは官庁管轄区域を意味するものでない」と述べている（Urry 1995=2003：118）。

(11) 中央権力への風刺や批判を行い、あるいは全国版の新聞に対置されるメディアとしてローカル・メディアを捉えるならば、大衆紙の源流とされる明治期の「錦絵新聞」や「小《こ》新聞」もまたローカル・メディアだといえるが、本書では直接扱わない。明治期の小新聞については、土屋礼子（2002）による研究を参照。

(12) 田村紀雄は、ある小さな食品店が出す独自の紙媒体（ポスター）などのショッピング・ペーパーや、あるいは商店街・商店会で出すショッピング・リトル・マガジンなどを挙げて、それらが「単なる商品宣伝だけでなく、この地域に起きたさまざまな出来事を伝えるタウン・ペーパーでもあった」ことを指摘する（田村 1972：237）。

(13) 同じローカル・メディアであっても、タウン誌と電話帳はその性質が異なっている。高橋均は次のように述べている。「情報メディアとしてみた場合（略）タウン誌が電話帳と異なる点は電話帳（タウンページ）がその街に存在する企業・店舗のすべてを掲載し、さらに一情報ごとの名称・住所・電話番号・職業分類をすべて網羅しているのに対し、タウン誌はすべての情報を網羅しない代わりにひとつひとつの情報に対する深さ、すなわち、営業時間、サービスメニュー、編集者による主観的なメリットなどを掲載し、読者側に立った選択のための私心を与えていることがあげられる。」（高橋 2003：160）

(14) ローカル・メディアとしてのCATVの役割について林茂樹は「全国各地にミニコミ誌・紙がブームとなっていることは、よく知られているが、電波のミニコミ傾向も無視できない」と述べている（林 1996：170）。

(15) それぞれのローカル・メディアの現状については、田村紀雄・白水繁彦編『現代地域メディア論』（2007）を参照。

(16) 地方紙には、複数の県・自治体にまたがる広域を対象にした「ブロック紙」と、県単位で発行される「地方紙」、市町村単位で発行される「地域紙」の三つの種類がある。
(17) 「全国紙」は、首都圏で圧倒的な数の読者・広告主をもつことを理由に挙げ「経営的な側面から見れば、それは大きな地元紙である」（川名 1980 : 69）という見解もある。
(18) それゆえ本書のローカル研究は、たとえば広井良典（2009）が試みるような、経済的な産業システムのなかからグローバル／ローカル関係を捉えたうえで「ローカルレベルから」議論を出発させるというアプローチとは、その前提において異なっていることを確認しておきたい。
(19) 詳細は、岡村（2003）の第3章と第4章を参照。
(20) 一九九九年時点での販売部数。『全国タウン誌ガイド（一九九八年度版）』（NTT全国タウン誌フェスティバル事務局編、一九九九年）より。
(21) 二〇〇九年の定価。創刊当初は三五〇円。
(22) 二〇〇一年のインタビューにおいて、『谷根千』編集人の仰木ひろみは次のように述べている。「地方出版って感じかな。タウン誌大賞のあつまりのときに、いろんなタウン誌の人からタウン誌の広告代の高さを聞いて、あぁ、いっしょのテーブルにはいれないな、って思った。わたしたちは、母親的感覚、生活者感覚で、いわば定点観測でしょ。そこから、問題にどうかかわってゆくかだから。（略）わたしたちとしては、歴史とかの情報を提供してゆくというスタンスで関わったんです。」（Interview 2001. 1. 30）なお、タウン誌大賞受賞の時の様子については森（1991）に詳しい。
(23) 熊本日日新聞の記者へのアンケート結果の詳細については、山口仁（2006）を参照。同様に各地方紙の編集担当者に行ったインタビューの詳細と日本における地方紙の世帯普及率や発行部数の推移については逢坂巌（2005）を、また一九七四年に遡るが、『新聞研究』編集部が地方紙一一社の編集責任者に対して行った「編集方針」についてのアンケート回答も興味深い。全文が掲載されているので、当時の社会的状況がよくわかる貴重な資料である。これについては、『新聞研究』一九七四年八月号（日本新聞協会）を参照。

(24)『谷根千』がターゲットとするエリアは、台東区谷中、池之端、上野桜木、文京区根津、千駄木、弥生、向丘二丁目、荒川区西日暮里三丁目、北区田端一丁目で、これらの地域全体の世帯数は、二〇一〇年七月一日現在、二万七四〇六世帯、人口は四万九一〇五人である（各区役所が公表しているデータにもとづき集計）。ちなみに、二〇〇二年四月一日のデータでは、二万四四一一世帯、人口は四万六八九〇人であった。

(25) これについては岡村（2004）を参照。

(26) 創刊にあたり作成された「趣意書」については、森（1991：34-35）を参照。

(27) 二〇一〇年七月現在も、そのような状況はさらに進んでいる。

(28) 一九八五年には第一回NTT全国タウン誌フェスティバル大賞受賞。その後、一九八八年にも第四回大賞を受賞している。

(29) このほかには「『キモノ』をめぐる生活　はたらくキモノ」（其の八十三、二〇〇六年三月）、「スローライフ、スローフード　谷根千流　こたつみかんな生活」（其の七十二、二〇〇三年二月）、「底地買い　『再開発』その後」（其の三十一、一九九二年三月）など。

(30) 情報化の効果には、インターネットを代表格とする情報インフラの整備によって既存産業を再生させる効果と、情報インフラの整備によって成長する情報産業を育成する効果がある。それゆえ、情報化は「地域産業を再生させる培養皿」になるとする見解もある（村松 1998：114）。

(31) たとえば寺岡伸悟は、奈良県南部の吉野地方において住民の手で行われている取り組みを例に挙げて、「情報端末などの量的普及、利用可能域の拡大」や「情報の受信」といったことに限定された「地域情報化」ではなく、生活者自らが情報に積極的に関わり、「『地域』や自らの生活世界の再創造に巧みに活かそうと」している試みについて報告している（寺岡 2007）。

(32) そのうえで丸田は、郷土愛や地域への愛着、地域の再生を支えるツールとしてのインターネットの可能性・将来性を論じている（丸田 2007）。

(33) 川名は、そういった歴史的背景ゆえに「今日大きく成長している地方紙は戦時中、軍部の影響の大きかった当時の政府のコミュニケーション・ポリシィのなかから基盤ができたという見方も成り立つ」（川名 1980：69）と述べている。

(34) 千葉の県紙を例に、ローカル・メディアと政治との関係を論じたものとしては林茂樹（1968）を参照。

(35) ローカル・メディアの「健全なあり方」として井上芳保は、「地方の情報に徹するのがローカル・メディアの役割であるというのは一つの見識である。遠く首都圏にある天皇家で起きた訃報よりも身近な生活圏で起きた出来事の報道に力を注ぐ」ことだと述べている（井上 2003：56）。

(36) 一九四二年の『都市問題』（東京市政調査会発行の月刊誌）の内容を示しながら、都市生活における公害問題、騒音、空気の汚染、緑地不足などは、すでに戦前・戦時下においても論議の対象となっていたとする指摘もある（高崎 1976：195）。ただし、この雑誌の購読者層や世論への影響力、編集方針は、一九六〇年代のミニコミとは多少ちがうものとして理解すべきだろう。

(37) このほか、小さなエリアに降りかかった公害問題が、ローカル・メディアによって社会の注目を集めるようになった例のひとつとして、一九七〇年代はじめの島根県笹ヶ谷鉱毒問題がある。詳細は、有田博司（1974）を参照。あるいは、一九六五年一〇月創刊の『ベ平連ニュース』以降、「すぐれた運動には、すぐれたミニコミの存在が不可欠であるという時代が始まった」と評する声もある（丸山 1992：12-13）。

(38) アジェンダ設定機能とは、情報の送り手のゲートキーピング（たとえば特定のニュースが繰り返し報道されることなど）によって、受け手がそのニュースの重要度や優先度を認知し、場合によっては、そこでの議題・争点（アジェンダ）に対する理解の仕方までおのずと身につけることをいう。

(39) 一方で「ローカル紙の場合、地元に深くかかわりすぎているためにむしろ地域開発や公害などで批判しにくいという面が出てくる。だから、地元についてかかわりもなく、むしろ通過者的観察者にすぎない『県域』紙、さらにはもっとその性格の明確なブロック紙や全国紙の記者の方が批判的に書くことができるといえる」（田村 1974：61）という見解もある。

（40） 鶴見俊輔と竹内好は、対談のなかで「ミニコミ」は「マスコミに対抗して」出てきた概念で、清水幾太郎や荒瀬豊が使っていた言葉であると述べている（竹内・橋川・鶴見 1967：5）。また田村紀雄はミニコミを「不特定多数を受け手とするマス・メディアと、特定少数を受け手とするくちコミとの間の中間範域のコミュニケーションとその雑多なメディア」と定義する（田村 1980：124）。

（41） タウン誌とは「その街の経済・文化・芸術、また企業・店舗情報を編集した情報誌」であり、「無料で配布されているものや有料で書店等で販売されているものも」（高橋 2003：160）その一形態だとする定義もあるが、本論ではとくに無料のタウン誌をフリーペーパーと呼ぶ。

（42） もっとも、ミニコミと同様のメディアはかなりふるくからあったと思われるが、ここでは戦後のミニコミに田村は限定している（田村 1980：124-127）。

（43） 船津もまた同様の指摘をしている。それによれば、日本のローカル・メディア（地域情報紙・誌）は次のような変遷をたどってきた。すなわち、地域情報誌はかつて「地域文芸誌」「郷土誌」と呼ばれていたが、タウン誌、ミニコミ誌（紙）などと呼ばれるようになり、やがて「対抗文化、若者文化を生み出すものとして多くの若者による参加が活発になされた」（船津 1994：109）。一九八〇年ごろになると、地方都市において「タウン誌」として盛んに発行されるようになり、それが「東京からのUターン者による地方における新しいコミュニケーション形態」として注目されたという。さらに、一九八五年ごろから、主にイベント情報を中心とするようになり、発行の目的（発刊動機）が「地域文化の育成・形成のため」もしくは「生活手段・営利事業のため」から、身近な細かい「地域情報の提供」へと変わっていったという（Ibid.：110-111）。

（44） 「フリーペーパー」という用語は、田村によれば一九七六年ごろから田村自身がエッセイなどで使いはじめ、やがて定着したものだという。「フリーペーパーは、たしかに広告チラシ、情報誌、ガイドブック、ディレクトリー類と一線を画し難く、どちらかというと意見や記事を重視する〝ジャーナリズム〟とはいいにくい。しかし、だからといって、『地域ジャーナリズム』として無視してもよいというわけではない。日刊地方新聞が副業として発行したり、記事に一定のスペースを割いているフリーペーパーもあるからである。」（田村 2005：48）

(45) 田村（2007）によれば、二〇〇七年度には四四社、六七紙がJAFNA（日本生活情報誌協会）に加入しているが、未加入の団体もあるので、クーポン誌『Hot Pepper』総合誌『R25』などに代表されるフリーペーパーは全国で推定三〇〇種類、二五〇〇万部と推定される。

(46) 高木は、大都市周辺の地域社会の変動と地域小新聞との対応関係、すなわち「関東地方の団地居住者を対象に発行されている週刊の『ザ・キイ』に代表される団地新聞のように、地域社会の変動に対応した新聞が成立していること」も注視すべきだと述べている（高木 1967：46）。

(47) この記事によれば、情報誌は一九九〇年の『Tokyo Walker』の登場以降、外出先でのプランを紹介する「タウン誌」の性格を強め、それは「強弱をつけずに情報を並べる代わりに、『街』『花火』などテーマ別の特集で遊び方を指南した誌面は画期的」であったが、現在は「テーマも出尽くした感があり、さらなる細分化や、独自のまなざしに業界は活路を求めている」という。

(48) 田村は、「国民国家の成立ということが現実政治の課題として、仮に疑うことのできない価値選択であったとしても」その過程のなかで失われた「多くの別の価値」があり、そのひとつが「ローカリティーまたはローカルの自治の喪失」であると述べている（田村 1972：9）。

(49) 文字の発明と使用は、もともと伝達のためではなく、記録・記憶のためであったと、ニクラス・ルーマンは、講義録のなかでいくつもの事例・歴史を参照しながら述べている。すなわち、「文字が発明された当初の意図は、その場に居合わせない人たちとのコミュニケーションのために伝達することでは決してなかったということです。しかしその後、伝達のために文字を用いることが可能になり、おそらく文字をコミュニケーション手段と考えるイメージが少しずつ定着したのでしょう。」（Luhmann 2005=2009：149）

(50) 二〇一〇年現在、「谷根千ねっと」のＢＢＳは閉鎖している。

(51) 「谷根千ねっと」立ち上げによって変わったことは、編集部に来る（手書きの）手紙が減り、問い合わせも手紙や電話ではなくメールで来るようになったことだという。

(52) 当初（二〇〇〇年六月）のアクセス数は、週一万ページビューほどであった。

(53) craigslist とは、主にサンフランシスコのベイエリアを対象とした求人情報、イベント情報などあらゆる地域情報を載せているウェブサイト。

(54) そのため、運営（管理）は「赤字にならなければいいかな」という程度の「ほとんど非営利的な活動」だと守本はいう。

(55) 小川によれば、「電子記録は劣化する、電子記録はそのままでは長くはもたない、このことは一九九〇年代後半から国際文書館評議会大会やＩＣＡ円卓会議の際などで、意識され、討論が重ねられている」という（小川 2003：119）。

(56) たとえば、野菜の保管・梱包や拭き掃除に使える、体の保温、フンの処理など、まったく別の用途にも転用可能だ。

(57) もっとも、情報を簡単に検索できるインターネットも、一見、速報性や検索の利便性に長けているように思えるが、「グーグル八分」に代表されるような深刻な問題も抱えている。グーグル八分とは、「『村八分』をもじった言葉」で、特定のウェブサイトが「グーグルの検索結果から締め出され表示されない、または、ページランクを落とされて、ほとんど見えなくなること」（吉本 2007：iii）を言う。つまり、検索エンジングーグルを使ってどんなに探しても、特定のサイトが閲覧されにくく／閲覧できなくなってしまう状態をいう。これはグーグルによる「いじめ」「シカト」あるいは「恐怖政治の別名」だと吉本敏洋は述べているが、これほどまでに辛辣な表現を使うにはそれなりの理由がある。なぜなら「検索シェアの五〇％を占めるグーグルに表示されないということは、インターネットにそのウェブサイトが存在しないこと」さらにいえば「特定の個人を抹殺すること」に匹敵する状況を引き起こし（吉本 2007：9）、ある種の言論封じにもつながるからである。

(58)　表紙の色は、印刷に入れる前の日に決めるという。

(59)　もしも『谷根千』が当初から電子メディアとして創刊されていたならば、現在の谷根千をとりまく状況はまったくちがったものになっていたかもしれない。

(60)　地域史をきちんと記録し、最終的にはこの地域雑誌を今後の町づくり（再開発）を考える叩き台、討論の場にしたいと語る森は、次のように述べている。「あえて受け継がなくてはならないものがある」ということをより多くの人に共有してもらうために、「たとえば住民運動みたいなものをバッと起こす方法もあるんですが、私たちはもうちょっと大衆的で、迂遠な方法でもあるけれど、町への愛着を育てるとか、町の歴史に対する興味を起こすとかいう種蒔きから始めてゆく」という方法を選んだ（森 1985：51）。

(61)　その経緯を森は次のように回顧している。「この一帯の現在の町名を併記した『谷中・根津・千駄木』から、ほどなく谷根千（やねせん）の略称が生まれ。そういう呼び名が元来あってこの雑誌が生まれた、と錯覚する向きもあらわれたり。それほどすみやかにひとつの文化現象となったのでした。」（森 1994：287）

(62)　『朝日新聞』（二〇〇七年三月三一日）、『読売新聞』（二〇〇七年五月二一日）などを参照。

(63)　とくに根津から日暮里にかけてのエリアは、路地が入り組んで土地の所有権が今なお複雑であるため、開発がすすまなかったといわれている。

(64)　もしそうだとするならば、今後、このエリアにおいてはジェントリフィケーションが引き起こされるかもしれない。ジェントリフィケーションとは、いわば「郊外化の逆転現象」で、都市中心部の衰退地域に専門職ミドルクラスが移住してくることによって高級住宅地化することで、それは「否応なく都市空間の再構築をめぐる紛争（コンフリクト）を引き起こした」という（Delanty 2003=2006：81-83）。

(65)　「谷根千の町と子どもを守る会」は、千駄木の新築マンションの建設の反対／見直しとＮＴＴの土地利用の方法への不満・不信感をさまざまなかたちでアピールし「谷根千エンジョイ行進」などを行っている。雑誌『谷根千』終刊後に立ち上げた『映像　谷根千』のウェブサイトで、森まゆみも次のような怒りの声を書いている。「団子坂上、千駄木五丁目の旧駒込電話局（女性解放の青鞜社発祥の地）の跡地では、周辺住民が反対するなかＮＴＴ都市開発がマンション建設を進めている。国民の財産であった旧国有地をマンションにして売り飛ばすなんて、あっていいんだろうか。車の出入り、日照、室外機など、周辺住民の生活を破壊しながら『下町情緒のこる谷根千』をマンション販売のうたい文句にしているなんて、私としてはゆるせない。」（http://yanesen.eizoudocument.com/007.html, 2010. 6. 5）

（66）このほか二〇〇一年ごろにも、似たような事例があった。当時、住民からの反対の声を受けながらも建設されたマンションの販売業者は、「谷根千」という言葉は使っていないが、谷中や根津近辺の「古い町並み」や「歴史性」を強調して宣伝していた。『東京人――上野の森を楽しむ本』（東京都歴史文化財団　発行二〇〇一年三月号）には、当該マンションの宣伝広告に起用されている写真家とその設計者の対談が掲載されているが、『谷根千』の編集者がマンションの販売業者に資料請求をすると、「丁寧な挨拶文とともに」その雑誌が送られてきたという。この出来事に対しては、東京都による資金的な援助をうけて発行している雑誌であるにもかかわらず「特定マンションメーカーの支援とも思える企画をたててよいのだろうか。読者の判断を仰ぎたい。」というコメントが『谷根千』誌上に述べられている（谷根千 2001. 3 : 30）。

（67）田中直毅は、森まゆみらが地域の「『原風景』を守るために、〝谷根千〟という地域そのものをメディア化することに取り組んだ、といってよい」（田中 1985 : 49）と述べている。

第1章　都市に生きるローカル・メディア

1　「谷根千」幻相と下町ブーム

前章では、日本のローカル・メディア史を簡単にふり返りながら、本書で示すローカル・メディアとはなにか、ローカル・メディアとしての『谷根千』にはどういった特徴があるかについて整理した。以下では、調査記録や資料を中心に、谷根千はどういったコミュニケーション空間のなかで成立しているのか、詳細に考察してゆこう。

本書でとりあげる「谷中」「根津」「千駄木」について概略的に述べると、それらの地域は、東京都の東部に位置し、最寄りの駅としては、不忍通りに沿って走る東京メトロ千代田線の根津駅、千駄木駅、あるいはJR山手線の日暮里駅、西日暮里駅などがある。現在の行政区画にあてはめると、谷中は台東区に、根津と千駄木は文京区にそれぞれ属しているが、荒川区、北区にも隣接しているエリアであり(1)、地形的にみると、本郷の高台と上野の高台に挟まれた谷となっている。それが「谷中」という地名の由来になったといわれている。

このエリアは、関東大震災や第二次世界大戦による被害を逃れたため、現在でも三階建ての木造建築や長屋、寺院などの古い建造物が残っている部分がある。それゆえ、それぞれ異なった地域的特徴（谷中は寺町、根津は商業の町、千駄木は文学者ゆかりの町）が現在も垣間みられる東京の散策コースのひとつとして各種ガイドブックに紹介されている。その一方で、バブル期以降の建設ラッシュで、三地域を結ぶ幹線道路（不忍通り、言問通り）沿いには高層階のマンションが立ち並び、駐車場がめだつようになった（図1－1）。

図1－2の右手に大正時代に建築された木造三階建てがみえる。関東大震災、東京大空襲を生き延びたこの古い建物は、一九九九年に登録有形文化財（13-0056）にも指定され、現在は串揚げ屋「はん亭」が営業している。この店は夕方になると客で賑わい、ガイドブックなどでもよく紹介されているが、こ

図1－1　不忍通りと言問通りの交差点（2010年6月撮影）

図1－2　ビルの狭間の串揚げ屋「はん亭」（2004年1月撮影）

の建物の後背には、不忍通り沿いに立ち並ぶマンション群、路地を挟んで左側も近代的なビルが建っているのがわかるだろう。一九八〇年代後半以降、このエリアの景観は大きく変容し、この建物も二〇〇一年ごろ、不忍通りの拡張工事のため、通りに面したところが部分的に削り取られた。

さて、谷中、根津、千駄木というそれぞれの地域は行政区画のうえでも、また地域の歴史的特徴においてもそれぞれ異なっている。それにもかかわらず、谷中、根津、千駄木というそれぞれの地域がその近隣の地域——上野桜木、日暮里、弥生など——も巻き込んで、「昔ながらの下町エリア」として、またひとつのユニット「谷中・根津・千駄木」（または「谷根千（ヤネセン）」）として扱われているのである。『地域雑誌　谷中・根津・千駄木』（其の二）の口上によれば、このエリアが抱えるいくつかの地域は、それぞれ次のような特徴があるとされている。

江戸の面影を残す寺町■谷中
かつては遊郭も栄えた職人の町■根津
鷗外、漱石ゆかりの■千駄木山
芸術家の卵を育てた■上野桜木
日の暮れるのも忘れる風雅の里■日暮里
帝大生の青春の町■弥生

個々の地域については、従来それぞれ単独でさまざまな歴史的資料や文学作品のなかにそれぞれの地名が出てくるが、『谷根千』の刊行以前は、それらを一括して「谷中・根津・千駄木」および「谷根千」と呼ぶことはなかった。しかし創刊から二五年を経て、「谷根千」の名はすっかり多くの人々に知られるようになった。たとえば、二〇一〇年二月六、七日に行われた「谷根千まつり」のパンフレット（図1-18参照）には、谷根千は次のように説明されている。

谷根千（やねせん）は文京区から台東区一帯の谷中・根津・千駄木周辺地区を指す総称で、1984年10月に創刊した地域雑誌「谷中・根津・千駄木」を発行する谷根千工房が生みの親。谷中・根津・千駄木の頭文字をつなげたこの呼び名は、古き良き面影を残すこのエリアの一般的な呼び名として、今や広く親しまれている。

しかし谷根千は、「一般的な呼び名」にはなったものの、実際にその境界線を明確に示すしるしはない。いわば「幻相」である。ただし、「しょせん谷根千という地域は実体のない幻でしかない」と主張したいのではなく、むしろその逆である。まるで幻としか思えないような地域性や地域文化が、リアルな地域文化（文化単位）として扱われている現実に目を向けたいのだ。そういった意味での幻相である。では、いかにしてそのようなことが可能になったのか。これが、本章とそれにつづく2章に共通する問いである。

考え方によっては、地域の文化単位が幻相かどうかなど、普段の暮らしのなかではとくに大きな関心事ではないかもしれない。いつも利用している店が閉店したら困るが、自分の住むエリアが隣の町とひとくくりにされている／いないからといって、実際に不便を被ったりすることはない。谷根千が、じつは作り出された幻であると指摘したところで、あるいはそう指摘されたところで、そこでの生活すべてが消えゆくわけでもない。

しかしながら、である。谷根千の事例など、たかが東京の片隅の取るに足らない現象でしかないのだろうか。たしかに「谷根千」と呼ばれるエリアは、数キロ四方であるが、そこから提起される問題の大きさは、それを上回っている。「その地域らしさ」や「その地域の固有性・特異性」（これらを地域性とかローカリティと呼ぶのだろう）は、じつはきわめて多様でつかみどころがない。それにもかかわらず、わたしたちの眼前に、ときに確固とした姿で現れるのは、どういうわけか。メディアによってつくられた「想像の共同体」（ベネディクト・アンダーソン）ではないが、幻相の谷根千の背景にみえるいくつかの問題は、文化やローカルな繋がりを研究するうえで、避けて通ることはできない。

もちろん、この問題に簡単に答えを出せるとは思っていない。そういった意味では、ここでは仮説の提起にとどまっているといえるだろう。しかし、小さな事例の考察が、より大きな規模の文化、さらにローカリティの問題を考えるヒントを与えてくれることもあるだろう。

ローカル文化（ローカルな文化単位）は「幻相」であるからこそ、創造性や可変性を有し、そして多様性を内包しながら維持されてゆくのではないだろうか。このような論点を視界に入れながら、それぞれに異なった特徴をもつ地域が、ひとつのローカルな文化単位として成立したのは、いかなる経緯だったのかみてゆこう。

2　谷根千調査の概要

ローカルな領域やコミュニティ、共同体といった集合が、凝集性をもったひとつの文化単位として成立し維持される条件として、従来の地域文化研究では、共同性や共通性、あるいは住民運動などの争点の共有の事実といった点が挙げられている。しかし、谷根千の事例に関していえば、それだけではなく、記号の付与（名づけ）とその拡散が考えられる。そこでは、さまざまな定義づけをされながら文化単位内部と外部とを行き来する記号、すなわち多義的で流動的な（フレキシブルな）意味づけをされている記号が、ローカル文化（文化単位）を担う重要なキーワードとなる。

谷根千とは、もともと住民が編集者らを呼ぶときに使った略称であり、その後まもなく、雑誌名として、さらには特定のエリアの呼称としても用いられるようになった。このような経緯のなかで、谷根千（または「谷中・根津・千駄木」）にはさまざまなイメージが与えられるようになり、現在では、雑誌名としての『谷根千』よりも特定のエリアの名称としての谷根千のほうが一般的となった。

では、実際にマスメディアや広告、編集者やそこを訪れる人々の間で、谷根千という記号はどのように用いられ、どのような定義もしくはイメージが与えられているのか。また、多義的な記号「谷根千」を媒介するメディアには、どのようなものがあるのか。以下ではこれらの問いを、資料、聞き取りやアンケート調査などにもとづいて検証してゆこう。調査に用いた資料は次の通りである。

インタビュー

①『地域雑誌　谷中・根津・千駄木』の編集者（仰木ひろみ、山崎範子）に対し、一九九九年、二〇〇一年、二〇〇七年、二〇〇八年、「谷根千工房」（事務所）にてインタビューを行った。対面式のインタビューのほか、適宜、Eメールや電話でもやりとりをした。これらのインタビューについては、本文中に（Interview）と表記し、つづけて日付を記してある。

②二〇〇〇年八月から開設されている『地域雑誌　谷中・根津・千駄木』公式ウェブ・サイト「谷根千ねっと」の元管理者守本善徳（現在は㈱トライが管理を引き継いでいる）に対し、二〇〇一年九月九日、守本の事務所（ファブリス）にてインタビューを実施。その後、Eメールでの確認作業をした。

アンケート

谷根千エリアおよびその周辺に訪れる人々を対象とするアンケートを実施するにあたって、二〇〇一年九月二九日〜一〇月一四日に実施されたアートフェスティバル「art-Link 上野‐谷中 2001」(2)に協力を依頼。期間中、四つのギャラリーと、東京藝術大学大学美術館、art-Link のインフォメーションセンターにアンケート用紙と回収箱を置き、後日まとめて回収した。有効回答数は一四三であった（図1‐3）。

その他の参考資料

①『谷根千』公式ホームページ「谷根千ねっと」に開設されている掲示板(3)（以下ＢＢＳ）から、二〇〇

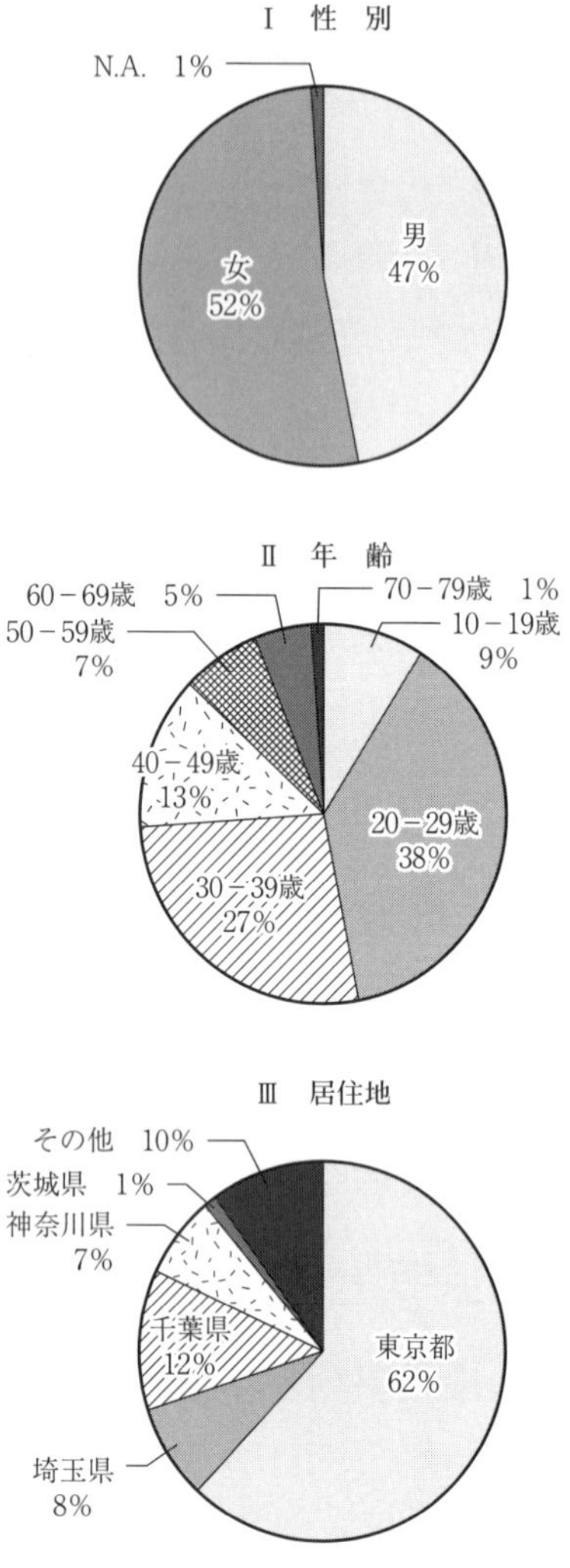

図1－3　アンケート単純集計結果

○年八月六日（開設直後）～二〇〇一年一〇月三一日までの書き込み。本文中の［ ］は、書き込みの日付、（ ）内は書き込みを行った人の識別記号である。

②上述アンケートの質問番号Ⅶ「『谷根千（やねせん）』について、あなたはどのようなイメージをお持ちですか？　ご自由にお書きください」という質問に対する自由記述

③谷根千エリアで配布されているチラシなどの資料

④編集者森まゆみによるエッセイや講演記録

⑤一九八四年から二〇一〇年四月までに発行された、「谷根千」もしくは「谷中・根津・千駄木」と表記された観光ガイドブックや新聞・雑誌の記事、チラシ（広告）、および「谷根千」について言及が

VI-1　谷根千という言葉を聞いたことがあるか

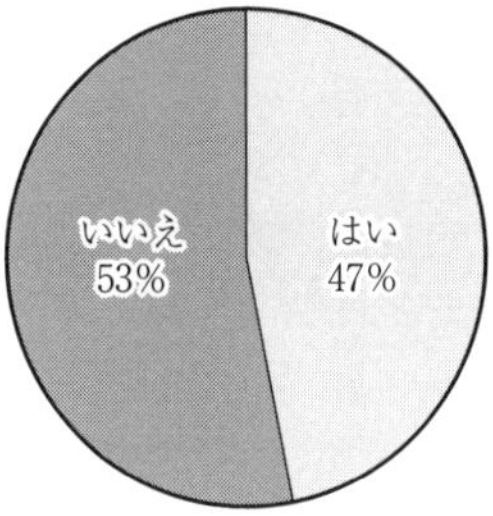

IIIで東京都と答えた方の居住市区町村

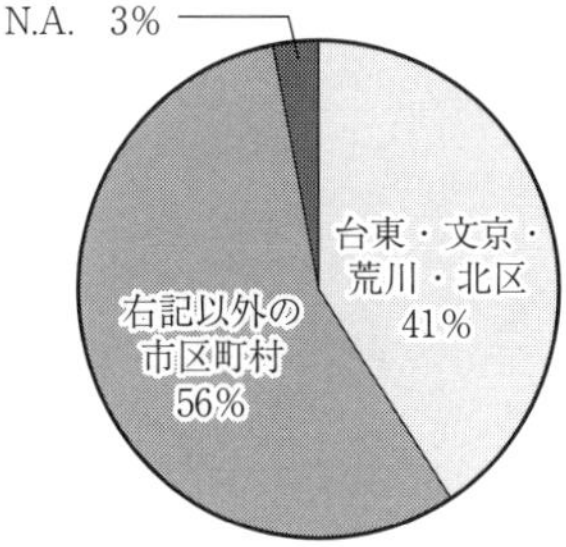

VI-2　「谷根千」が指し示すもの(複数回答)

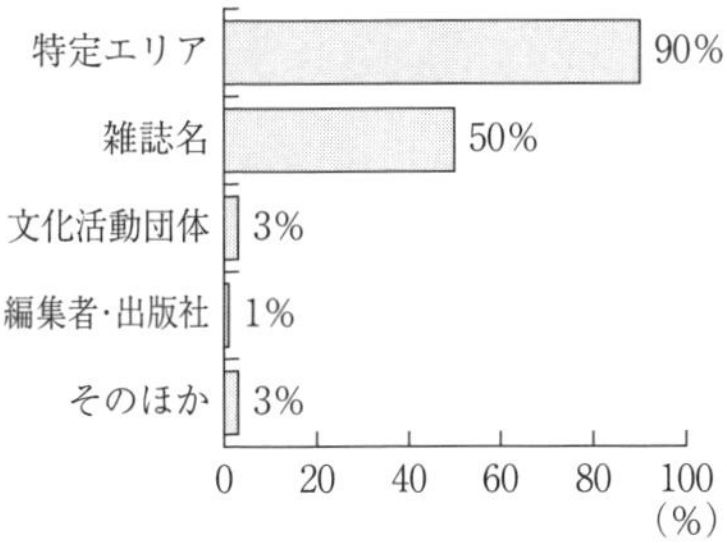

IV　職　業

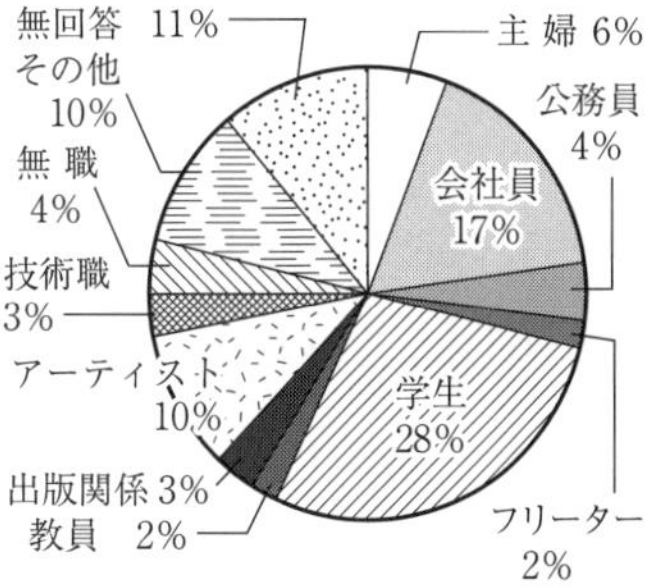

VI-3　「谷根千」を知った媒体(複数回答)

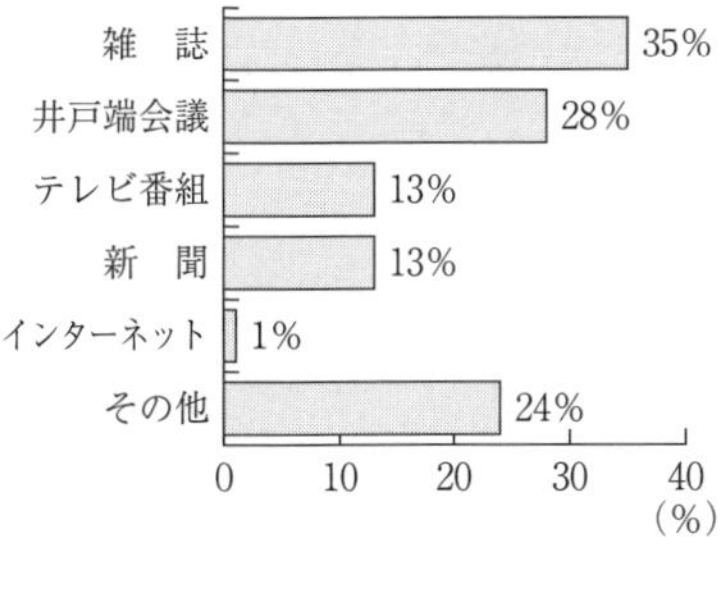

V　日常の使用言語

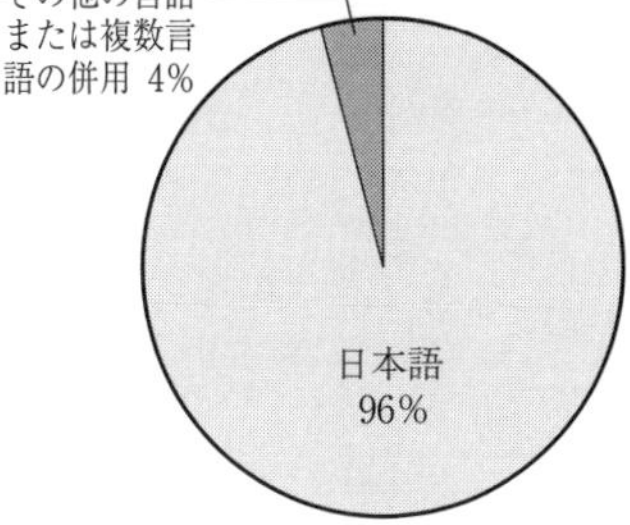

あったテレビ、ラジオの放送

なお、本文中、とくに雑誌の谷根千を示す場合には『 』を付ける（ただし「 」内の『 』はこの限りではない）。また、文中引用への傍線は岡村によるものである。

以上の資料と調査結果をもとに、「谷中・根津・千駄木」または「谷根千（やねせん）」という記号に付与されたイメージがどういったものであるか、また住民やメディア（マスメディアを含む）、そこを訪れる人々などが関わるコミュニケーション・プロセスによって、いかにして文化単位は成立し維持されてゆくのかについて考察してゆく。

まずは、谷根千という記号がなにを指しているかについて、マスメディア・広告の資料、インタビュー、アンケート調査、ＢＢＳへの書き込みなどを整理し、次に、谷根千にどのようなイメージが付与されているか、またそれが人々の間でどのようなズレを生んでいるのかを検討してみよう。

3　マスメディアのなかの谷根千

『谷根千』創刊以降、数々のマスメディアが雑誌としての『谷根千』ならびにエリアとしての「谷根千」をとりあげてきた。以下ではマスメディアや広告のなかで語られた「谷根千」を整理しながら、そこで語られるイメージについてみていこう。

新聞

朝日新聞、毎日新聞、日経新聞、読売新聞の過去の記事のなかに出てくる「谷根千」を新聞記事データベースから拾ってみると、「聞蔵Ⅱ」では六〇件、「ヨミダス歴史館」では八二件、「毎日Ｎｅｗｓパック」では六六件の記事がヒットした（二〇一〇年四月七日時点）。検索エンジン別の件数をグラフにすると図1－4のようになった。雑誌においては（「大宅壮一文庫」で検索）、二〇〇二年ごろから件数が増えているが、新聞では一九八〇年代後半から一九九〇年代はじめにかけてと二〇〇七年をピークにした二〇〇二年以降に、件数が伸びていることがわかる。とくに『谷根千』が終刊を発表した二〇〇八年は、件数が急激に増えている。

右のようなデータベースはあくまでひとつの指標にすぎないが、「谷根千」という語が最初に新聞に出てきたのは、一九八七年一月一六日の『読売新聞』（東京版）「［論点］街を歩む地域誌」としてとりあげられた記事、さらに朝日新聞では一九八七年一〇月二六日、ジョルダン・サンドが『谷根千』の英語版Yanesen（「下町ミニコミ英語版」と称されていた）を創刊したことを紹介する記事であった。ただし、このときはまだ「雑誌名」を指していた。

その後、エリアを指示する単語として谷根千が出てくるのが、一九八八年四月二四日の読売新聞「江戸の面影が魅力!!　谷中・根津・千駄木発見ウィーク」と題した記事においてである。「〝谷根千〟の魅力」を再発見し記録する「谷根千の生活を記録する会」が開くイベントについて書かれている。さらに、一九八八年六月七日の朝日新聞の「谷中五重塔再建」に関する記事で、「上野・谷根千研究会」が大学教授とともに町づくりの一環として谷中の五重塔の再建をめざしていることが紹介されている。谷根千

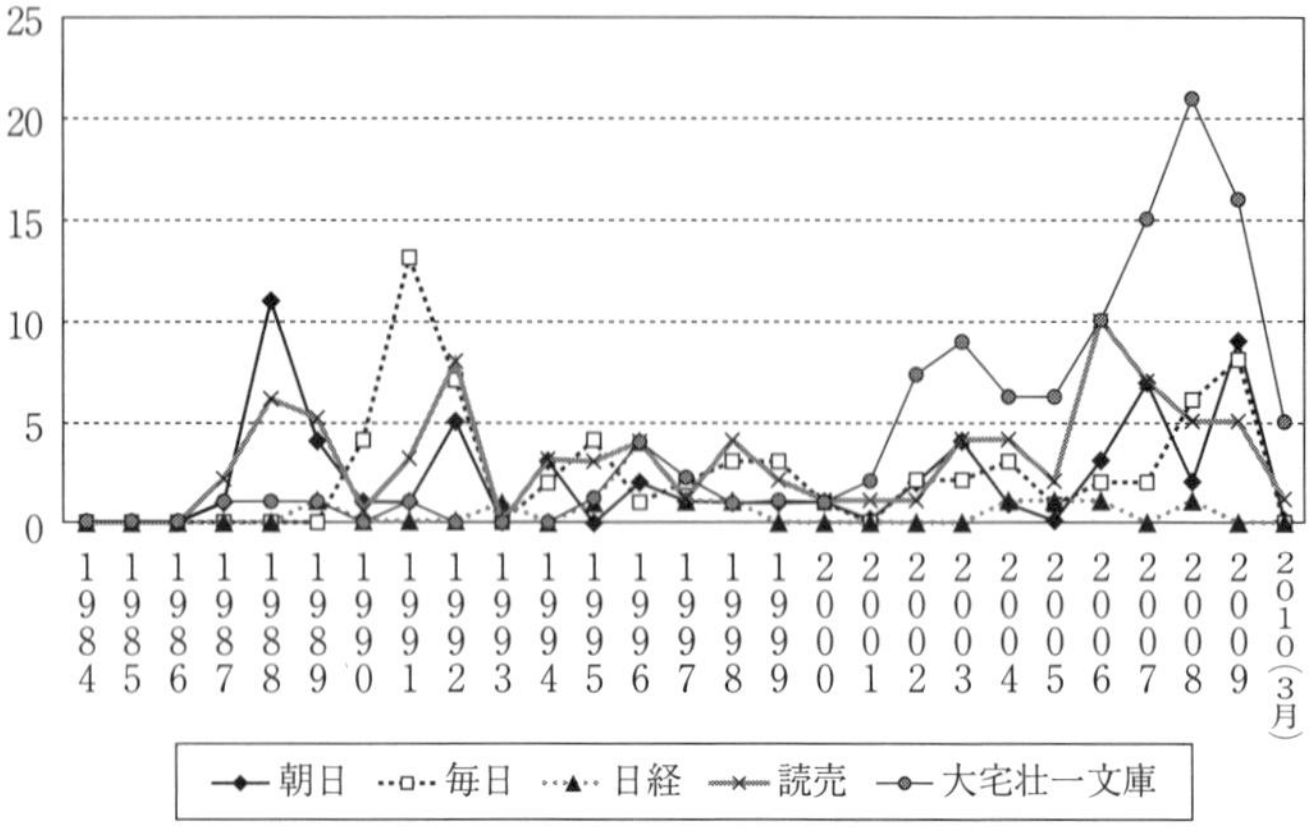

図1－4　「谷根千」での検索結果

が、上野と並んで表記されている点、また「町づくり」を目的とした組織だという点で、この使用法の谷根千はエリアを指すと判断できよう。同年七月六日の『朝日新聞』の「東京ある記」という記事のなかでは、『谷根千』の編集者らが「谷根千を自転車でかけ回っている」という表現があり谷根千がエリア名だとはっきりわかる。

以上のように、一九八七～一九八八年ごろには、すでに地名としての「谷根千」がマスメディアに流通していたようだ。新聞記事検索においては、編集者の森まゆみが講演や寄稿する際のプロフィール（『地域雑誌　谷根千』の発行人）もふくまれるのだが、地名としての谷根千は、一九八七年一一月には、「（谷根千という呼称が）すっかり定着した」（『読売新聞』一九八七年一一月二七日）という表現があるように、『谷根千』の創刊から三～四年後にはエリアとしての谷根千は人々に知られていたと思われる。このことは、「マスコミ公害に悲憤慷慨」と題した一九八八年の記事でもわかる。

> 「谷根千」というネーミングは、たまたま私（森まゆみ、引用者注）が団子坂を中心とする私的な生活圏（親しみをもつ界隈の範囲）で雑誌を作るにあたり、横文字の誌名もピンとこず、脳無しに地名を並べてみたまでのことである。だからＮＨＫや朝日新聞までが谷根千（ヤネセン）を普通名詞のように使っているとギョッとしてしまう。（森 1988：155）

谷根千エリアは、映画やドラマなどの撮影にも使われている。[(4)] 近年では聴覚障がい者らで組織する全日本ろうあ連盟の創立六〇周年記念映画『ゆずり葉――君もまた次のきみへ』（二〇〇九年公開）の「ロケ地」として紹介されるときには、とくに明確に「谷根千」という地名が使われている。たとえば、『東京新聞』（二〇〇八年七月一七日）の「視聴覚障害者らの映画づくり　『谷根千』ロケ応援　有志　手話で町めぐり」という記事は、本郷の住民有志で結成した「映画『ゆずり葉』谷根千応援団」が、二〇〇八年七月に聴覚障がい者と手話で会話しながら谷中の町を歩く催しを開催したことを伝えている。[(5)]

テレビ

編集者へのインタビューやアンケートからは、二〇〇一年一月三〇日の時点で、すでに谷中・根津・千駄木もしくは谷根千をとりあげた特集がテレビ番組のなかにあったようだが、テレビの番組表に表記されない場合もあるため、すべてを確認することはできなかった。

実際に視聴・録画できた範囲では、二〇〇四年一〇月二三日放送の「出没！アド街ック天国」（テレビ東京）において「谷中・根津」と題した番組が放送されていた。この番組のタイトルにおいては「千駄木」が抜けているものの、番組の冒頭部分で、このエリアが谷根千と呼ばれていると解説されている。

二〇〇七年五月四日にテレビ朝日で放送された「ちい散歩スペシャル　下町人情の谷中・根津・千駄木で感動の発見」という特集でも、ここがひとくくりのエリアとしてとりあげられている。「谷根千」という表記ではないが、三つのエリアがこの順番、このユニットで紹介されていることは注目したい。

二〇〇九年三月二八日には、先の「出没！アド街ック天国」が再び谷根千を特集している。「一〇〇円バスでめぐる谷根千」と題し、その冒頭では、「気軽に楽しめる今人気の町といえば谷根千」というナレーションが流れる。いずれの番組も、テレビで放映するだけでなく、特集した内容を書籍化（紙媒体に）しているところが特徴的である（図1－5・図1－6を参照）。電波のローカル・メディアと紙のローカル・メディアが連携しながら、谷根千というローカルなエリアを提示している様は興味深い。

図1－5　『出没！アド街ック天国――東京下町歩き』の表紙

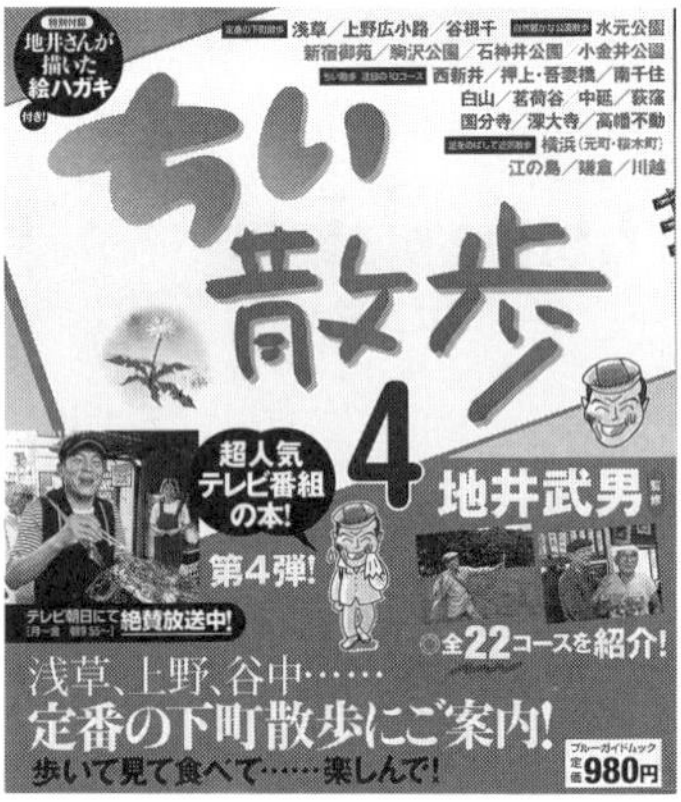

図1－6　『ちい散歩４』の表紙

『出没！アド街ック天国――東京下町歩き』（日経BP社、二〇〇六年、現在完売）では、「根津・千駄木＋谷中」となっているものの「今やすっかり定番下町スポットとして定着した『谷根千（やねせん）』界隈。古い文化をきっちり受け継ぐ、地元の人たちの暮らしが素敵です」（七八頁）と紹介され、また『ちい散歩4』（実業之日本社、二〇〇八年）では「谷根千界隈」の「江戸情緒あふれる／ノスタルジック商店街」を町歩きのスタート地点にしている。

ラジオ

ラジオもまたテレビと同様、番組内に一度でも谷根千という語が出てきたかどうかをすべてチェックするのは不可能に近い。現時点で、確認／記録できたものとしては、次の番組がある。

二〇〇八年四月九日および一一日、月刊『ソトコト』編集長の大黒一三がナビゲーターをつとめるJ-WAVEのラジオ番組「LOHAS TALK（ロハストーク）」にて、編集者石川光則をゲストに迎えての対談のなかで、「谷根千と呼ばれるエリア」がほんの短い時間であるが話題にのぼった。テーマは「街歩きの達人がオススメする東京SPOT」である。以下はそこで交わされた会話である（音声録音は http://www.j-wave.co.jp/blog/lohastalk/ より）。

〈二〇〇八年四月九日放送分〉

大黒（以下、O）：四月、五月は、地方から出てきた人たちにとってね、その、あたらしい東京生活をスタートする、あのー、時期だと思うんですけど。

石川（以下、Ｉ）：そうですね。

Ｏ：あの、まぁ、僕から見たら、あなたはけっこう東京のさぁ、町の商店街とかさぁ、おもしろいところいっぱい知っている人なんだけど、いろわけすると、いま一番おもしろそうな場所ってどこですかね。

Ｉ：私、あの、あまりトレンドみたいなものとは無縁で生きちゃってるんですけど……

Ｏ：いや、いいのいいの、それは。

Ｉ：あのー、こないだ、おもしろいなと思ったのはいまさらのようですけど、谷中、根津、千駄木ってエリアありますよね。ヤネセン。

Ｏ：あー、そりゃぁね、ダメだね。僕もね、この三年ぐらいずっとそこばっかだもんね。

Ｉ：そうなんですか？

Ｏ：うろついてんの。

Ｉ：おもしろいですよね。

Ｏ：おもしろい、やっぱ。

Ｉ：ほんと、おもしろいですよね。

Ｏ：でも、普通の人はさぁ、あなたが一度わらじを脱いだ、栄《えい》出版があるさ、世田谷？二子玉川？を中心とするエリアに、ま、地方の人は行きたがるよね。東急沿線。

〈二〇〇八年四月一一日放送分〉

O：じゃぁ、そんな、あの、石川さんが案内する、東京でお金のかからない、あのー、おすすめ半日コース。
I：おすすめ半日コースですねー。
O：どっか食事するとこも決めてさ。
I：はい。
O：なんかちょっと、まぁ、得意の、最近行ってるヤネセンでもいいですけど。
I：ええ、あの、それもいいんですけど、あの、会社がたまたま茅場町にあるもんですから、えー、水天宮前とか、人形町とか……

九日放送分での石川の発言「いまさらのようなんですけど」という表現からもわかるように、谷根千があまりにも有名になってしまっているという認識と、大黒による「普通の人は東急沿線に行きたがる」という発言から、谷根千がどこか「普通ではない」人、いうなれば散歩の「玄人」や「達人」が行くところであるという認識が、会話のなかで交差しているのがおもしろい。「普通の人」や「地方の人」は世田谷や二子玉川などいわば東京の西側に行きたがるが、普通でない人＝地方出身でない人（おそらくそこでは「東京育ちの人」を意味しているものと思われる）は谷根千に行きたがるという大黒の谷根千イメージと、「いまさら」いうまでもない周知の散歩コースとしての谷根千イメージは、厳密に考えると対立しているようにも聞こえる。つまり、普通でない人（散歩の玄人）が、「いまさら」挙げるまでもない散策エリアにはわざわざ行かないだろう。しかし、この曖昧さこそが谷根千エリアの（イメージの）

多面的なところだ。

結局のところ、彼らは「おもしろい」エリアとして谷根千に触れているものの、「おすすめする東京スポット」として谷根千を結論づけてはいない。その理由は（商業的な理由も含め）いろいろ考えられるが、いずれにせよこの対談からは、谷根千が「よく知られたエリア」として捉えられていることがわかる。

雑誌・ガイドブック

大宅壮一文庫のデータベースで「谷根千」を検索してみると、二〇〇八年が件数のピークであるが（図1-4を参照）、谷根千という言葉がはじめて出てくるのが一九八七年一一月、鷲津美栄子による「谷根千を聴け」（鷲津 1987）においてである。ここでは地名（エリアの呼称）ではなく、雑誌名『谷根千』として使われている。抜粋してみよう。

> 夏の始めごろ、『谷中根津千駄木』誌が、「しのばず通りが大変だァ」という特集をやっていたのを思い出した。（略）無策の宰相よ。安竹[6]ナントカの手の引っ張りっこに明け暮れる、恥ずかしい諸兄よ。『谷中根津千駄木』をお読みなさい。（鷲津 1987 : 61）

谷根千がもっともわかりやすい姿でとりあげられるのが旅行雑誌（散歩・散策を楽しむ人のための雑誌）においてであろう。観光雑誌やガイドブックの多くは、東京の下町のひとつとして谷根千を掲載している。そこでは、「谷根千エリア」で下町的雰囲気を味わえる散策コースや店舗がずらっと並べられ紹介されている。[7]

たとえば、『まっぷるマガジン——東京下町を歩く』（図1-7）と『散歩の達人——谷中根津千駄木』（図1-8）ではともに「谷中」「根津」「千駄木」がセットで特集されている。さらに『クロワッサン』（一九九三年五月号、二八-三二頁）、『Hanako』（一九九六年七月号、一四-一七頁）、一九九九年の『エリアガイド　東京』など、エリア情報の提供を目的としたガイドブックや雑誌の特集記事のなかでも、谷中、根津、千駄木周辺の地域を含めて「谷根千」と表記され、そこでははっきりと「下町」として谷根千が提示されているのだ。『Hanako——下町に恋してる』（二〇〇六年七月二七日号）では、「東京在住の働きウーマン126人に聞いた　本当の下町スタイル」という特集記事のなかで、「〝下町〟と聞いてぱっと

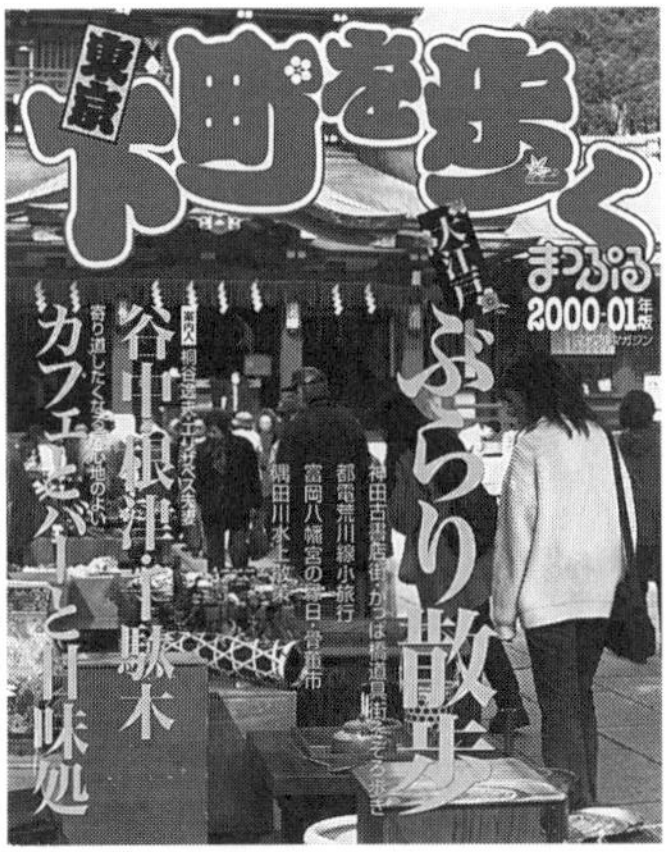

図1-7　『まっぷるマガジン——東京下町を歩く』（2000-01年版）

図1-8　『散歩の達人——谷中根津千駄木』（2007年10月号）

一番に思いつく」町の二位に「谷中・根津・千駄木」がランクインしている[8]（五八頁）。

『Tokyo Walker』や『ぴあムック』などの若者向けの雑誌でも「谷根千」はとりあげられているが、同様に年配者向けの雑誌でも彼らが楽しめるエリアとして紹介されている。たとえば、定年退職した中高年がターゲットの雑誌『定年時代』では、「坂のある街　夏の谷根千〝寄席の色〟」（二〇〇七年七月上旬号）と題して「江戸の情感を残す谷中、根津、千駄木。通称〝谷根千〟で毎年八月、落語中興の祖・三遊亭円朝にちなんだ『円朝まつり』が催される」とある。

年配者が散策を楽しめるエリアとして谷根千が知られていることは、このほかの雑誌でもみてとれる。たとえば『散歩の達人――東京下町さんぽ』（エリア版ムック、二〇〇八年）の一二八頁以降に掲載されている広告写真は特集内容と関連する根津や谷中で撮影され、六〇～七〇歳代の男女のモデルが楽しそうにその界隈を散歩しているという設定である。さらに、『旅行読売――熟年にもおすすめ　東京さんぽ』（二〇〇五年七月号、旅行読売出版社）には、次のような紹介文がある。

通称「やねせん」と呼ばれるこの地域は、何があるというわけではないが、路地にはなつかしい昭和の匂いが漂う。週末にはその匂いに引かれ、熟年の観光客が地図を片手に路地散歩に訪れる。
（『旅行読売』二〇〇五年七月号、一六頁）

せんべいを片手に古い町並みを歩けば、江戸商家を伝承する風俗資料館があったり、大正時代の建物が残っていたり。竹久夢二美術館で大正ロマンにひたり、根津神社へ。（同書、三七頁）

「年配者」ではないが「大人」のための散歩コースを紹介する、大人のための首都圏散策マガジン『散歩の達人――東京下町さんぽ』（エリア版ムック、二〇〇八年）では、「谷中・根津・千駄木」は「下町散歩の人気コース」で、「昭和になってからブレイクした下町だが、元は江戸時代の寺町で、戦禍を逃れたためレトロな風情を残している」（七頁）とされ、該当ページには次のような文章が載っている。(9)

桜並木で有名な谷中霊園を中心に、その数70以上という寺院が点在する谷中。ちょっと前までは、寺ばかりの実に地味な街だったが、ギャラリーや個性的な飲食店などが増え、今では東京の下町でも屈指の人気エリアになっている。たしかに、西隣の根津・千駄木あたりを含め、広い空の開放感と寺町ならではの落ち着いた風情は、ほかの街とは明らかに異なる魅力があり、路地や坂道が多いロケーションというのも散歩心をくすぐる。（四〇頁）

さらに、ガイドブック『東京懐かしの昭和30年代散歩地図』（ブルーガイド編）では、「今なお残る、東京の愛すべき風景――多くの文学者によって小説の舞台にされた街、谷中・根津・千駄木、略して谷根千。ここは昭和30年代の〝普通〟の街並みを今なお色濃く残す」（六六頁）と紹介されている。昭和30年代を懐かしむ年代というと、現在六〇～七〇歳代の人々で、彼らが幼き日（若かりしころ）の「〝普通の〟街並み」を楽しめるエリアが、谷根千ということなのだろう。

若者向けか、年配者・熟年（大人）向けか、といった特定の年代にこだわらないで、谷根千エリアを紹介するものもある。『散歩の達人ＭＯＯＫ――とうきょう「和」さんぽ』（二〇〇九年）では「最近では都心の数少ない歴史散策スポットとして、休日ともなると郊外から老若男女かかわらず、多くの人がこぞってこの地を訪れる」「今や人気の観光地『谷根千』」だとされている。（六二頁）

さらに谷根千は、日本の老若男女ばかりではなく、「外国からの観光客」にも人気があるとされている。留学生向けの雑誌『国際交流ニュースIHCSA Café』（二〇〇九年一－三月号、（社）国際交流サービス協会）には、Tokyo Study Tourの第一回目として「谷中散策ツアー」を実施したとある。

最近、外国からの観光客にも人気のある「谷根千」と呼ばれる谷中・根津・千駄木の地域。今回は、中でも小さなお寺が多く、坂道や狭い路地が迷路のようにつながり昔ながらの長屋や木造家屋とそこに住む人々の生活が垣間見られる谷中の町を11カ国＋EU代表部の駐日大使館員とその家族21名が散策しました。（二六頁）

たしかに、このエリアにある和風の旅館（たとえば「澤乃屋」や「勝太郎」が代表格である）には、多くの外国人観光客が宿泊し、このエリアを散策している姿をよく目にする。ただし、外国語で出版されている日本のガイドブックをいくつか調べてみたが、「谷中は隣接する根津と千駄木とともにだいたい菱形をしており」（*Time Out : Tokyo* 2007 : 127）といった記述や「谷中界隈le quartier de Yanaka」（Duval 2010 : 64）という表現はあるもののYanesenという表記はみあたらず、YanakaやUenoという地名で当該エリアの情報（「昔ながらの」町並みが残るエリアとして）が掲載されている。

雑誌に谷根千が紹介されるときのイメージとしては、「和」の雰囲気や「古い町並み」などとともに、

「アート」や「猫」も常連である。『Tokyo Walker 特別編集——おいしい東京レトロ探検』（二〇〇八年、角川クロスメディア）では、「戦災を免れ、古い街並みが残る谷中エリア。近くには東京藝術大学があり、文豪など感性鋭い人々に愛されてきたエリアらしく、残る古い建物の使い方も斬新です」（五八頁）というコメントに加えて、「ネコの街よろしく　ネコアートのみのギャラリー」として「ギャラリー猫町」も紹介されている（六〇頁）。谷根千の風景写真には必ずといってよいほど猫が写っており、また後述するように、町の商店街のイベントなどにおいても猫が活躍している。さらには、「谷根千エリアに立ち寄ったら必ず1か所には足を運んでみたい」場所として、「古い建物＋アートな空間」が挙げられ、そこは「アートを見る以上の〝なにか〟を感じられるくつろぎの場所」だとされている（六〇頁）。

谷根千をアートな町として紹介しているのは、このほか『Yomiuri Weekly』（二〇〇五年九月四日号）の画廊特集がある。ここでは、「銀座・京橋エリア」「青山エリア」と並んで「谷根千エリア」（九〇頁）が地図とともに次のような紹介文で掲載されている。

街の風情に魅せられたと集うアーティストが多い。当然、そんな街の様子は題材としてもよく取り上げられ、古き良き時代をほうふつとさせる下町情緒も味わえる。（略）レトロ感漂う喫茶店や甘味処も多く、画廊散策の合間にちょっと一服という場所にも困らない。（『Yomiuri Weekly』二〇〇五年九月四日号）

『東京人』（二〇〇五年、二月号）では、都市史研究家の岡本哲志が、坂道や路地といったキーワードで谷根千を次のように説明する。

谷根千と呼ばれるこの一帯は、台地にある寺町の谷中、根津権現の門前を中心として谷筋に成立した根津、朱印外であった田園の千駄木という異なる街を一つのコミュニティ単位として総称している。その結果、この界隈では山の手、下町、郊外の特色を織りまぜた変化に富む空間を、気軽に街歩きできる。（略）台地の谷中と、低地の千駄木は坂道で結ばれる。路地の定義からすると、公道はそれに当たらない。しかし、古くからの人々の往来の役割を担い、車社会の洗礼を受けず、幅2間（約3・6メートル）にも満たない狭い坂道なので、どうしても通りとは呼びにくい。江戸時代に富士見坂と名付けられ、今日でも富士の絶景が楽しめるこの坂道を、路地と言いたくなる。（略）根津は、街道筋につくられた町人地であり、江戸時代特有の路地構造が残る。これらの空間には長い歴史が刻まれ、ゆったりとした時間が今も流れている。（岡本 2005：33）

「猫」や「アート」のほか「寺」「江戸」や「文学（者）」「路地」といったイメージも、谷根千を特徴づけている。それが実際の谷根千を適切に表象しているかどうかではなく、東京近辺のローカル情報を扱う雑誌においては、谷根千は以上のように紹介されているという事実は確認しておきたい。

広告——イベント広告、不動産広告

二〇〇四年、「谷中ぎんざ」商店街[10]が活性化イベントのひとつとして行った写真コンクールのチラシには「谷根千の夏を撮る。谷中・根津・千駄木・日暮里地域」と書かれている。この後、二〇一〇年には谷中ぎんざ以外の商店街が協力して開催したイベントも「谷根千まつり」と称されている（図1-18）。このほかにも、谷根千という文字を、町の至るところで目にする（図1-9）。とくに不動産広告は興味深い。不動産広告においては、頻繁に谷根千（ヤネセン）が売り文句として使われているからだ。

図1-10は二〇〇三年の冬に撮影したものである。このころにはすでに「今、話題のヤネセンエリア」というフレーズが不動産広告で使われていた。しかも、マンションの最寄り駅は、根津でも千駄木でもなく（「谷中」という鉄道駅は無い）「西日暮里」となっている。にもかかわらず、広告主は、西日暮里も「ヤネセンエリア」だと解釈しているようである。だから「谷根千」という漢字ではなく――その漢字表記には「西」も「日」も入っていないので――片仮名で「ヤネセン」と表記しているのだろう。

図1-9　桜木郵便局前のたて看板
「絵手紙でかく谷根千散歩」

図1-10　電信柱の不動産広告

この他、不動産会社が配布していたチラシのなかの谷根千をみてみよう。みずほフィナンシャルグループの（株）みずほ信不動産販売・上野センターが配布した中古マンションの広告（二〇〇五年）には、「当センターはやねせんが重点地域です」と書かれており、また（株）住友不動産販売・御茶ノ水営業センターのチラシ（二〇〇九年）（図1－11）には「谷・根・千特販チーム」が「強力にバックアップ」と書かれている。

分譲マンションの広告にも谷根千の文字がみられる。（株）ＤＡＩＫＹＯが二〇〇九年に作成した小冊子『ザ・ライオンズ　上野の森』は、モデルルーム来場者向けに無料で配布されたもので、マンションの周辺（上野、根津、谷中あたり）の飲食店や博物館、歴史、そのほかの生活情報が綺麗な写真とともに掲載されており、さながらガイドブックのようである。そこでは、上野とならぶひとつの地名として、谷根千が明確に位置づけられている。

図1－11　「谷・根・千特販チーム」

> 上野、谷根千界隈は、今もなお、古きよき建造物がたくさん残っています。神社仏閣から明治の洋館、商家、教会など、昔にタイムスリップしたかのような雰囲気が漂います。（八頁）

さらに分譲マンション「パークナード上野池之端」の広告（二〇〇九年）にも次のような売り文句が書かれている。

都心利便を享受したいけれど、住まいには穏やかな安らぎを求めたい。そんな相反する望みの融合が、東京23区・山手線内に残されていました。「パークナード上野池之端」は職・住至近でありながら、のんびりした〝谷根千〟エリアに身を委ねられる、まさに〝東京の隠れ家〟なのです。

この広告では「谷根千エリア」の雰囲気を、穏やかさ、安らぎ、のんびり、隠れ家といった語で表現しており、また先の『ザ・ライオンズ　上野の森』の例においては、「古きよき」「タイムスリップ」といった表現が使われている。さらに、「リストレジデンス西日暮里　壱番館・弐番館」の広告（『SUUMO新築マンション』首都圏版、二〇一〇年三月三〇日、一一六頁）においては、谷根千エリアが下町であることが強調され、「下町情緒溢れる『谷根千』エリアや上野公園も身近」「華やかな都心を生活圏とすると同時に、下町情緒が残るエリアも身近」と紹介されている。

不動産広告においては、谷根千が都会的で現代的なイメージとは対照的な雰囲気のある、ひとつのまとまりをもった古い下町的エリアとして捉えられていることがわかる。

その他

いくつかの研究論文のなかにも谷根千が登場する。佐藤典子の論文「地域のミニコミ誌と都市コミュニティの関係性についての一考察――地域雑誌『谷中・根津・千駄木』とその地域を事例として」では、『谷根千』の売れ行きや購読者層が店舗の特徴によって異なることが指摘されている(11)（佐藤 1996）。最近では、水谷羊介による「既存擁壁の現状調査結果」において、調査対象エリアとして「谷根千」というくくりが用いられている。谷根千エリアは赤羽エリアと並ぶ「古い擁壁の密集地」として研究対象エリアになっている（水谷 2009 : 42）。

また、写真表現のなかでも谷根千エリアが撮影地となった作品がある。岩合光昭「ニッポンの猫」（『SINRA』二〇〇〇年一月号、新潮社）は、日本各地の猫を撮影した連載で、そのなかに「谷中・根津・千駄木」に住む猫たちが紹介されている回がある。(12) さらに、荒木経惟『人町《ひとまち》』（一九九九年、旬報社）では、「谷根千」とは明記されていないものの、荒木経惟と森まゆみが谷中界隈を一年間にわたって取材した記録で、写真家の視点から見た谷根千エリアの様子が表現されている。『谷根千』編集者である森との対談が収録されていることからも、谷根千エリアの写真集という印象を受ける。

谷根千は、推理小説の舞台にもなった。(13) 谷根千が物語の舞台として設定された『上野谷中殺人事件』（内田康夫著）では、編集社である谷根千工房が「谷根千マガジン」として、そこで発行する雑誌は『谷根千界談』として登場している。フィクション（小説）とはいえ、地名や駅名、それらの位置関係、またこのエリアを取り巻く社会的状況などが、きわめて詳細に、かつ部分的には正確に描写されており、「谷根千」という名称（エリア）のリアリティが感じられる例のひとつである（図1-12）。

4 谷根千が指し示すもの

雑誌名

以上で見てきた各種メディアでの谷根千は、ほとんどがエリアの名称であったが、谷根千という表現は、もともと『地域雑誌　谷中・根津・千駄木』の略称であり、その創刊以降に、住民によって短縮された呼び名である。谷根千が雑誌名として用いられている例を谷根千工房ウェブサイトのBBSから挙げると、次のようなものがある。

はじめまして、こんにちは。谷根千を初めて買って、HPに遊びに来ました。[2000/8/8]（Aさん）

『谷根千』におけるのと同様、BBSにおいても雑誌名として谷根千を指すことが多い。これは「谷根千ねっと」が『谷根千』の公式ウェブサイトであったことに加え、誌面にてホームページ開設の告知や宣伝をしていることによるものと考えられる。

図1－12　JR日暮里駅構内に設置されている「谷根千MAP」（2009年6月撮影）

『谷根千』は毎号、九〇〇〇部～一万部ほど印刷され、このエリア以外の店舗やインターネット経由での注文がある。このことから、谷根千を雑誌名として捉えている人は、谷根千とされるエリア以外にもいることが予想される。しかしながら、アンケート調査では、谷根千が雑誌名であるとだけ答えた人は六％であった。雑誌名であると同時にエリアや出版社（者）の名称でもあると答えた人を加えれば五〇％になるが、谷根千が特定のエリアのみを指すとの回答をした人もほぼ同じ割合の四七％にのぼる。つまり、名前の由来であるにもかかわらず、雑誌名としての『谷根千』よりもむしろエリアとしての谷根千のほうがより知られているのが実情である。

編集者「谷根千工房」

アンケート調査においては、谷根千が指し示すものを、特定のエリア、雑誌名とともに雑誌の編集者もしくは谷根千工房を指すと回答した人が一％にとどまっているが、編集者にとって谷根千とは、雑誌名やエリアの名前というよりもむしろ、自分たち自身を指すものであるようだ。谷根千工房を、愛着をこめて「やねせんさん」と呼ぶ人もいる。そのことは、『谷中・根津・千駄木』が〝やねせん〟になった経緯を説明するなかで、次のように述べられている。

雑誌を置いてくれてるお店の方たちに〝やねせんさんが来た〟って勝手に言われたの。もともと、谷根千工房は、〝トライアングル〟って言ってた。（中略）町角で〝谷根千〟っていう言葉を聞くと、あれ?自分たちのこと言ってるのかな、って思っちゃう。(Interview 2001. 1. 30)

加えて、BBSでの記述にも以下のような表現があった。

谷根千の人は滅多にレスしてこないのね……。（笑）[2001/3/27]（Gさん）

Gさんの書き込みの後に、谷根千工房の編集者が「特に春は超多忙なのよ。手のかかる子どももいるし……ね。」という返信があることからも、この場合「谷根千の人」というのは、「谷根千エリアに住む人」を指しているのではなく「谷根千工房の人（編集者）」を指していることがわかる。

特定のエリア

先に各種メディアにおける谷根千をみてきたが、そこではほとんどの場合、エリアの名前（地名）として使われている。森まゆみのプロフィール、すなわち「地域雑誌『谷根千』の編集人」という肩書のなかに示されている場合は雑誌名だが、観光客・散策者向けのガイドブックや雑誌などのメディアにおいては、谷根千は、特定のエリアとして捉えられていることが圧倒的に多い。谷中、根津、千駄木以外の近隣の地名との組み合わせ、たとえば「日暮里・谷中」や「上野・根津」というカテゴリーも散見されるが、それよりも「谷中・根津・千駄木」もしくは「谷根千」と表記されているケースのほうが目立っている(14)。

アンケート調査において「谷根千を知っている」と回答した人の九〇％は、谷根千がほかの指示対象と同時に「特定のエリア」も指すと答えており、「特定のエリア」のみを選択した人も四七％いた。つまり、谷根千の語源は雑誌名であるにもかかわらず、多くの人がエリアの名称だとみなしているのである。

編集者によれば、「たしか毎日新聞（一九九〇年～九三年あたり）の一面の広告記事に、〝谷根千という地域がある〟っていうような記述とか、不動産屋の店先に谷根千の文字をみつけたり」し、さらに「土曜朝のテレビ番組、『王様のブランチ』だったかな、そこで谷根千地域が紹介されていた」（Interview

2001. 1. 30）という。

エリアとして谷根千を捉えているケースをＢＢＳへの書き込みのなかからいくつかとりあげると、次のような記述がある。

谷根千の旨い店［2001/10/15］（Ｂさん）

安政五～六年ころ没の幕府侍医、青木春岱のお墓を捜しています。谷根千地区にあるかどうかはわかりませんが彼の高弟である、三幣春庵のお墓は谷中にあり、その碑文中にも春岱の名が出てきます。［2001/9/4］（Ｃさん）

はじめまして。熱烈な森まゆみファンが友人の中におりまして、「小さな雑誌でまちづくり」の本を勧められて読み、一度、谷根千なるところを自分の目で見てみようかと思っています。今度の8月7日～9日まで首都圏に滞在するのでその間にお寄りするつもりですが、この間におすすめのイベントやおすすめスポットがあるでしょうか。［2001/7/25］（Ｄさん）

友人と3人で谷根千散歩を計画しています。ところでずいぶん前に文京区でお屋敷レストランなるお店をみたことがあるのですが、これは谷根千の地域内でしょうか？　あと、ぶらぶらある気《ママ》にいいコースとかありましたら教えて下さい。宜しくお願いします。［2000/10/19］（Ｅさん）

谷根千エリアが好きな者です。古い友人が千駄木に引越をし、今度遊びにいくことになりました。車で行こうと思うのですが、いつもこの付近での駐車に頭を悩ましております。［2000/10/21］（Fさん）

「谷根千の旨い店」についてBBSで自主的に連載していたBさんは、毎回違う店を紹介していた。またDさんは、谷根千を知ったきっかけから読み取ると、谷根千が雑誌の名前であることを知っていると思われるが、それにもかかわらず谷根千をエリアの名称として捉えていることがわかる。

エリアとしての谷根千は、「不忍ブックストリート」というイベントの開催地としても設定されている。南陀楼綾繁著『一箱古本市の歩きかた』のカバーには、「二〇〇五年、東京の谷中・根津・千駄木、通称『谷根千』と呼ばれるエリアで『不忍ブックストリートの一箱古本市』がスタートした」という内容解説がついている。このイベントの主催者が発行している地図では「根津、千駄木、西日暮里」となっているが、これはこのイベントを企画した当初考えていた「『千代田線ブックストリート』の発想が残っていたせいで、実際には『谷中・根津・千駄木』を対象エリアと」しているのだという（南陀楼 2009：27）。

ところで、それぞれの雑誌が「谷根千（谷中・根津・千駄木）エリア」として指し示す範囲が、統一されていないことは、きわめて重要な点である。資料「地図に描かれたさまざまな谷根千」1～14をみてほしい。1-(a)から14-(a)は、各メディアに「谷中・根津・千駄木」もしくは「谷根千」として掲載された地図である。1-(b)から14-(b)は、それぞれ該当する番号の地図が示すエリアを同一の地図（フ

ォーマット）を使って描き示したものであるが、この資料から、「谷根千エリア」とされる範囲の多様性がわかる。(15)

その他

アンケートで谷根千を「ウェブ・サイトの名称である」とした人はいなかったが、『谷根千』のホームページ「谷根千ねっと」の呼称として谷根千を用いているケースは、ＢＢＳにおいて一件みつけられた。

けんこう蔵部は、いつも雨に祟られているのに、とてもいい天気でした。どうもお疲れ様でした。とても楽しかったし、贅沢な時間を味わうことができました。どうぞこれからも講談の予定などありましたら、谷根千の掲示板におよせください。エジプト漫遊記の続きも聞かせて下さい。

[2001/4/11]（『谷根千』編集者）

この場合、谷根千エリアの掲示板ではなく、雑誌が運営するウェブサイトの掲示板を指しており、谷根千工房との関係が明らかである。しかし、まったく谷根千工房と関係のないものに、谷根千が使用されている例も少なくない。

アンケート調査では、三％の人が谷根千を文化活動団体の名称であると回答しているが、実際に、頻繁とはいえないまでも、文化活動の団体の名前としても用いられていたこともあった。その名称ゆえに、編集者たちはまったく関係していないはずのイベントや活動について，問い合わせが寄せられることがしばしばあり，対処に困ったという。

〝谷根千塾〟っていうのが何年か前にあったんだけど，これも，工房とはなんの関係もないの。で，〝あの，ちょっと……（使うのをやめてもらえますか）〟ってお話しにいったら，〝え？　地域の名前じゃなかったの？　ごめんなさい〟って。（Interview 2001. 1. 30）

この「谷根千塾」に通う人々にとって，「今日は，谷根千に行ってくる」という表現は，谷根千工房や谷根千と呼ばれるエリアそのものに行くことではなく，「谷根千塾」という団体への参加を表すことになるのであろう。

谷根千という表現そのものが知名度を増すにつれ，それが昔からあった特定のエリアの名称であるような錯覚を呼び起こしたばかりでなく，さまざまな団体・組織の呼称として谷根千が使われたことは，時に編集者たちを困惑させたようだ。

編集者によれば，たとえば行政主導で行われる地域の祭り（イベント）に谷根千という名称が使われる話もかつてあった。それは，現在「文京台東下町祭り」として年に一回，行政が中心になって行う地域のイベントとして行われているものだが，

当初〝谷根千まつり〟にしようという話もあったの。でも，工房とはなんの関係もない祭りだか

ら、〝谷根千まつり〟っていうのはやめてくださいい、って言ったの。結局（一九九九年の）名称変更では、〝根津・千駄木祭り〟になって…（雑誌の表紙にある題字の）〝谷根千〟のロゴそのままで、金色のテレカに印刷されて、第一回文京台東下町祭りで販売されてたって…びっくりしましたよ。（Interview 2001. 1. 30）

このインタビューの九年後、いくつかの商店街が共同で「谷根千まつり」を開催するようになったことは、さきにも紹介したとおりである。時間の流れとともに、谷根千工房が関わる物・事以外にも、谷根千という名称は使われるようになったのだ。

『谷根千』のロゴとは雑誌の表紙に毎号印刷されているもので（図序-1）、これに関しては一時、登録商標にする予定で手続きをすすめていたが、経済的な理由などで断念したという経緯があった[16]。

編集者としては、『谷根千』の知名度が上がり、さまざまなところで谷根千の表記を目にするのはもちろん嬉しいことだが、その反面、単純に喜べないこともある。たとえば、谷根千という表記がついた団体・組織、イベントが、なんらかの問題を起こしたとき、たとえそれが谷根千工房によるイベントでなくても苦情が編集部のほうに寄せられ、「問題を抱えている〝谷根千〟」と自分たちの「谷根千（谷根千工房）」とが無関係であることを説明するのに苦心するからである。また、イベントに谷根千という名称が用いられているほかに、「（根津）駅のちかくのお蕎麦やさんに〝谷根千セット〟って、蕎麦懐石みたいなものなんだけど、そういうのが出てた」（Interview 2001. 1. 30）こともあったという。そこはすでにちがう店舗になっているが、当時この蕎麦屋では「谷根千ひとつ！」というオーダーがあったのだろう。これと同様の例としては「谷根千ランチ」がある（図1－13）。

谷根千が商品名の一部に用いられるのは商業的な理由からと判断されるが、このほかには「谷根千歯科」（図1－14）や「谷根千接骨院」（図1－15）などもある。これをみて谷根千工房が「手広くやっているのか」と勘ちがいする人もいるかもしれないが、これらの店舗と谷根千工房とは、一切関係はない。

複合的な谷根千

以上に挙げた事例は、谷根千が何を指し示しているのか文脈からおおよそ判断できるものであったが、次に挙げるものは、エリアとも雑誌ともつかない、あるいはどちらも指し示しているように解釈できる谷根千である。その文脈から判断して谷根千の指示対象が多義的かつ複合的に用いられている例をいく

図1－13　谷根千ランチ1050円也

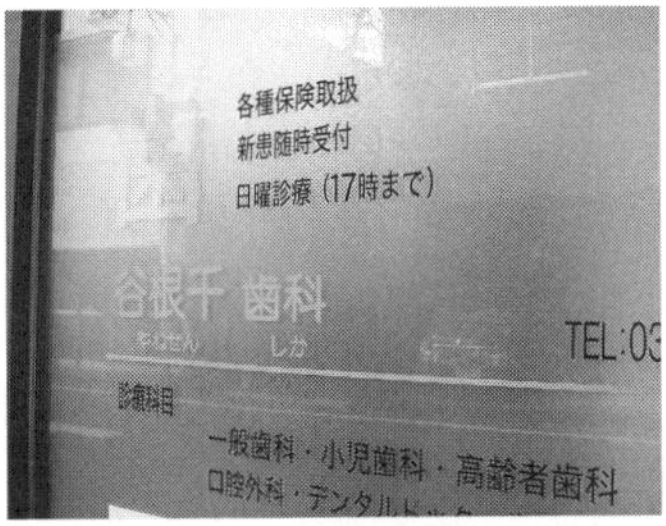

図1－14　谷根千歯科

図1－15　谷根千接骨院

つか挙げてみよう。

まず、雑誌、エリア、編集者、どれを指しているかが不明瞭で判断しがたい例としては、次のふたつが挙げられる。


(Gさん)

谷根千はごく初期の頃から応援しています。これからもご活躍を期待しております。[2001/9/1]

今日工房の方におじゃましましたら、なんと、谷根千のサイトを開設なさったというお話。大変ビックリいたしました! しかし、谷根千さんにこそ、こういう形態も必要であった、とあらためて感じ入った次第です! 素敵な協力者の方がいてよかったですね! これからの展開が楽しみです。[2000/7/24](Hさん)

Gさんのように、ひとつの単語が編集者、雑誌名どちらをも指しているように解釈できる事例はほかにもいくつかあった。またHさんの場合、「谷根千さん」は編集者を指していると思われるが、「谷根千のサイト」という時の谷根千は、雑誌名、編集者をとくに区別せずにどちらをも指しているように思われる。

さらに、編集者(社)とエリアを同時に指し示している例としては以下のIさんによる記述がある。

またその次に挙げられているのは編集者が書き込みを行ったものであるが、そこでは雑誌名と編集者

（社）が同じ文章のなかで使い分けて用いられている。

谷根千さん、いつも興味深く読ませていただきます。突然ですが、東京都近代文学博物館の展示情報を是非、谷根千地域の方々にお知らせしたくこの場をお借りします。［2001/10/7］（Ｉさん）

谷根千秋の号は印刷所に入稿したばかりだったのですが、青焼き校正の時にちょっと書いてみました。見苦しいですがご覧になって下さい。次号（67号）は10月15日発売予定です。チラシは谷根千でも少しいただければ、郵送の読者の方に雑誌と一緒に入れられます。また、ポスターは、朝倉彫塑館、谷中学校なども貼ってくれると思います。［2001/10/11］（『谷根千』編集者）

谷根千62号の配達の日々を過ごしています。なかなか来ないぞ、とお怒りの方はいませんか？実は夏の甲子園の東東京地区予選に谷根千の子供の一人がでているため、その試合が気になって気もそぞろなのでした。［2000/7/25］（『谷根千』編集者）

「谷根千○号」という場合は雑誌を指し、「谷根千の子供」という場合の谷根千は、「編集者たち」を指している。

以上で見てきたように、谷根千という記号は雑誌の略称やエリアの呼称として用いられ、それと同時に、コンテクストによっては、編集者、文化活動団体、クリニックやランチの名前を示すときにも用いられることもある。ここに挙げたもののほかにも、具体的になにを指しているのか判別し難い事例があったが、しかしながら、それでも谷根千は繰り返し使用される単語のひとつであることに変わりない。また、どこまでを谷根千とするのかについて、明確な境界線で区切られていなくても、人々はさまざまな状況のなかで谷根千というエリアについて語り、谷根千が指し示すものは、それぞれのコンテクストに応じて変わっているのである。

5 谷根千イメージのズレ——下町、猫、古い町

マスメディアや個人などによって語られる谷根千は、たんなる名称としてだけでなく、いくつかのイメージも付与されている。すなわち、エリアとして理解される場合には、谷根千はたんなる物理的な誌名・地名ではなく、あるイメージが付与された地名（ローカルな文化単位）として捉えられているのである。さらには、実際にこのエリアの住民がもつ谷根千イメージと、メディアにおいて語られる谷根千イメージ、このエリアを訪れるに人々が抱くイメージには、少なからずズレが生じているのだ。以下では、谷根千に与えられた「下町」「猫」「古い町」といったイメージや「谷中と根津と千駄木がひとくくりにされていること」について、住民や編集者がどのように思っているかについてみてみよう。

まずは、「谷中・根津・千駄木」（谷根千）エリアの紹介文を列挙してみよう。

上野の北側一帯に広がる下町。一口に下町といっても、それぞれの地域には特徴があるが、この

地区には墓地や寺が多く、古い街並みとともに落ち着いた風情を漂わせる。観光地化されていない、本来の下町情緒が味わえる街として外国人にも人気がある。（『エリアガイド13――東京』一九九九年、昭文社、一七八頁）

下町エキゾチックを堪能する（『散歩の達人』二〇〇一年五月号、交通新聞社、表紙）

地元の人はもちろん、観光客からも、代表的な下町として親しまれるこのエリア。気さくな下町情緒はそのままに、洗練されたセンスあるイチオシはこの4店！（『Caz』二〇〇一年五月一四日号、扶桑社、六六頁）

文化人に愛された風流な面影を今に残す町（『るるぶ――東京下町を歩こう'01～'02』二〇〇一年七月、ＪＴＢ、九二頁）

そぞろ歩きが楽しい、昔ながらの風情ある街並み（『まっぷるマガジン――東京下町を歩く』二〇〇二年度版、昭文社、六〇頁）

寺、坂、長屋、路地裏、商店街……谷中・根津・千駄木を象徴するものは昔の日本の日常風景をふっと思い起こさせます。（『東京下町』エイムック六七三、二〇〇三年、枻出版社、五八頁）

谷中・根津・千駄木、通称「谷根千」のよび名は今や定着した感がある。まだ下町の風情が残る町並みや横丁をタイムスリップして、谷根千の道をまわってみよう。（『東京下町散歩25コース』二〇〇三年、山川出版社、四二頁）

〝やねせん〟と呼ばれる懐かしい風景が残る町（『旅行読売』二〇〇五年七月号、旅行読売出版社、三七頁）

懐かしく、親しみやすく、そして江戸からの長い暮らしの時間が磨き上げた落ち着きと洗練が、谷・根・千の魅力である。（『アスペクトムック写真家が案内する江戸・東京下町ガイド』二〇〇五年七月、アスペクト、三〇頁）

寺町と商店街と坂の散歩道、風雅で庶民的な下町を歩く（『サライ』二〇〇六年四月六日号、小学館、五二頁）

谷根千は下町グルメの宝庫です！（『Tokyo Walker――下町夕涼みデート』二〇〇六年八月一日号、角川クロスメディア、三八頁）

文豪たちが暮らした坂の町　路地裏に江戸、明治の面影（『旅行読売』二〇〇六年一〇月号、旅行読売

出版社、四六頁）

志ん生一家に愛された町（『散歩の達人――谷中根津千駄木』二〇〇七年一〇月号、交通新聞社、表紙）

昔ながらの長屋が並ぶ路地、車がすれ違えないような細い坂道、お惣菜が並ぶ商店街……。そんな、小さい頃には身近にあった懐かしい街並みがそこかしこに残るのが、谷中・根津・千駄木の通称「谷根千（やねせん）エリア」。（『Oz magazine――レトロでかわいい下町散歩』二〇〇七年九月三日号、スターツ出版、二〇頁）

生粋の下町人が通う路地裏の隠れ家（『東京カレンダーMOOKS――下町人情食堂』二〇〇八年、アクセスパブリッシング、六七頁）

古＋新＝ブランニューの〝意外〟ワールド（『ウォーカームック――おいしい東京レトロ散歩』二〇〇八年、角川クロスメディア、五八頁）

なつかしい風景を求めて熟年に人気の散策コース（『旅行読売熟年にもおすすめ東京さんぽ』臨時増刊号、旅行読売出版社、二〇〇八年、四八頁）

路地をくねくね、東へ、西へ　さても小粋な下町めぐり「谷根千」とは、谷中、根津、千駄木界隈をさす通称。お江戸の風情を色濃く残す街を歩けば、職人気質のすてきなお店やすました猫に出会えます。（『ことりっぷ――東京さんぽ』二〇〇九年、昭文社、一〇頁）

江戸時代からの寺町として栄える谷中は高台に位置し、花見の名所として知られる谷中霊園に隣接した静かなエリア。／谷中と本郷の高台に挟まれた低地に広がる千駄木と根津は、これまた古きよき東京のたたずまいを伝える下町風情を残す街。／街歩きブームで中高年に人気のエリアだが、近年では若い世代からの注目も集めている。（『散歩の達人ＭＯＯＫ住みたい街。』二〇〇九年、交通新聞社、八二頁）

「下町」や「猫」「寺」といったイメージは、よく語られているところだが、　　で囲ったところをみると、「エキゾチック」「洗練されたセンス」「ブランニュー」「若い世代からの注目」といった、古きよき日本の風景を連想させるものとは対極のキーワードも出てきているのがわかる。

さらに、谷根千の下町的なイメージをアンケート（図1－3参照）の質問Ⅶの自由記述欄（谷根千についてどういったイメージを持っているか）の回答のなかからいくつか挙げると、次のようなものがあった。

「古き良き、東京の風景が残る街」（男性／三〇代／台東区）

「静か、寺、地味」（男性／二〇代／戸田市）

「地域文化の豊かな発露。下町の気どらなさとシャープな属性のまじったおもしろいところ」（女性／三〇代／東京都）
「昔の東京が残っている場所」（男性／二〇代／さいたま市）
「ホッとする響き」（男性／二〇代／目黒区）
「古いものがその特徴を生かしつつ現代に息づいている地域、下町」（女性／二〇代／文京区）
「谷根千ということばに対しては、雑誌谷根千と、森まゆみさんでのイメージが強いですが、『谷中・根津・千駄木』地域が持つ独特のにおいみたいなものもこのことばに含まれているように感じています。ふだんはあまり『やねせん』と言って特定の場所として説明することはありませんが、『なんとなく（ふんいきのいい）この地域』という意味で『やねせん』と使うことがあります。」（女性／三〇代／荒川区）
「下町発掘、散歩、うちわ（扇子ではない）、文化、お祭り、呑み屋、東大、長屋、猫、坂道、灯り、ちょうちん、粋、老人、昼と夜のちがいを感じる」（女性／五〇代／台東区）
「東京でも、〝下町〟というものが、まだ残っているところ」（男性／二〇代／西東京）
「大正とか古い街並み　日があたらない　暗い」（二〇代／男性／神奈川県）
「東京の代表的な下町というイメージ」（三〇代／男性／埼玉県）
「下町」（三〇代／男性／渋谷区）
「昔ながらの下町のあったかい雰囲気」（三〇代／男性／豊島区）
「身近にコミュニティの生き残ってる場所」（女性／二〇代／千葉県）

「下町、ノスタルジー、ごちゃごちゃ、でもわりとしずか。いろんな人がいる。しぶい。ちょっとかっこいい。」（女性／一〇代／文京区）

「ネコ、小さなギャラリー、ノスタルジア」（女性／四〇代／台東区）

これらの記述においては、谷根千に対するイメージが、下町、古き良き、猫、寺、静寂といった語で表されることが多いのがわかる。「なんとなく雰囲気のいいところ」という漠然としたイメージのなかで谷根千を捉えている人もいることから、ここでの谷根千イメージはおおかた肯定的に受け止められていることがわかる。

図１－16　第３回「やねせん亭」のポスター

落語家も住んでいた町とされているからだろうか、落語や着物など和風のイメージも定着し、近年は「やねせん亭」というイベントも開催されている[17]（図１－16）。谷根千を紹介する雑誌においても、着物や浴衣姿のモデルがこの界隈を歩く姿をよく目にする。

アンケートにおいて「猫」を挙げた人もふたりいたように、猫は谷根千を語るうえでの「必須アイテム」だ[18]。商店街の活性化プランの一環として、谷中ぎんざに飾られている木彫りの置物（図１－17）も猫であり、猫が描かれた雑貨類や猫のぬいぐるみ等を販売する猫グッズの専門店も、この狭いエリアに——簡単に確認できるだけでも——四店舗ほどある。ガイドブックにも、猫グッズを売る店が紹介されている。

『ＳＩＮＲＡ』（新潮社、二〇〇〇年一月号）に連載されていた「ニッポンの猫」（写真・文／岩合光昭）においても、ひとくくりにされた「谷中・根津・千駄木」エリアに住む地域猫（野良猫）たちの愛らしい姿が映し出され、さらには「谷根千まつり」のパンフレット（図１－18）には、「にゃねせん！」という駄洒落が添えられ、藍色の暖簾をくぐる黒猫の写真が使われている。

　たしかに、このエリアでは道端に猫が寝そべっている光景をよく目にするが、犬を散歩させている人もいないわけではない。それでも、どういうわけか「猫」なのである。しかもアビシニアンであるとかアメリカンショートヘアといった、種のはっきりした洋風の「飼い猫」ではない。谷根千エリアを特集した記事や写真集などに出てくるのは、和風の雑種とおぼしき猫であることが多い。

図１－17　谷中ぎんざ商店街に居る木彫りの猫（2008年10月撮影）

図１－18　「谷根千まつり」のチラシ

さて、谷根千に与えられたこうしたイメージを懐疑的に、または冷静に捉えている人々も少なからずいる。筆者が知る限り「猫」イメージに関してとくに反発する声は聞かれなかったが、強烈な「下町イメージ」に対する疑問や当惑は、「谷中、根津、千駄木がひとくくりにされること」への疑問、驚き、否定的な見解にも繋がっているように思われた。そして、そのような見解は、この谷根千エリアを訪れる人々ではなく、多くは地元の住民やこのエリア周辺に居住する人々によって出されることもあった。

まずは、「『谷根千』って言うから……」という題名ではじまる谷根千ねっとのBBSへの書き込みをみてみよう。Mさんは、谷中・根津・千駄木がその周辺のエリアをも巻き込んでひとつのユニットとされていること、すなわち本駒込までが「谷根千」というくくりで呼ばれ（谷根千が）拡大していることに対する意外性を述べている。

一部が観光地化した隣町のモンだとずっと思っていたんだけど、いつのまにか〝戦線〟が拡大して、我らが本駒込（というより自分的には駒込神明町と言いたい）も「谷根千」仲間なのね。よくよく思い出せば、アッシは千駄木の産院（丹羽医院）で生を授かったわけだから、千駄木が我が故郷でもあったわけでそんなことに何故か30過ぎてから気がついた。（大笑）［2001/2/15］（Mさん）

特定のエリアの定義が拡大される例は、谷根千だけではない。たとえば今尾恵介は、国分寺と立川の間にあるからという理由で名づけられた「国立」が、そのイメージが高められるのと同時にそれが指すエリアも「拡大」されていったことを挙げて「ブランド地名は常に外へ広がるエネルギーを持っている」と指摘する（今尾 2008：242）。そして、そのエリア内部の住民は「拡大させたくなくても」外側の住民が「仲間入り」を望むのだという（Ibid.：242）。

もし谷根千が「ブランド」だとするならば――すくなくとも不動産広告をみる限り谷根千には「良い」イメージが付されているといえよう――、そのエリアが「拡大」してゆくのは当然のことだろう。谷根千エリアの外側の住民が「仲間入り」しようとする一方で、それを「阻止」しようとする力が働いているのかどうかについては、いまのところはっきりとは観察できていないが、将来的に谷根千ブランドがより強固になってゆけば、「谷根千」と「谷根千でないもの」との差異化は激しくなるのかもしれない(19)。

谷根千のイメージではなく、谷根千という言葉そのものに対して不快感や違和感をもっていると思われる例をみてみよう。

　谷中の長屋暮らしに憧れて、今年の4月頃から4～5回訪問させて戴いております。訪ねる度に新しい発見があって、喜んでいます。もっと深く谷根千に係わりたい、知りたいと思ってメールさしていただきました。自分で使っててなんですが、「谷根千」ていう言葉あまり好きではありません。「谷中」はもちろんですが、根津、千駄木もついでに言われる程の文化スポットではないと思います。ですから、私は「谷中・根津・千駄木」とフルネームで呼びたいと思います。［2001/7/26］（Lさん）

インタビューにおいて「千駄木を根津や谷中と一緒にしないでください」という声が千駄木の住人から編集部に寄せられたこともあったと編集者が述べていたように、「下町」と呼ばれること、また根津とひとくくりにされることに対しての「苦情」もある。

根津の一駅隣の湯島に住んでいた日本文学者エドワード・サイデンステッカーは、「下町情緒」に愛着をもつがゆえに「下町暮らし」といわれるのがむしろ「嬉しい」とエッセイのなかで述べている（サイデンステッカー 2008：56）。下町は皇居の東と北方面の「東京の裕福でない」ところを指すゆえ、マスメディアで強調される「下町情緒」も、「ある人にとっては迷惑千万ということになろうか」と彼は綴っているが、たしかに谷根千に付与された下町イメージはときに住民の一部を不快にさせているようだ。さらにアンケートにおいては、谷根千に付与される「下町イメージ」だけでなく、略称そのものに対する否定的な意見もみられた。

地域名として谷根千というのはあまり好きになれない。雑誌「谷中・根津・千駄木」は好きな本なので毎号読んでいます。（男性／四〇代／荒川区）

地元の地名を短くしないで下さい。（男性／三〇代／文京区）

森まゆみのエッセイでも述べられているとおり、『谷中・根津・千駄木』という雑誌の名称はたんなる語呂の良さで決められたものであり、谷根千という略称も、住人たちの間でいつのまにか広く使用されるようになったものだ（森 1991）。しかしその一方で、谷根千という言葉に対する否定的な声もまた、

「地元」の人々（あるいは近隣の人々）から出されていることは特筆すべき点である。

序章でもふれたが、谷根千に付与された下町イメージについて、編集者自身は『谷根千』を執筆・編集する過程において、下町的なものを強調しているわけではないと主張する。

> レトロな「谷根千」を出したいんじゃなくて、地域を活性化したいな。生活者の視点から、と思っている。やってるのかやっていないんだか、どうやって生計をたてているのか、わからないお店があるでしょ？　そういうのをどうにかしたいな。（Interview 2001. 1. 30）

そう思いながら雑誌づくりをし、さらに、

> テレビ番組の特集で「谷根千」エリアが紹介されているのを何度かみたことがあるんだけど、下町風情を強調してるからか、散策コースが奇妙な順序だったの。無理のあるコースどりで。芋甚のアイスを食べながら、坂を下っている（芋甚は坂の下にあるはずなのに）。点と点が結び付けられたような印象で、面になっていない感じがした。つくられたイメージが一人歩きしてるなーって。べつにそれが悪いっていうんじゃないけど。（Interview 2001. 1. 30）

と述べている。このインタビューと同時期の講演において、森まゆみは「私どもの地域雑誌『谷中・根津・千駄木』は、『主婦のタウン誌、下町情緒』と紹介されて、定着しているようですが、主婦も、タウン誌も、下町も全部異議を唱えたいのです」（森 2001）と強調している。谷根千に付与された一般的イメージである「下町」ばかりか、「主婦」にも「タウン誌」にも「異議を唱えたい」という発言に、谷根千がひとり歩きしてゆくことへの戸惑いがみてとれる。

たしかに、マスメディアにおいて表象される谷根千イメージは、誇張されているように感じる。そのような谷根千の特殊性が、「下町風情」のイメージとともにアピールされること、そして谷中、根津、千駄木がひとつのユニットとされることについて、それが好ましいかどうかではなく、商業的な理由によるものだと感じている住人もいる。

Yanaka Nezu Sendagi. It is a combination of these places to reflect the unity of the community. It seems to be done for business reasons.（男性／四〇代／台東区）

不動産屋の広告に谷根千（もしくは「やねせん」）という表記がよくみつけられることからも、谷根千のイメージ――多くの場合、下町イメージを肯定的に捉えたものであるが――が商業的なコンテクストのなかで用いられる傾向があるのは明らかである。

ところで、ここに二枚の写真がある（図1-19・1-20）。上（図1-19）の写真は、台東区内のあるホテルの軒先にあった看板である。和装の女性ふたりが人力車に乗って「ちょっと小粋に谷根千巡り」をしている様子である。背景には瓦屋根がみえるが、どこかの店先だろうか。江戸情緒溢れる町を人力車で散策してみましょう、というお誘いである。一方、下（図1-20）の写真は、谷根千エリアの幹線道路である不忍通りを行く人力車が、観光客だろうか、五〇～六〇歳代とおぼしき男女を乗せているところだ。高層マンションが立ち並び、車がひっきりなしに通る道路で駐車車両と走行車両の間をなんとかすり抜けようとしているところである。広告に偽りアリ、というわけではないが、この二枚ではずいぶんちがう印象を受ける。むしろ、観光客にとっては下のような場面を撮影する者（わたし）こそが「嘘つき」で意地悪に思えるかもしれない。少なくとも、下の写真が誰かの「思い出のアルバム」に収められることはないだろう。

ここで注目したいことは、どちらが「本物か」ではなく、理想的な谷根千イメージと、（ある瞬間の）現実とのギャップであり、それぞれが「リアル」な世界として理解されている、ということである。図1－19はいうまでもなく広告のなかで表現される、和の情緒に満たされた谷根千と人力車である。図

図1－19　ホテルの前の看板

図1－20　交通量の多い不忍通りをゆく人力車

1‐20は、普段このエリアでよくみかける風景のなかの谷根千と人力車である。広告やマスメディアによって製造される「事実」としての谷根千を、「擬似イベント」（D・ブーアスティン）と呼ぶこともできるかもしれない。しかし、どちらが「擬似」でどちらが「本物」か、といった問いの立て方では理解しきれない「リアルな」現実もある。極端にいえば、たとえばテクノロジーを駆使したディズニーランドにおいては本来の自然よりも「リアルな」ものがみられるように、谷根千エリアをふくめ、多くの観光地でわたしたちは、本物（オリジナルなもの）よりもはるかに現実味を帯びた「ハイパーリアリティへの旅」（Eco 1986）を楽しむことができるのである。[20]

「本物よりも下町らしい谷根千」に満足する人々にとって、車の間をすり抜ける人力車に乗っている瞬間も、もしかすると上の写真で演出される世界に「いる」のかもしれない。こういった例は、観光地であればどこにでもありえるだろう。谷根千は、下町でもなく、古きよき日本の風景が町全体に残っているわけではないにもかかわらず、人力車という古い乗り物（記号）が似合う町として認識され、実際に走っている。観光客や来訪者、あるいはテレビ局の取材クルーにとっては、たとえ「ニセものの江戸情緒」「擬似的な下町らしさ」であってもよいのだ。むしろ下町らしいモノやヒトを見て楽しみたい観光客にとってそれは「ニセもの」でも「擬似」でもなく、本物よりも「リアルな」下町としての谷根千なのだ。

現代都市の記号について数々の論考を遺したロラン・バルトは、「プロレス」について触れたなかで、プロレスの観衆にとって試合が八百長かどうかはどうでもいいことで、彼らが見世物としての「ある種の情熱の瞬間的映像を期待している」ことに目を向けた。すなわち、「大事なのは観衆が信じるものではなく、観衆が見るもの」で、それだから「レスラーの役目は勝つことではなく、彼に期待されている身振りを正確に果たすこと」なのである（Barthes 1957=1967 : 6）。

谷根千の役目が、人々を下町の世界に誘って楽しませることだとしたら、図1-20の観光客を谷根千が十分楽しませたのだろうか。では、もし谷根千が「期待されている身振りを正確に果たす」ことができなかったときどうなるか。つまり、来訪者からの期待に町（谷根千）が応えることができなかったとき、来訪者はどういった反応を示すのか。

以下では、このエリアを訪れた人々が実際に来てみたら（住んでみたら）想像とは異なっていたというケースをとりあげてみよう。ここで挙げられるコメントは、いわば外部からの視点と内部の視点とを併せもつ人々によるもの（かつてstrangerであった人々の視点）である。たとえば、「谷根千ねっと」の元管理者守本は、住んでみる前と後とで多少なりとも谷根千の印象が変わったようだ。

（自分自身が地方出身だから）鷗外、漱石にあこがれがある。この辺に住んだのも、そんなあこがれ、そして交通の便がいいから。住んでみて、意外とばらばらだなと思った。だから、『谷根千』を読む視点も、地元の人とは違う視点、歴史的なところに注目しています。（Interview 2001. 9. 9）

さらに、次に挙げる記述（アンケートの自由記述欄より）からは下町イメージに浸かった谷根千を分析的に（冷静に）捉えていることがうかがえる。そこでは、住む前と実際に住んだ後との谷根千イメージのギャップからそれぞれの地域の個別性への言及を経て、谷根千を「幻」と捉えるに至るプロセスが、端的にまとめられている。

私が最初に知ったのは、地域雑誌としての「谷根千」でした。そのため、この地域は、ある求心力があって、だから、こんなメディアが成立し得たのだろうと思っていました。しかし、この地に住んで、いわゆる「谷根千」というまとまりが、とても漠然としたものであることがわかりかけてきました。谷・根・千三地域も、それぞれ個性がちがいますし、また、向丘や西片、本郷、上野桜木、池之端など、いわゆる「近世‐近代の奮《ママ》囲気を残したどこか懐かしい地域」というなら、わと《ママ》拡がってゆくように思います。また、千駄木の不忍通り沿いなどは、もう完全に「ヤネセン的」ではありません。（ひょっとしたら、雑誌創刊時からそうだったかも。）「谷根千」は、今や幻かもしれない。でも、この地域にギャラリーがふえたり、中々いい感じの喫茶店やレストランがふえたのは、「谷根千」が拡まってゆく過程の中でだったような気もします。幻が人をひきつけ、幻に近い現実を作り出してゆく作用も、あるのかもしれないですね。また、この地域が、そうなってゆく地霊を秘めていたのかもしれなく、それを見抜いたのが、森まゆみさんだったかもしれない。なんてことも、ふっと思いました。（男性／三〇代／文京区）

谷根千は、下町、猫、古い町といったイメージとともに演出され、わたしたちの目の前に現れてくる。エリアへの過剰な定義づけを、「記号の操作によって『都市』や『村』を擬制しようとする過剰な『演出』」であるという若林幹夫は、環境空間の社会的リアリティについて、ニュータウンを例にしつつ、次のように述べている。すなわち、郊外の住宅地に付与された名称には「歴史や社会的関係の厚みに支えられた社会的な実定性の共有された枠組みが存在しない。それらの名前や記号は、（略）人々の具体的な体験や関係、出来事と相関する社会的な現実の場を構成してはいない。にもかかわらず、この命名と開発の過程を通じて、かつてある名で呼ばれていた土地からその名が失われ、その名と共にあった風景や生活が消失し、都心との時間距離や居住条件へと置き換えられた空間に新しい名が書き込まれ、その書き込まれた名を曖昧に表象する空虚かつ過剰な風景の表層が私たちの郊外の〝現実〟として、それらに取って代わるのである。」（若林 1998：44）

若林が事例として挙げる郊外（ニュータウン）の状況と都心の中心部にある谷根千をめぐる状況とを、単純に比較することはできないが、名づけに関する考察としてそれは十分に検討に値する。谷根千は（ニュータウンの地名とはちがい）もともと使われていた地名から派生した呼び名であり、まったく新たにつくりだされた名前ではないのだが、郊外ニュータウンにつけられた新しい名称が「空虚かつ過剰な風景」を表象するのであれば、それはある意味で谷根千も同じ状況にあるといえよう。

新しい名称（谷根千）が、「空虚」かどうかはわからない。それよりもむしろ、いかなるきっかけであれ、好むと好まざるとに関わらず、名称が付与されそれがさまざまな社会的関係において用いられてゆくなかで、「幻」はある人々の感覚のなかでは「現実」となるのだ。

6　都市のなかの谷根千

谷根千はコミュニティか？

以上でみてきたように、谷根千には、いくつものイメージが付与され、そして谷根千という名称に関しても、価値づけのちがいがあった。そのイメージだけで考えれば、地理的・地形的要因や共同性に依拠して谷根千がひとつのユニットとして扱われていることを説明する見解も理解できる。たとえば、メディアにおける「谷根千」を追っていくと、そこは生活圏として機能しているような感じであるし、下町的な雰囲気が谷中にも根津にも千駄木にもあるような印象も受ける。それゆえ、谷根千をコミュニティ的、もしくはゲマインシャフト的な紐帯が残る町、とみなしたくなる。しかしながら、「谷根千」という記号の多様な解釈やその空間的範囲の多様性、さらには住民のなかのイメージ・ギャップを丹念に追ってみると、いったい谷根千とはなんなのか、どう理解すればよいのか、わからなくなってしまう。とりあえずここでは、谷根千がコミュニティかどうかについて考えてみよう。

『谷根千』を都市のコミュニティ・プレスとしてとりあげた小浜ふみ子は、『谷根千』というローカル・メディアがコミュニティに及ぼす影響（機能）を考察している。[21] そこでの議論において、小浜は、谷根千をめぐるさまざまな地域のイベントや「ストリート・パーティー」への参加者のなかに住民以外の人々も少なからずいることに注目し、コミュニティ・プレスが媒介になった「メディアで結ばれたコミュニティ」すなわち、ガンパートがいう空間的な近接性を必要条件としていない「地図にはないメディア・コミュニティ」の一例として谷根千を捉えている。つまり、谷根千は「住民にとって、『自分たちのコミュニティ』の総称であり、シンボル」（小浜 1995：76）でもあると分析している。さらに、一九六〇年代に『谷根千』に先行するローカル・メディア（地域情報を提供する媒体）があったことに触れ[22]、「『谷根千』には、その出現を促す前史あるいは予備条件が存在した」（Ibid：79）と述べている。そして、そのような地域（文化）的基盤のもとで「社会の動向に対する危機感（ノスタルジーの危機）」が編集者たちによって共有されたことがコミュニティ・プレス『谷根千』の誕生を実現させたという見解が示されている。

コミュニティ・プレスが都市の社会構造のなかにいる諸個人の統合プロセスに関わっていると指摘したジャノヴィッツもまた、コミュニティ・プレスが地域の歴史を発掘し、地域の情報を収集・発信することによって、地域情報がコミュニテイのメンバーに共有され、それによって地域コミュニティの再生や強化が促されるのだという（Janowitz 1967：67）。このような理解においては、小浜が指摘するように、『谷根千』が創刊される以前のコミュニティ・プレス（ミニコミやチラシ、郷土誌）がローカル・メディアで結ばれたコミュニティの基盤となり、谷中地区あるいはその周辺のコミュニティの形成・強化になんらかの影響を及ぼしたことはたしかであろう。

コミュニティの形成について、そこに付与された名称や境界に着目したA・ハンターは、一九六〇年代のシカゴを例に、ローカル・コミュニティには集合的に共有された文化的でシンボル的な要素があるという考えのもと、社会構造や人々の生態学的側面だけでなくシンボル・文化的な（symbolic cultural）側面にアプローチしながら都市コミュニティを分析した（Hunter 1974）。コミュニティの定義づけに際しては、名づけや空間的な境界によって住民自身が形成した認識的なイメージと、そのエリアへの住民の愛着が表されるような感情的イメージ、このふたつの要素が深く関わってくるという。いいかえれば、前者はコミュニティそれ自体のシンボリックな同一性（symbolic identification of community）、また後者はコミュニティへのシンボリックな帰属意識（symbolic identification with community）に連なるものである（Ibid.：116）。ハンターがいうところのシンボル・文化的アプローチから谷根千のケースを分析すれば、まさに谷根千もこれら二つの要素が入り組んだローカル・コミュニティであるといえよう。

さて、ここで根本的な問題に立ち返って考えてみたい。谷根千エリアにはコミュニティと呼ばれるのに十分な共同性や地域的な基盤が『谷根千』創刊以前にあったのだろうか。むしろ「コミュニティ」が崩れかかっていたからこそ、そしてそのエリアのローカルな情報が共有されていなかったからこそ『谷根千』は創刊されたのではないか。そもそも当該エリアの地域情報や「シンボル」は、住民たちに「共有」されてきたのだろうか。ハンターが行ったシカゴの調査では、どこまでを自分の住むコミュニティとするかという認識、すなわちシンボルの定義づけ（cognitive definition）は多様であったというが[23]、ある一定のエリアが谷根千と呼ばれていることすら知らない「谷根千の住民」がいることや、その呼称に不快感をおぼえる住民もいることを考えれば、谷根千においてシンボルそのものが積極的に共有されているとはいえないのではないだろうか。それだけではない。『谷根千』創刊以前、そこは「谷根千」と呼ばれることはなく、またコンテクストによっては、谷根千はエリアでさえないのである。

マッキーヴァーのコミュニティとアソシエーションの定義を参照すれば[24]、谷根千エリアはふたつの氏子圏が重なる地域であり、編集者自身も生活圏として理解していることから、その点で谷根千はコミュニティ的であろう[25]。しかし一方で、たとえば、なんらかのメディアによって谷根千を知り、移り住んできた人々や、町並みや（地域）文化の保存を目的とする人々の集合だという点ではアソシエーション的でもある。そして、すべての住民自身が自ら「谷根千の住民である」という強い帰属意識をもっているわけではない[26]。

『コミュニティは創られる』の著者A・P・コーエンは、コミュニティをシンボリックに構築されるものとして捉えている（Cohen 1985=2005）。ここでコーエンがいうシンボリックな構築とは、コミュニティのシンボルの「意味」を共有することではない。そのうえでコーエンは、コミュニティとは「人が『社会的である』（be social）ための方法を学び実践し続ける場所」であり、「人びとが『文化』（culture）を獲得する場所」であるという。そして、「コミュニティの境界の地理的根拠が薄れてくると、それを再確認するシンボリックな主張が出現する」のだという（Ibid.：183）。このような考え方からすれば、たしかに谷根千はコミュニティであるといえよう。

しかしながら、「コミュニティ境界の地理的根拠」が谷根千にあるかどうかは疑問である。また谷根千と称されるエリアに、コミュニティやアソシエーションに匹敵する社会関係が内包されていることはあるかもしれないが、そもそも雑誌名の略称から生まれた「谷根千」は、アソシエーションかコミュニティかといった議論の範疇に入らないものに思えてならない。いうなれば、谷根千とはひとつのエリアであると同時に「幻相」として現れた都市的ネットワークを支える「メディア」でもある。

一九一〇年代と一九六〇年代にはこのエリアを対象とした地域情報を掲載するメディアが刊行されていたが、語順もそのままに「谷中・根津・千駄木」あるいは「谷根千」とは呼ばれてはいなかった。谷根千エリアの歴史や地域性は、また地域についての争点は、現代になって（『谷根千』によって）掘り起こされたものである。パラドキシカルないいかたをすれば、あえて「〝地域性〟を育てようと試みる」こと自体が、〝地域性〟の希薄さを反映していたのである。『谷根千』が創刊されたからこそその地域性（あるいはコミュニティ的なつながり）は育ってきたのではないだろうか。たとえば、『谷根千』創刊から数年後の一九八七年一一月の時点で、谷根千エリアの「消える街並み」（『読売新聞』一九八七年一一月二七日）が話題としてとりあげられていたように、当時このエリアは都市化の波の只中にあったのである。森は創刊前の谷根千エリアの様子を次のように回顧している。

考えてみれば町なかで顔が合い、目が合っても挨拶一つしないのが東京。東京の中ではムラとよばれるこの町ですら、何代もつづく家や戦前からの町会加入者以外はあまりつきあいがない。この町で生まれ育った私でも、結婚してマンション住まいとなると、もう近所の人ともあまり口をきかなくてすんでいた。（森 1991：37）

『谷根千』が創刊された頃の不忍通りの様子は、鷲津美栄子のエッセイからも読み取れる。

両側にそびえ立つビル、マンション。みんな赤茶や金茶の磁器タイルか何かで、キンキラキンに輝いている。「運転手さん、これ本当に不忍通り？」と身を乗り出すのに、「そうですよ、二十一世紀向けの再開発というのを区役所がやってんです」二十一世紀の何に向けて、というのか。染物屋や琴三弦の店の木造二階屋が、昔のままにあると思う方が間違いだとしても…。（鷲津 1987：61）

都市化によってもたらされた風景の変化や、地域的な繋がりの希薄さこそが、ローカル・メディアの創刊を促した。そして、そこで生まれたローカル・メディアが、ひとつのまとまりをもった谷根千という新たなローカル文化（文化単位）を生みだしたのである。つまり、谷根千をめぐる（そこに集まる）さまざまな人々によって、それ以前とは違った（谷根千という）ローカル文化が、リアリティをもった「幻相」のごとくかたちづくられたのである。(27)

井上俊による次の指摘は、『谷根千』が広く知られる前に書かれたものにもかかわらず、あたかも都市のローカル文化として生まれた谷根千の状況を分析しているかのようだ。

地域文化とは、簡単にいえば、地域社会ないし地域共同体（local community）を担い手とする文化にほかならない。しかし反面、そういっただけでは片のつかない問題もたくさんある。かつての伝統的な地域共同体を想定するなら話は別だが、今日の地域社会の現実はもはやそのようなものではない。周知のように、産業化や都市化の進展は、「職住分離」（職場と家庭との分離）傾向をおし進め、人びとの空間的流動性を高め、また、いわゆる「地縁社会」における相互扶助や共属意識を減弱させる。（略）このような現状を考えれば、地域文化の担い手として、封鎖的な生活共同体としての地域を想定することは困難である。また、地域文化はその地域の住民によって担われるという考え方も修正される必要があろう。たとえば現代の大都市の文化は、そこに住んでいる人びとによって担われていると同時に、少なくとも部分的には、別の地域からそこへ通勤してくる人びとや、遊びにやってくる人びとなどによっても担われている。（井上 1984 : 5-6）

さらに井上は、現代のローカル文化を考える際には、「地域文化の担い手を住民だけに限定することなく、居住以外のさまざまの形でその地域に関与する人びとをもふくめて広くとらえることが必要」

（Ibid.：6）であるとし、観光地を例に挙げて次のように述べている。

観光地には観光地独特の文化がある。そしてその一部は、明らかに、そこを訪れる観光客によって担われている。さまざまの地域からやってくる観光客たちは、それぞれに自分の地域の文化を担っているだろう。しかし観光地では、彼らは観光客としてふるまい、観光客の一般的な行動様式に従う。この意味で彼らは、観光地の文化の一翼を担っている。（Ibid.：6）

観光客や観光産業がその土地の地域文化を担い、さらには「伝統」さえも創出するという指摘は、多くの研究者によってなされている[28]。たとえば、山下晋司編『観光人類学』（一九九六年）では、ハワイ、バリ、ラップランド、タイ、中国などの事例がいくつも報告されている[29]。こういった研究や井上による考察を参照しながらあらためて谷根千を観察すると、（観光地としての）谷根千が来訪者、すなわち観光客によってもかたちづくられ、維持されていることがわかる。このエリアは、コミュニティとしてあらかじめ機能していた「ゆえに」谷根千というユニットが可能になった、というわけではなく、編集者や外部からの来訪者、そしてマスメディアの影響が少なからずあったのではないだろうか。

ローカル・メディア（コミュニティ・プレス）が地域コミュニティに果たす役割、すなわちコミュニティの形成（再生）と強化を促進する役割を担っていることに関して異論はないが、谷根千を文化単位の問題として分析すると、また違ったファクターを付け加える必要がある。すなわち、住民やマスメディア、さまざまなエージェントが関わったコミュニケーションにおいて、そのローカルなまとまりなり、

ローカリティなりがつくりだされているという観点である。(30)

それは下町ではない？

谷根千がコミュニティかどうかといった問題と関連して、谷根千に付与される「下町イメージ」についても検討しておく必要があろう。テレビ番組やタウン誌・旅行雑誌においては、しばしば谷根千は「下町」として紹介されている（前節を参照）。それを歓迎する住民がいる一方で、谷根千とされるエリアに住むすべての住民が、自分の住んでいる町をすすんで「谷根千」と称しているわけでもなく、また正確にそのエリアが下町として定義づけられているわけでもない。谷中、根津、千駄木それぞれの地域が独自のものとしてではなく、ひとくくりにされ「谷根千」と称されることに関して、否定的な感情を抱いている者もいる。その背景には、谷根千（とくに千駄木）が「下町」と呼ばれることへの否定的な感情があると思われる。谷根千は下町ではないのか？　この問いを考える前に、まずは下町イメージやその定義がどう変化してきたかをみてみよう。

「下町」という場所への価値づけ（イメージ）は、時代とともにずいぶん変化してきている。たとえば、一九三八年公開の『綴り方教室』（山本嘉次郎監督）では、当時の下町の厳しい貧困生活の様子が描かれ、一九六三年に公開された映画『下町の太陽』（山田洋二監督）においても、郊外の近代的な「明るい」団地と低所得者層が居住する東京の「暗い」下町とが対照的に描かれている。(31)ところが、二〇一〇年三月一九日に発表された公示地価一覧をみると、谷根千も含め都心の「下町」と呼ばれるエリアのほうが、郊外の住宅地よりも高い傾向がある。(32)

わたしの研究室からは、かつて「東洋一」と謳われたマンモス団地が一望できるが、建て替えの時期でもあるためか、もはや『下町の太陽』に描かれたような「高給取りのエリートが住むキラキラした住居群」にはみえない。個人的には、その団地の緑のある風景や建物が好きなので、日本における近代化・高度経済成長を知る立派な遺産の「観察学習」と称して学生を散策に連れ出すことがある。しかしどうも「ウケ」がよくない。「暗い」「こわい」という。ホラー映画の観過ぎではないかとも思ってしまうのだが、一方で下町と呼ばれるエリアに連れてゆくと、ウキウキと買い食いをし、写真を撮り、こんなところに住んでみたいという。彼らにとっては、郊外の古びた団地よりも、にぎやかな店が立ち並ぶ「下町の」商店街のほうが魅力的に映るようだ。三〇~四〇代女性向けのあるファッション誌の記事には、「エレガントな装いにぴったりのバッグ」を肩にかけ谷中あたりを自転車で駆け抜ける女優鈴木保奈美の姿がある。そこには「通称谷根千界隈の下町風情を胸いっぱいに感じられるのは、斜めがけバッグの開放感があるからでしょう」という文章が添えられている（『ミセス』二〇一〇年八月号、文化出版局、三九頁）。「下町風情」はおしゃれなのである。

このようにたった四〇年ほどで、下町のイメージは大きく変化した。前出のサイデンステッカーは、山手との対比における下町イメージの変遷について、エッセイのなかでユーモアを交えて次のように書いている。

サイデンステッカーが生前、日本での住まいを構えていたのは根津の隣、湯島であった。そこは、明治時代は文化人や裕福な人が住む本郷台と呼ばれる地で、「れっきとした山の手だったはず」だったが、やがて渋谷や麻布に住む人々が口を揃えて「下町にお住まいなんですね」というようになった。そして

「当の本郷台の住人たちまでが、自分たちは下町住まいだと考えたがっているらしい」（サイデンステッカー 2008：54）。東京の低地だけではなく、東京大学のある高台にかけての湯島、本郷までもが「下町」と考えられ、またそこの住民自らがそう考えるようになったというのだ。この背景には、下町が「上野を含んだ東京東部地域の商品化の要であり、同時に現実に生きられるローカル・アイデンティティの重要な要素であるにも拘らず、その内実は誰にも厳密に定義されず、曖昧なままに放置されている」（五十嵐 2003：234）現状がある。

「下町的であること」「下町情緒に溢れること」が、マンションの「売り文句」になっていることからもわかるように（詳細は本書第1章3節参照）、今や下町に居住していることは「憧れ」の対象になった／なりつつあるということだろう。そして、もとは下町と呼ばれていた銀座が山の手と考えられるようになるという「おかしな」現象もおきている。サイデンステッカーの説明によれば、明治時代の身分制度の崩壊とともに、経済活動と富裕層が下町から山の手へとシフトし、映画『男はつらいよ』シリーズ（「寅さん」映画）の舞台として有名になった柴又や「今ではすっかり山の手になりすました」世田谷など、明治時代は片田舎とされていた場所が下町や山の手に変貌していったのである（サイデンステッカー 2008：55）。

台東区立下町風俗資料館の元館長松本和也によれば、下町とは日本橋、京橋を中心に拡がった神田、芝、品川、下谷、浅草、本所、深川といった「江戸城の城下町」を指し、「武家地」の「上町」に対する町人の町が「下町」だった。そして、この下町の範囲は「戦前まではかたく守られていた」という（松本 1988：20–21）。それが現在ではかなり広い範囲を「下町」と称するようになった。たとえば、『散歩の達人MOOK——東京下町さんぽ』（二〇〇八年八月）には、江戸時代から下町と呼ばれる神田、日本橋、浅草、その後に拡大された千住、町屋、柴又などに加え（そこに谷根千も加えられている）、王子、赤羽、戸越、蒲田などの城北・城南エリアへも「下町の範囲を広げてみました」とある（一頁）。それは商業的な理由によるとも考えられるが、谷根千も含めた「下町」の定義がここまで拡大されて紹介されているところは興味深い。

同じ東京（あるいは江戸）にありながらまったく別の世界であったはずのふたつの俗称地名「山の手」と「下町」は、「ワンセットの対照地名」でもあり、「きちんと線引きをすることはできない」ばかりか、それらが指す範囲は、時代とともに拡大し、その中心が移動してきた。そう指摘する竹内誠は、一七世紀後半にはすでに使用されていたとみられるそれらの地名が、「武家屋敷を象徴する山の手に対し、下町は町人の町という対置的な地域概念」として理解されていたと考察している。具体的には、四ツ谷、青山、市ヶ谷、小石川、本郷が山の手で、一方、京橋、日本橋、神田を中心として東は隅田川、西は外堀、北は筋違橋[33]・神田川[34]、南は新橋という範囲、すなわち現在の中央区全域と千代田区の一部が江戸時代の下町であった（竹内 2006：68–69）。ところが、「幕末から明治にかけて、下谷・浅草が下町と呼ばれるようになり、大正から昭和のはじめにかけて本所・深川が下町の範囲に含まれるように」なり、現在の下町は墨田以東に中心が移り、一方で「山の手線の内側の文京・新宿の台地部分」を中心とした山の手が、現在は「山の手線を越えて武蔵野台地上を西へ西へと延びている。」（竹内 2006：68）

この拡大過程の背景を考えるとき、自らも下町エリアに居住する郷土史研究家の木村礎による分析は示唆的である。木村は、このふたつの概念が地理的な境界線によって隔てられたエリアだというだけでなく、社会的な境界でもあると主張する。そして、下町とはなにかという質問に返答するのは「非常に難しい」としながらも、次のように下町を定義づけている。すなわち、「下町」は地形的概念（地域的区分）と社会的概念（社会的区分）とが混合して成立した地域概念であり、それは「武蔵野台地の末端から東に展開する低い沖積地」にある庶民の居住地域を指す語だとしている（木村 1980：296-297）。

ここで注目しておきたいのは、木村が、下町が「拡大」してきた過程を、資本主義化のもとで東京の下町と呼ばれるエリアが担ってきた「社会経済史的な役割」を検討するなかから分析しているところである[35]。資本主義によって大都市東京の社会構造が変わる以前は、『広辞苑』に載っているような「常識的」定義、すなわち「低い所にある町。商人などの多く住んでいる町。東京では、浅草・下谷・神田・日本橋・京橋・芝・深川・本所方面の称」は妥当ではあるとしながらも、近代資本主義の発展のもとで大都市に集中する安い労働力を提供する労働者、すなわち工場労働者、サラリーマンといった「資本主義を最も端的に表現する」新しい社会階層（木村 1980：311）の居住地として、下町エリアが拡大されていったことを強調する。つまり、江戸時代から明治中期まで下町居住者の核であった商人や職人によって形成されていた「伝統的な」下町は第二次世界大戦の空襲以降ほぼ壊滅した[36]。それゆえ、近現代における東京下町は「中小企業（商工業）、労働者、下級サラリーマンの集住地域」であり、また「職住近接と低所得」がその特徴だとすると、足立区、葛飾区、江戸川区も「広い意味では、新しい下町といって多分よいのであろう」（Ibid.：312）と結論づけている（Ibid.：297）。なるほど、それだから谷根千という呼び名とともに「下町としてひとくくりにされたくない」という意識が残っている「ハイソ」な住民がいても不思議ではない。竹内が指摘するように、山の手の中心が「文京・新宿の台地部分」から西へ移動したとするならば、文京区千駄木はもはや山の手の中心とはいえず、いわば拡大した下町に飲み込まれたエリアである。それでも「下町」カテゴリーに入れられることに不快感を示すのは、「職住近接と低所得」といったかつての下町イメージを前提としているからだろう。

現在の谷根千エリアには実際のところ、さまざまな住民が居住しており、谷中、根津、千駄木およびその周辺のエリアの現状をみると、ここ一〇年の間に建築された/建築中のマンションには、「低所得労働者」が簡単に購入できそうな物件は少ない。たとえば、「パークタワー上野池之端」(三〇階建て、総戸数一七五戸)について、建築・住宅ジャーナリスト細野透によると、その客層は近隣に居住もしくは通勤する四〇~五〇代、年収一〇〇〇万円超のふたり家族だという(『日本経済新聞』二〇一〇年一月五日)。このエリアの他の物件をざっと見渡せば、1LDKでも約四〇〇〇万円以上する新築マンションもあり、不忍池を見下ろす高層マンションでは一億にせまる値がついている物件もある。下町を示す範囲が近代資本主義の進展とともに、労働者の居住地として拡大していったことは理解できるが、居住者の属性だけをもって谷根千が下町であると規定するのは難しい。さらにいえば、「東京の『下町』とは」と題された記事のなかで鈴木理生が図示する「下町」の範囲には、谷中も根津も千駄木も入っていないのである(鈴木理生 2006: 94-95)。明治以降になって「城下町」を指して用いられるようになった「下町」を、鈴木は商業(物流)の中心「河岸」があり商業地区として機能していたかどうかによって定義づけている。

一九五〇年代に、ちょうど現在の谷根千とされるエリア(不忍通りにそったエリア)を調査したR・P・ドーアは、このエリアを「下山町(*shitayama-cho*)」と呼び、ほかの地域の典型的な「下町」および「山の手」とは区別した（Dore 1958）。「下山町」という仮名は彼自身がつくったもので、山の手と下町という「東京文化の二つの系譜の混合体を代表していることをあらわすのに役立つ[37]」と考えてのことであったと後に語っている。ドーアは *City Life in Japan* のなかで次のように述べている。

地理的にみると、下山町は、昔の下町と山の手の間にひかれた分岐線の上にある。それは今では暗渠となっている小川のある谷のあたりで、高台の線にそった狭い窪地をなしている。（略）下山町は、鑑賞するためにつくられたのではなくて、住むためにつくられているのである。（Dore [1958]1999 : 15=1962 : 12–15）

ドーアは、まだこのエリアが谷根千と呼ばれるはるか以前、このエリアを東京の山の手／下町という二項図式に収まらない独特なエリアとして捉えていた。そして、一九五〇年の資料をもとに、住民の約九割が下山町以外の出身で、職業、学歴、生活様式の面でもかなり異質性を含んだ地域であったことを指摘していた。これらの指摘は注目に値する（Dore [1958]1999=1962）。もともとこの辺りがひとつの文化圏でなかったばかりか、典型的な下町でもなかったのだ。

ドーアがいうように、谷根千は下町と山手、そのどちらの要素ももったエリアであり、典型的な下町コミュニティが根づいた町ではない。くりかえしになるが、「挨拶ひとつしない」状況が、『谷根千』という紙媒体の誕生を引き起こす原動力となったことを考えれば、谷根千は、ステレオタイプ化された下町イメージとはすこし違うのがわかるだろう。

ここで注目すべきは、谷根千が、そういったエリアであるにもかかわらず、下町イメージを付与されたことによって――それが正しい「下町」定義にはあてはまらなくても――あたかもひとつのまとまりをもったエリアであるかのように扱われていることである。もっとも、現代の東京では、「正統な」典型的下町などというものはイメージのなかだけにしか存在しないのかもしれない。だとするならば、ローカルな文化単位「谷根千」の生成を説明するとき、そこが実際に下町的であるかどうかや、住民の特性や属性の同質性・共同性は、あまり重要なことではないのだ。

注

（1）一九四七年以前の区画制においては、根津、千駄木は本郷区に、谷中は下谷《したや》区に属していた。

（2）上野と谷中およびその周辺にあるギャラリーや美術館（近年は谷中エリアの寺院、図書館、カフェなども参加）の共同開催企画として一九九七年から実施されているアートフェスティバル。マスメディアによって紹介されたこともあり「昨年は約5万人の観客」（二〇〇一年のart-Linkパンフレットより）を動員したという。まちづくりグループ「谷中学校」が主催し一九九三年から毎年開催されている「谷中芸工展」もほぼ同時期に同じエリアで行われ、多くのギャラリーは両方のイベントに参加している。

（3）http://www.yanesen.net/cgi-bin/bbs/bbs.cgi (2001. 10. 31) 現在、ＢＢＳは閉鎖。

（4）谷中、根津周辺でロケをした映画は『ＲＡＭＰＯ』（一九九四年公開）、『東京日和』（一九九七年公開）、『谷中暮色』（二〇〇九年公開）その他ＮＨＫ朝の連続ドラマ「ひまわり」（一九九六年放送）などがある。

（5）二〇〇六年一〇月に実施された谷中の夕焼けだんだんでのイベント「点字物語二〇〇六」の様子は、坂部明浩（2008）に詳しい。

（6）「安竹ナントカ」は、当時首相候補となっていた安倍晋太郎、竹下昇、小坂徳三郎の三人が「安竹小（あんちくしょう）」と呼ばれていたことを示していると思われる。

（7）『東京下町を歩く』（まっぷるマガジン二〇〇〇～〇一年版）を参照。また、インターネットにおいても、個人の散策経路（散歩道）として「谷根千」をとりあげたホームページがみられる。『谷根千』創刊以前は、各行政区ごとにガイドブック（エリアガイド）が発行されていることが一般的であった。たとえば、現在谷根千と呼ばれているエリアの史跡案内に関しては、一九七七年（昭和五二年）に発行された『台東区史跡散歩』（松本 1977）では上野公園から池之端にかけてと谷中、日暮里がとりあげられている。

（8）一位は浅草、三位は柴又となっている。同じ誌面の「もっとも昔懐かしい情緒が残っているのはどこ?」という質問でも、一位の浅草に次いで谷根千がランクインしている。さらに、「新東京タワー」（スカイツリー）の建設によって「下町情緒が壊れそう・反対」と回答したのは「非下町住人」が五八・一%で「下町住人」の三三・三%を上回っているという「調査結果」も掲載されている。厳密かつ専門的には統計手法に疑問は残るが、谷根千や下町イメージを捉えるうえではきわめて興味深い。

（9）また同書の巻末にある三越通信販売のカタログ写真の撮影地一覧には、根津駅ちかくの「はん亭」、寺院がたち並ぶ谷中の「築地塀」、千駄木駅ちかくの「菊見せんべい」などが挙げられている。

（10）この商店街の沿革については、「谷中ぎんざ公式ホームページ」（http://www.yanakaginza.com/home.html）に詳しい。それによれば、第二次世界大戦前は狭い路地であったが、一九四六年から、復員兵士などの需要をうけて鍋、釜、衣類を売る店が立ち並び、商店街が自然発生的にできたとされる。その後、一九六八年以降、千代田線「千駄木」駅の開通で「人の流れが変わり」、近隣に大型スーパーマーケットやコンビニエンスストアなどが開店するなどして、その度に「これらの危機を傍観視することなく、むしろバネにして対抗策を仕掛け乗り越えてきた」という。一九八四年には、東京都モデル商店街第一号として整備が始まり、一九九九年「東京都ふれあい商店街事業」指定を受け、「人に優しく・来てみて楽しい・ちょっとレトロな！」をコンセプトに商店街のリニューアルを完成。「営業時間の延長と夜型の現代社会に対応する素地」をつくるため、歩きやすいアスファルトとカラー平板を併用した歩道、それぞれの店舗の庇や看板（手彫りの木製看板）の統一、レトロな軒先灯を設けた。

(11) 一九九六年一一月に行った調査で佐藤典子は、『谷根千』の委託販売が行われている店舗を、主に次の五つのタイプに分けている。第一のタイプは、地域住民が頻繁に使う日用品店や食料品店で、そこでは常連の客によく売れる。第二のタイプは、有名店、喫茶店、菓子屋などで、散策や墓参りが目的の来訪者がよく購入する。たとえば、煎餅屋や和菓子屋で手土産を購入するついでに雑誌を購入するケースなどがこれである。第三は、その他の業種で病院など比較的行く機会が少ないところで、そこではあまり売れ行きがよくない。第四のタイプは、書店で森まゆみの著書とともに購入していくケース。第五のタイプは、書店のちかくの店や外国人専用の旅館などであるが、購入者はきわめて少ないという（佐藤 1996 : 86）。

(12) ただし、一九九九年四月号から二〇〇〇年三月号までの連載を再編集した『ニッポンの猫』（二〇〇〇年、新潮社）では、「谷中・根津・千駄木」というエリア名が「谷中・根津」になっている。これに関して、編集部に問い合わせたところ、「とくに深い意味はない。たぶんレイアウトの問題でしょう」とのことだった。

(13) 実際、この小説によって谷根千の存在を知ったという人もいるが、森まゆみはこの小説に関して「虚実入り乱れて実に誤解を生みやすい」（『谷根千』1991. 7）と困惑している。

(14) 『Hanako』（一九九八年一〇月二二日号）では、谷根千ではなく「日暮里・谷中」というエリア名で当該エリアが紹介されている。

(15) それぞれの個人が「谷根千」と考える（定義づける）エリアを、図に示してもらうという調査方法も考えていたが、今回はマスメディア（雑誌）に掲載された「谷根千の地図」をとりあげた。

(16) 二〇一〇年現在は、ロゴのみ登録してあるというが、二〇〇一年のインタビューの時点ではロゴの商標登録をしていなかった。その理由は「複雑な手続きで、登録した後もお金がかかるっていわれた」からだという。「『地域雑誌谷中・根津・千駄木』での登録は、『地域』という雑誌がすでにあってダメということになって、『谷中・根津・千駄木』での登録も、地域名の羅列だからだめ、ってことで。それを論破することをしなくちゃいけなくて、なんか大変だったのでやめちゃった」（Interview 2001. 1. 30）。

(17) 五代目古今亭志ん生が存命の頃は谷根千とは呼ばれていなかったが、彼は現在もシンボル的存在として語られることがある。

(18) 「客足アップ『招き猫』」（『読売新聞』二〇〇八年一一月四日）にも紹介されている。

(19) ただ、谷根千が「下町」のブランドとして認識されている限り、自分の住んでいる地域を「下町と一緒にしないでほしい」と考える人たちは、谷根千に「仲間入り」したいなどという気にはならないだろう。

(20) Urry (1990=1995 : 13, 44, 245) も参照。

(21) 『谷根千』が地域コミュニティに及ぼした影響として小浜は、第一に「コミュニティに対するイメージの改革」、第二に「コミュニティ・アイデンティティの形成」、そして第三に「コミュニティの帰属意識の強化」の三つを指摘する（小浜 1995 : 77）。

(22) 一九六一年に出版された『谷中の今昔（しるべ）』（木村春男著）や一九六五年の「谷中きく会」などは、まさに地域情報（郷土史研究）についてのミニコミである。「谷中きく会」の「きく」は、聴くと菊とをかけた言葉で、会の主旨である芭蕉の句「白菊の目に立てて見る塵もなし」からきたものであるという（『谷根千』1994. 9）。さらに、一九一六年（大正一五年）宮武外骨によって創刊された『スコブル』（創刊号は三万部以上が発行された）は「さながら、上野桜木のご町内雑誌ともいうべき趣が」あったという（『谷根千』1996. 7）。この雑誌が、地域のミニコミとして位置づけられるかどうかについては検討が要されるものの、外骨自身が「主筆として上野桜木町の自宅で筆を奮いつつ「上野公園散歩の感想」や「根津私娼窟の話」などを書いていた（Ibid.）ことから、ローカル・エリアの情報提供をするいわばローカル・メディアであったことが推測できる。

(23) ハンターによれば、シンボルには、住民らによる地域コミュニティの認知的な定義の多様性がある。すなわち、異なったコミュニティはそこに住む人々をさまざまなリアリティに対面させるだけでなく、それゆえに多様性が生じるのだが、個々の住民が同じコミュニティに対して、それぞれ異なった視点、異なった社会的地位から対面するという(Hunter 1974 : 114)。

(24) マッキーヴァーは、いくつかの独自の特徴を持つ「共同生活の領域」をコミュニティとし、「共同の関心を追求するための組織体」をアソシエーションとしている(MacIver 1917=1975 : 46)。

(25) 森(1991 : 74-75)を参照。

(26) すでに一九八三年の論文で奥田道大は、コミュニティという概念を、近隣集団(ネイバーフッド)に限定して形づくることに限界がきていることを指摘している(奥田 1983 : 83)。しかし、あえて谷根千に「コミュニティ」という位置づけを与えられるかどうかを考えたとき、それは顔を見合わせることがない人々が空間的な制約を超えて結びつく「地図にないコミュニティ」(Gumpart 1987=1990)でもなく、また従来型の地縁・血縁によるゲマインシャフト的コミュニティとも異なっているということだけは明らかである。

(27) 都市を意味世界として捉えた次の議論は、示唆的である。「都市とはたんなる物的施設の集まりでもなければ、個人や集団の集まりでもない。都市とは、一方ではそれを構成する人びとによって生きられることで初めてそこに成立する意味世界であり、他方ではまさにそのことを通じて彼らの感受性や想像力を深層から組織していく装置でもある、そうした二面性をもつ場の総体である。(略)したがって都市化という現象が産業化や資本主義の高度化に連動して起きた現象として語られる場合でも、われわれはそれを政治経済システムの変動として把握するだけでなく、人びとの生活が営まれ、意識が織り上げられる場自体の在り方の変化として、と同時にそれらの場における意味作用を基礎づけている意味論的な構造の変化として把握していく必要がある。」(吉見 1994 : 188)

(28) たとえば、Hobsbawm and Ranger eds. (1983=1992) による「創られた伝統」の概念はその代表格としてあちらこちらで注目を集めた。

(29) バリ島と遠野を事例とした山下晋司(1999)による「創られる地域文化」についての考察も興味深い。

(30) 鈴木謙介は、コミュニティを支えるものが、生産活動などの「実体」の部分と、コミュニティをいかなるものとして把握するかといった「イメージ」（あるいは「物語」）の部分であるとしながら、共同体の条件を「一定の地域的なまとまりに対して、時間的、空間的な共同性を感じることのできること、すなわち地域性をイメージできること」だという（鈴木 2006：90）。「共同性を感じること」については、その「共同性」とやらをいかにしてわれわれは相互に確認し得るのかという根本的な疑問もあるので――それができるとしたら、せいぜい共同幻想もしくは仮定のレベルだろう――同意しかねるが、次の鈴木による指摘、すなわち地域性のイメージは、地域の実態が照射されたものではなく地域外部・内部で異なっており「地域に対するコミュニケーションこそが、逆に何を地域の実態として捉えるかという意味を構成する」という指摘は示唆的である（鈴木謙介 2006）。

(31) ただし、『下町の太陽』の舞台は墨田区の曳船周辺で、谷根千エリアとは異なる。

(32) 吉野英岐は谷中エリアを調査した報告書のなかで、下町地域の人口規模の減少が、昭和四〇年代に比べれば「少なくとも数字の上では人口減少の速度はゆるやかになって」きてはいるが、地価の上昇のため「人口が増加に転じる可能性が極端になくなってしまった」ことを懸念している。すなわち、「昭和40年代に若者だった年齢層の人々」が、次々と下町を去っていくと「次の世代がそこでは育たなくなり、下町地域の人口の再生産構造はうまく作動しなくなってしまう。そして、その結果、忍び寄るのは高齢化の影」だという（吉野 1991：45）。そして、「人口の高齢化現象は日本全体にもあてはまることだが、東京のなかではとくに下町地域に顕著にみられるもの」だとも指摘している（吉野 1991：45）。

(33) 現在の万世橋と昌平橋の中間にかつて架かっていた橋。

(34) サイデンステッカーは、もし明治の初めごろに「下町の北の端はどこかと尋ねたら、江戸っ子の答えはかなりまちまちだったのではないか」と推測している（Seidensticker 1983=1986：187）。

(35) 「兵隊時代その他約2年半を除いては、隅田川から江戸川までの間に住んできた」という木村礎は、「一般的かつジャーナリスティックな下町観」は、下町の義理・人情、下町情緒といった「副次的な部分にのみ目が向けられ、本質的な部分を見てない」ゆえに「納得しかねるもの」があるという（木村 1980：293-294）。そして、郷土史研究家が

「あまりにも日常的な」エリアを研究する、いわば「私の郷土史研究」（Ibid.：294）をするにあたっては、できるだけ客観的に取り組まねばならないとしながら、そのためにも、社会経済史的な分析が大切だと述べている。

（36）もっとも、資本主義の影響による流通機構の変化もあるので、彼ら商人でさえ「かつての商人ではありえない」（木村 1980：311）と木村は付け加えている。

（37）柳原和子との対談（柳原 1995：224）より。ドーアは、東京の上野花園町（現在の台東区池之端三丁目あたり）に下宿し調査していた。

第2章　ローカル・メディアがつくる文化
——記号としての谷根千

1　ローカル文化の生成と記号

一九八〇年代後半以降、さまざまなメディアにおいて「谷根千」がとりあげられ、別個の独立した三地域としてではなく、ひとくくりにされたユニットとして扱われ／見なされてきたことを前章でみてきた。もともと谷根千は、編集者の呼び名もしくは雑誌名を指して使われていたが、むしろ現在はいくつかのイメージが付与され、ひとくくりのエリアとして語られることの方が一般的である。第2章では、それがどういったプロセスにおいて可能になったのかについて、記号というキーワードから考察してみよう。

ある一定のかたちに区切られる領域が、ひとつの特徴をもったローカルな文化単位として生成される条件としては、これまでの研究をふまえると、次のふたつの考え方がある。まずは、そのエリアの住民が共通関心をもっていること、そして、地理的な理由からそのエリアが生活圏として機能していることが指摘できよう。それらの条件に加え、ここでは新たな条件として「記号の流れ」を付け加えたい。

共通関心によるローカル文化の成立

『谷根千』は、主に生活圏のローカルな情報の提供と、同時にこのエリアの歴史や建造物への関心をもっと地域住民にもってもらおうという目的で創刊された[1]。編集者のひとりである森は、創刊の動機を次のように述べている。

必要な情報とはなにか（略）その一つが案外、地域の情報かもしれない。（略）そして、送り手と受け手に互換性があり、情報が双方向に行き来すること。私たちの雑誌は、まさにそのためのメディア（乗り物）であればよい。（森 1991：61）

具体的には、①地域の名所、旧跡、文化遺産を広く知らせ保護を呼びかける、②地域の歴史や失われゆく生活文化を記録する、③生活に役立つ情報を提供する、④地域住民の意見や情報交換の場とすることが目的であったが（森 1991：35）、その背景にはある「問題意識」があった。それは、①に示されているような、町並み保存への呼びかけである。

谷中の町並み——いや、並というほどには揃ってない、お寺の間に散在する明治や大正期の民家が次々に消えてゆくのを、このまま手をつかねて見ていなければならないのだろうか。とはいえ、家や土地はいまの日本では私有財産である。（略）それでも、谷中の民家を壊すのは惜しい、と私の心は揺れた。（略）第一、何十年も時代を生き延びて、いろいろな人々の人生、思い出がしみつ

いている家というものをみすみす壊してよいのだろうか。何かできないか…。（森 1991：28–29）

森は、そのような思いを強くいだき、このエリアの住民である数名の仲間とともに『谷根千』を創刊した。図2－1および図2－2をみると、たしかに「古い町並み」とはいいがたい。そういった状況を変えてゆこうとするローカル・メディアの試みは、コミュニティ活性化や地域の再生のひとつの糸口として理解できる。

ローカルな文化単位を形成する要因について、地域コミュニティ研究からは次のような見解が出されている。すなわち、地域コミュニティの概念は、地域性と共同性を基本的な用件として構成され（清原 1989：51）、地域コミュニティの形成は、行政主導で達成されるものではなく、当該地域に居住する人々

図2－1　車が行き交う言問通り

図2－2　近代的マンションと現在はもうない長屋

が、自ら地域問題を認識し、またその問題意識を共有して地域社会での生活を営んでゆく「主体性」が不可欠である。つまり、地域コミュニティの形成とは「地域性を基盤にした共同性の醸成」であり、「住民の関心を地域社会に向けるだけでなく、成員間の合意による連帯、すなわち共同性の醸成によって自治が達成されていく過程」だと清原は指摘する（清原 1989：52-53）。

このような指摘を、谷根千の事例にあてはめて考えてみると、古い町並みを保存するというトピックが「住民の関心」であり、また住民を無視したマンション建設などの問題が「地域の問題」として挙げられる。実際、『谷根千』の編集部である谷根千工房が中心となった地域運動は少なくない[2]。そればかりか、谷根千エリアにおけるそのような問題意識は、『谷根千』によって媒介され論点が明確化されたともいえよう。

地域内部における争点（ときに住民の健康や生命に関わる問題）と地域コミュニケーション・メディアとの関連に着目する林茂樹は、地域の争点を地域住民がともに考える際にコミュニケーション・メディアが果たす役割を重視している。それによれば、地域におけるコミュニケーション・メディア――本書の言葉でいえば「ローカル・メディア」――の意義は「さまざまな情報が住民生活の日常をとらえ、そこに存在するさまざまな問題や要因を異常性や新奇性にさきがけて情報化すること」（林 1996：45）であり、住民が正確な情報を得て、問題点を分析し、意思決定する際に、欠かせないものである[3]。

『谷根千』の場合、雑誌の編集部（谷根千工房）が協力した運動は数多くあるが、『谷根千』もしくは谷根千工房が単独でおこした住民運動はこれまでなかった[4]。編集者によれば、ミニコミ誌創刊以前は当該エリアでの住民運動は「個人的にやっていた人がいたかもしれないけど、まとまったかたちでの運動はなかった」(Interview 2001. 1. 30) という。そもそも『谷根千』は、地域（住民）運動を直接的な背景として創刊された雑誌ではない。そのような編集者の関わり方を、地域運動の新しい形態として捉えることも可能であろうが、しかし編集者自身は、商業的なタウン誌でも従来型のミニコミ誌でもない、あくまで地域雑誌として記述（地域史の記録）というスタイルをとるようこころがけ、「（編集部としては）〝反対業者〟みたいになるんじゃなくて、（なにか残そうと思っている人の）後ろをおしてあげたい。たとえば、（その対象に関する）歴史とかを掘り起こしたり情報を提供する」というスタンスをとっているという（Interview 2001. 1. 30）。

さらに、『谷根千』はタウン誌かミニコミ誌か、という問いに対する答えのなかからも、編集者の住民運動に対する姿勢が読み取れる。

地方出版って感じかな。タウン誌大賞のあつまりのときに、いろんなタウン誌の人からタウン誌の広告代の高さを聞いて、あぁ、いっしょのテーブルにはいれないな、って思った。わたしたちは、母親的感覚、生活者感覚で、いわば定点観測でしょ。そこから、問題にどうかかわってゆくかだから。たとえば、奏楽堂のパイプオルガンの件も、芸大の前野先生と話したときにちらっと出てきた話だったの。で、わたしたちとしては、歴史とかの情報を提供してゆくというスタンスで関わったんです。（Interview 2001. 1. 30）(5)

『谷根千』においては、住民が一丸となった強烈な反対運動を先導するのではなく、あくまで「記述」

というスタイルをとる。森まゆみは田中直毅との一九八五年の対談のなかで、地域史をきちんと記録し、最終的にはこの地域雑誌を今後の町づくり（再開発）を考える叩き台、討論の場にしたいと語っていた。つまり、「あえて受け継がなくてはならないものがある」ということをより多くの人に共有してもらうために、「たとえば住民運動みたいなものをバッと起こす方法もあるんですが、私たちはもうちょっと大衆的で、迂遠な方法でもあるけれど、町への愛着を育てるとか、町の歴史に対する興味を起こすとかいう種蒔きから始めてゆく」という方法を選んだと語っている（森 1985：51）。

以上のことから、『谷根千』と住民運動（地域の争点）との関わりにおいて、編集者らが微妙な距離を取っているのがわかる。そして、住民にひろく関心をもたれるなんらかの争点があり、それに関連した住民運動を盛り上げるためにローカル・メディアが創刊される、という順序ではなく、ローカル・メディアの刊行によって、結果的に数々の「地域問題（争点）」が明確化されたという、逆の順序がみてとれよう(6)。

このエリアに住む住民を対象に情報発信をする『谷根千』の目的は、地域の情報を提供すること、そして、古くからある地域の伝統を、有形、無形に関わらず保存、もしくは記録してゆこうというものである。そこでは、はじめに「争点ありき」ではなく、まず地域雑誌というメディアがつくられ、そこから争点が提起されてゆく。むしろ、雑誌の発刊によって住民が「争点」に〝気づいた〟といってもよいだろう。なんらかの住民運動の争点がはじめにあり、それを明確化し広く住民に伝えるためにローカル・メディアが刊行されるのではなく、雑誌の刊行によって地域内部のいくつかの問題点が浮き彫りにされる（つくりだされる）という流れは、『谷根千』終刊まで続くこととなる。

谷根千の観察をとおして明らかにされるのは、争点や問題意識がこのエリアの住民の間で広く共有され、それゆえに「谷根千」というローカルな文化単位が可能になった、という構図ではない。仮に、住民運動が谷根千工房の主導で展開されたとしても、すべての住民が谷根千エリアにおける〝共通の〟問題意識をもつようになるとは限らない。地域住民の日常生活を脅かすような問題（争点）に対する大々的な「住民運動」があるとしても、その争点が谷根千エリアに住むすべての人々において、同じウェイトで（同じ価値の）「問題」として捉えられているのかどうかは疑わしい。マンションが林立し、古くからの住民が郊外へ引っ越し新しい住民が次々と入ってくるような状況においては、そういった争点は一部の限られた住民だけのものと考えられるからだ。

森は『谷根千』創刊前後の町の様子を対談のなかで次のように述べている。

> 84年にこの雑誌をはじめたころにはあった建物のうち、3分の1くらいはなくなっているのではないでしょうか。昭和42年に都電が廃止になり、千代田線が開通して根津に初めて地下鉄の駅ができて、町がずいぶん変わりました。それは急速な変化で、不忍通りは今ではマンション街になってしまいました。（森・平良 1999：12）

さらに、一九九三年の『エコノミスト』（一九九三年九月七日号）の記事からも、当時の谷根千エリアの様子がわかる。

この〝町〟を観光ガイド風に一言で表せば、江戸の面影を今に残す文士の町、といったところだろうか。だが現実の谷根千は、はるかに近代的で活気に満ちた町だ。何しろ東京の中心部。幹線道路や地下鉄が走り、高層ビルやマンションが建ち並び、昼夜を問わず人や車がにぎやかに行き来する。そしてまた同時に、庶民の日々の暮らしを営む町でもある。……多彩で魅力的な町、谷根千。だが、長く栄えてきたこの町の良さが最近改めて認識され始めた陰には、ここに住む女性三人が世に送り出した、小さな雑誌の力があった。（原沢 1993：72）

このエリアのコミュニティ的性質や古い町並みは比較的残っているほうで、そういったものへの住民の関心は、新興住宅地などに比べれば強いといえるのかもしれない。とはいえ、東京の中心部で多くの集合住宅が大通りに立ち並ぶこのエリアは、『谷根千』創刊から四半世紀近くを経たいまもなお、近代的なビルの建築が進められている。それどころか、むしろ盛んになっているのである。

しかしながら一方で、住民の反対を受けつつも建設されたマンションには、新たな住民が入居し彼らの生活は始まる。あたりまえだが、自分がせっかく購入した新築マンションの建設を中止させる者などいない（すでに建築されたものを反対しようにもできないのだが）。そういった状況をみれば容易に推察できるが、「谷根千の住民」とされる人々においても、町への関わり方や町をめぐる争点の捉え方は一様ではない。新たな住民にとっては、彼らなりの「谷根千」での生活があり、彼らなりの地域貢献のやり方がある。問題意識も、多少なりとも旧住民のそれとは異なっているだろう。それだからこそ、谷根千工房はつねに「地域の財産」を（再）発見し、記録するという方法で、人々にその価値を知らせようと奔走してきたのではなかったのか。

谷根千工房が雑誌『谷根千』を創刊したことによって、住民らに谷根千エリアの良さを気づかせ、それまで何気なく見過ごしていた町の風景への愛着を芽生えさせ、その延長線上で住環境や景観をめぐるさまざまな争点が共有され、住民運動が組織されるようになった、と考えることもできるだろう。自分たちの町「谷根千」の住環境をより良くしたいという意識をもっているのは、長くこのエリアに住む人々だけでなく、新たに転入してきた人々も同様である。実際、このエリアの保育園や小学校の保護者らによって結成された「谷根千の町と子どもを守る会」のメンバーの多くは「新住民」(7)で、彼らが地域の景観の保護や大規模ビルの建設反対などの住民運動を積極的に展開していることも看過できない。

そこには、新／旧という対立軸では表せない、住民同士の温度差がある。それを考えると、なにか町が一丸となって取り組むべき課題があり、それを共有することが谷根千をひとつのユニットとしてかたちづくる要素になっているのだ、という説明では若干物足りない。

終刊をむかえるにあたってのインタビューにおいて、一連の谷根千工房の活動が「町おこしの成功例」として捉えられていることに対して、編集者のひとりは、驚きとともに納得のゆかない表情をみせた。自分たちのめざしているものと、一部の住民や地域のリーダーのめざしているものとが乖離していると感じたのだという。『谷根千』終刊にあたっての東京新聞の取材にも、「町がもう私たちのものではなくなってきたよう」だと編集者が答えていることは（『東京新聞』二〇〇八年五月一〇日）、第1章でもふれたとおりである。つまり、仮に、一部の住民において「町に活気を取り戻そう」「町の環境を守ろう」という争点が共有され、住民運動のような盛り上がりがあったとしても、同時にその手法をめぐるうどころか、一定のイメージとともに、ブランド化されたエリアとしてその存在感を保ち続けている。「方向性のちがい」もまた際立っているのだ。しかしそれでも、谷根千というエリアは無くなってしま

生活圏によるローカル文化の成立

谷根千に関していえば、住民運動などの争点や共通関心がすべての住民において共有されることだけをもって、いかにしてそれがひとつのローカルな文化単位とみなされるかを説明するのは難しい。では、もうひとつの要件はどうか。文化単位の成立要件として次に考えられるのは、このエリアが生活圏として古くから機能してきたことである。これについては、編集者がとくに強調するところでもある。

一時は、発行部数一万部前後を数えた『谷根千』がターゲットにする範囲は、「台東区は谷中・池之端・上野桜木、文京区は根津・千駄木・弥生・向丘二丁目、荒川区は西日暮里三丁目、北区は田端一丁目あたり」（『谷根千』1984.12:32）で、その定義に従えば資料1-(b)に示されるような範囲になる。

谷中、根津、千駄木およびその周辺を含めたエリアを対象とすることについては、「谷中と桜木は台東区、根津・千駄木・弥生は文京区、日暮里は荒川区、そして田端は北区とここは四区の区境。それだけに区役所からは遠く、行政サービスは薄」い（図2-3参照）。それゆえ、行政区にはこだわらず「私たちにとって自分の町と考えられるところを、エリアと定めた。」と説明されている（森 1991:74）。

雑誌が話題としてとりあげる地域を、谷中、根津、千駄木（およびその周辺）とした理由は「行政区よりはまだしも氏子圏で考えるほうが生活実感に近い」（傍線は引用者の強調）からであったという（森 1991:75）。

谷中は、本郷台と上野台の間に挟まれた谷を指し、根津と千駄木の低地、さらには日暮里もかつては谷中の一部とされていた(8)（森 1994：11）。しかし、編集者が「谷中」「根津」「千駄木」およびその周辺のエリアをひとくくりにしたのは、上野と本郷の高台に挟まれた谷であるという物理的、地理的要因だけではなく、根津神社と諏訪神社の氏子圏であり、まさにこのエリアが一貫した生活の場として機能していると判断してのことであった。

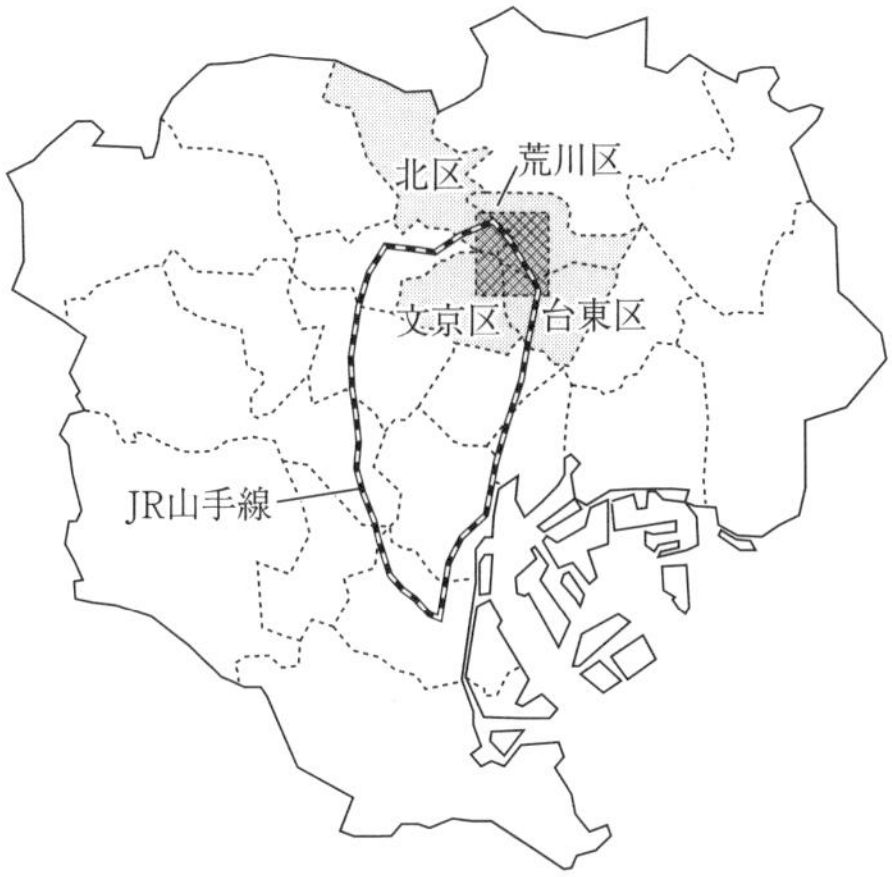

図2－3　谷根千エリアのおおよその位置

このエリアはまったく独断による私たちの生活圏であったが、のちに、町の人が長たらしい誌名をちぢめて「谷根千」と呼びならわすようになったとき、一くくりの地域として一人歩きをしだした。朝日新聞やＮＨＫで「谷根千」を固有名詞として使うのを見かける。また、トヨタ財団の研究助成を受けて行った地域研究で「どこまでを自分の町と感じるか」というアンケートをしたときも、この地域は一まとまりのものと感じられているようだった。さらにＮＴＴ駒込電話局（現ＮＴＴ文京）の管内とも重なり、朝日新聞八重垣・坂下両販売所の配達地域をあわせてもこのエリアとなる、などなど、まんざら虚構の

「地域」ではなかったようだ。(森 1991:75)

かつて不忍通りは遊郭も栄えた商業地で、通りは上野・湯島界隈までつづく。一方で寺や墓地が数多く立ち並ぶ谷中と、大きな屋敷が並ぶ千駄木が、不忍通りから高台にかけて広がる。東京大学や東京藝術大学が近くにあるためか、学生のための下宿屋や小さな木造アパートも立ち並ぶ。そこは、行政区画が違っていても、生活圏として機能しているエリアである。

行政区画と生活圏とが、文化的な側面において一致していないケースは、とりたててめずらしいものではない。とくに谷根千と呼ばれるエリアでは、行政にバックアップされた地域の活動よりも、住民の日常生活に密着したローカルな意識が支える活動が中心的である。それぞれの行政区単位のイベントよりも、町内会や神社を中心とした祭りの存在感は現在でも強い。

しかし一方で、近年の注目すべき点は、大学生などの有志が集まった各種活動団体の活動が目立ってきていることだ。たとえば、建築家や地域住民などのボランティアが中心となって谷中界隈の生活文化や町の魅力を伝える活動を展開する「谷中学校」は毎年秋に芸術祭「芸工展」を企画・運営し、それとほぼ同時期には別の組織――美術館、ギャラリー、アーティスト、地域住民や学芸員などが連携した実行委員会――による「art-Link」というローカルなアートイベントも開催されている。(9) そのなかのメンバーは、かならずしも谷根千在住とは限らない。あちこちから、それぞれの思いをもってイベントに関わり谷根千というエリアがユニットとして捉えられる現象に与しているのである。つまり、「谷根千の人々」が氏子圏にもとづいた生活圏を長い間共有してきたこと(言い換えれば「そこに住みつづけてきた」

ということ）だけで，谷根千をひとつの文化単位として説明することはできないのである。単に生活・居住空間を共有しているからといって，地域的な問題関心や連帯意識が生成されるわけではない。とくに現代社会の都市生活はさまざまな文化的背景をもつ人々の集まりである。東京都の中心に位置する谷根千エリアも例外ではないだろう。まして，谷根千と称されるエリアは，地縁・血縁的な紐帯によって形成される共同体ではない。すでに一九五〇年代には，「住民の約9割が下山町以外の出身で，職業，学歴，生活様式の面でもかなり異質性を含んだ地域」だったという（Dore［1958］1999=1962）。つまり，このエリアは，そのイメージとは裏腹に古くからつづく地縁・血縁によって成立するエリアではないのだ。

また地形的な要因についても，都市化が進み，交通・情報手段が発達した現代社会において，それだけを強調するには限界がある。後に詳細に述べるが，「谷中・根津・千駄木」と称されるエリアは，『谷根千』がターゲットにした本郷台と上野台に囲まれたエリアおよびその周辺（かつての藍染川流域）よりもはるかに拡大されているからである。

それゆえ，谷根千がいかにして文化単位とみなされ得るのかを考えると，その要因を生活圏であることだけに帰するのは不十分であるといわざるを得ない。

記号によるローカル文化の成立

谷根千がユニットとして捉えられるのは，古くから生活圏として機能してきたからであろうか？　地形的に高台に挟まれたエリアだったからであろうか？　あるいは，すべての地域住民にとって「町並みの保存」という共通のトピックス（争点）があったからなのか？　いずれも、要因のひとつとしては考えられるが、それだけでこのエリアが文化単位として成立し、それがある期間維持されていることを説明することはできない。

また、地域住民の日常生活を脅かすような問題（争点）による大々的な「住民運動」があるとしても、その争点がすべての住民において、同じウェイトで「問題」として捉えられているのかどうかは疑わしい。それに加え、現代都市のなかのこのエリアを「生活圏」としてだけ捉えるのも現実的ではない。『谷根千』が射程におく範囲には、谷中、根津、千駄木以外の地区も含まれて、行政区画においては四区にまたがり、それぞれの地区は歴史的にも地形的にも異なった性質をもつ。この三地域においては、その歴史的性格を見る限り「共通」というよりもむしろ異なっているといったほうが良いだろう。さらにその呼称にしても、たとえば地下鉄千代田線の駅に沿って「千駄木・根津」と名づけたユニットも可能であるし、「谷中・日暮里」でもよいはずである。[10]しかし、それでも「谷中・根津・千駄木」もしくは「谷根千」と称され、なんらかのイメージが与えられたひとつの文化単位として扱われ、「谷中・根津・千駄木」でありつづけている。

この現象を考えるにあたって、「谷根千（やねせん）」という表記や呼称を、ひとつの記号[11]（signe）として捉えてみてはどうだろうか。記号は、なんらかの事象を示し意味する。しかし、そこではその記号が指し示す内容が問題なのではなく、記号によってほかと区別されて認識されることが重要なのだ。言語の〈経験的使用〉と〈創造的使用〉を区別して論じたM・メルロ＝ポンティは、記号について次のように述べている[12]

われわれがソシュールから学んだものは、記号というものが、ひとつずつでは何ごとも意味せず、それらはいずれも、或る意味《センス》を表現するというよりも、その記号自体と、他の諸記号とのあいだの、意味のへだたりを示しているということである。（Merleau-Ponty 1960 : 49=1969 : 58）

つまり、記号が指し示す意味よりも、それぞれの記号の「意味のへだたり」こそが重要なのである。「記号の帝国[13]」に生まれた「谷根千」は、まさに記号である。その記号によって、ある空間が――そこで示されている範囲が曖昧でありながらも――他とは分節化された。「谷中・根津・千駄木」は、たんなる「語呂の良さ」「響きの良さ」から生まれた呼称でしかなく、「谷根千」はその略称である。しかし、いつのまにかそこには、さまざまな意味が付与されるようになった。それは実態とかけ離れているものであっても、ある種のリアリティをもってわたしたちの眼前に立ち現れてくるのだ。

『谷根千』がターゲットとするエリアには、谷中と根津と千駄木に加えて周囲の地域も入っている。にもかかわらず、誌名を「谷中・根津・千駄木」にした経緯を、森は以下のように記している（森 1991 : 30-31）。

「誌名は何てする」
・「（略）横文字より和風の方がこの町に似あうみたい」
「じゃいっそ『千駄木、根津、谷中』って地名を並べてみる？　うーん、語呂が悪いね。『谷中・根津・千駄木』の方がいいか」

「私、本郷、だーいすき。『谷中・根津・本郷』にしようよ」とヤマサキ。
「私も小学校があの辺だし、土地勘はあるけど、本郷は本郷で独自の文化圏というか、深い町だよ。そんなに私たちに力量あるの」
「じゃ力がついたら、『本郷』っていうの別に出そうねえ」
とまあ、こんな具合で、誌名は『谷中・根津・千駄木』に落ちついた（これがあんまり長いので、いつしか地元の方々から『谷根千（ヤネセン）』と略していわれるようになり、愛称として定着している）。

「谷中・根津・千駄木」という記号は、このようなやりとりから偶然生まれた。『谷中・根津・千駄木』という雑誌の名称は、住民でもありまた雑誌の作り手でもある三人によって創刊にあたり「たんなる語呂」で組み合わされた名称なのである。さらに、その名称を「谷根千（ヤネセン）」と短縮し、雑誌だけでなく自らの町を言い表すために用いたのは、まぎれもなく住民自身であった。

森によれば、まず住民および雑誌の購読者たちは、編集者を「谷根千さん」と呼び、長い誌名を縮めてやがて「谷根千」と呼ぶようになり、それと時期を同じくして、マスコミにおいても「谷根千」が固有名詞として用いられるようになったという。そして、谷根千は日暮里や田端、池之端、上野桜木をもふくむエリアそのものの呼称として住民にも用いられるようになった。その経緯を、森は次のように述べている。

この一帯の現在の町名を併記した『谷中・根津・千駄木』から、ほどなく谷根千（やねせん）の略称が生まれ。そういう呼び名が元来あってこの雑誌が生まれた、と錯覚する向きもあらわれたり。それほどすみやかにひとつの文化現象となったのでした。（森 1994：287）

雑誌『谷根千』が発行される以前からこのエリアが谷根千と呼ばれていた、と「錯覚」した発言は、実際、わたし自身もなんどか耳にしたが、それほどこの名称（呼称）にはインパクトがあったのだろう。まさに記号が「ひとり歩き」していったのである。

2　記号「谷根千」が生まれたとき——フィクションとしての谷根千

谷根千という名称が地名として用いられる際、どこまでを「谷根千」エリアとするのかについては、実のところ明確な定義はない。そればかりか、谷根千という記号が指し示す対象は、エリアだけなく雑誌やその編集者なども含まれ、ひとつとは限らないのである。前章でもふれたように、谷根千が主に指し示すものはふたつ、地域雑誌（誌名の略称）、そしてもうひとつは、特定のエリア（谷中・根津・千駄木とその周辺をあわせたエリア）である。以下では、主にエリアとしての谷根千について考えてみよう。

「谷中、根津、千駄木とその周辺をあわせたエリア」とはいうものの、その定義はきわめて曖昧で、それぞれのメディアに掲載された谷根千の地図の範囲も多様である。資料1から14に示されるように、『谷根千』が射程に置く範囲（1-(a)、1-(b)）とは異なった範囲で、谷根千が捉えられていることがわかる。

たとえば、谷根千の範囲をかなり広く設定したエリアガイド『まっぷるマガジン——東京下町散歩』（資料10－(a)(b)）においては、「谷中・根津・千駄木」というカテゴリーのなかに、上野駅を隔てて反対側に位置する、根岸の「ねぎし三平堂」や豆富料理の「笹の雪」、日暮里の「駄菓子問屋街」なども含まれている。

つまり資料1から14の(b)を比較すると一目瞭然であるが、谷根千についての明確な地理的境界線は、画一化されたものとはいえない。「谷根千地域」の正確な境界線は存在しないのである。谷根千は、架空の境界線をもとに、いわば仮想空間として形成された文化単位なのだ。

それにもかかわらず、ある一定のエリアに谷根千という名前が実際に付与されて、その名前が編集者のみならず、そこに住む人々、さらにはマスメディアによっても使用されているのである。つまり、谷根千は（そう名づけられた時から）「千根谷」でも「根谷千」でもなく、明らかに他の地域と区別され差異化された「谷根千」として扱われているのである。たとえその意味されるものが、それを用いる人々の間で一致していなくとも、である。

このエリアは以前から、生活圏として機能していたのかもしれない。しかしながら、昔から「谷中・根津・千駄木」という（順番もまったく同じで）ひとくくりに考えられていたわけではない。もちろん「谷根千（ヤネセン）」という呼称も用いられていなかった。

土地空間の命名によってあらたなリアリティが形成されることについて、若林幹夫は「シティ能見台」や「ワシントン村」などと名づけられた大都市近郊のニュータウンを例に、次のように述べている。

土地を命名するということは、ある社会空間を人間の社会生活との関係において捉え、位置づける作業、人間の社会との関係において土地空間を対象化し、社会的に領有する象徴的な行為である。土地の名は、環境空間の社会的な構造化の表象であり、その名によって社会は、その環境空間をめぐる諸関係や歴史的な出来事を表象するのである。土地の名は、その土地で営まれる具体的な社会生活や、その土地で生じた出来事の記憶と結びつくことによって、社会による環境空間の社会的な編成の、いわば「インデックス」の役割を果たす。（若林 1998：43）

このような土地への名づけは、現代の郊外開発においては「地名の書き込みと抹消」であり、それによって「その名と共にあった風景や生活が消失し、都心との時間距離や居住条件へと置き換えられた空間に新しい名が書き込まれ、その書き込まれた名を曖昧に表象する空虚、かつ過剰な風景の表層が私たちの郊外の〝現実〟として、それらに取って代わる」のだと若林はいう（若林 1998：44）。さらに、そうした環境空間は市場における「商品」になるために「物件化」され、それによって、「過剰な記号やイメージの操作がほどこされた住宅地」に姿を変え、歴史的・社会的な意味や文脈が奪われ、物件化された住宅地名は、「様々なイメージがゆらめく資本の言説の中で内閉しており、人々の具体的な体験や関係、出来事と相関する社会的な場を構成していない」（Ibid.）と指摘する。(14)

「郊外」の状況と谷根千とを同列に扱うことはできないかもしれない。その土地の歴史的な背景があまりにもちがうからだ。しかし、この若林によって挙げられた、土地への名づけ、物件化といったキーワードは、谷根千と郊外のニュータウンとがまったくもって別の次元の話ではないことを気づかせてくれる。現代都市のなかでわたしたちの生活空間が、いかにしてかたちづくられているか、イメージづけされているか、といった論点から見れば、郊外に関する研究から学ぶところは大きい。ある意味で、谷根千エリアと呼ばれるところは、谷中、根津、千駄木それぞれの個性が「谷根千」という新たな地名が上書きされたことによって「抹消」されてしまった。それは、都心のなかの「郊外」といってもよいかもしれない。西洋的な記号が乱舞する郊外ニュータウンと違い、和風の記号に彩られた「都心の郊外」といったところだろうか[15]。

若林は、エリアへの過剰な定義付けを、「記号の操作によって『都市』や『村』を擬制しようとする過剰な『演出』」であるというが、谷根千が空虚で過剰な風景かどうかと訊かれたら、ある意味では、谷根千もまた「過剰な記号」であるといえよう。江戸文字で飾られた商店街の看板や「和」の雰囲気を演出した飲食店や衣料品店など、例を挙げればきりがない。一方で、言問通りや不忍通りなどの大通り沿いにそそり立つ高層マンションがずらっと並ぶ風景を見たとき、どこに「人情味溢れる下町情緒」を感じるだろうか。あちこちに目立つコインパーキングのどこに「古き良き懐かしい風景」を連想するだろうか。しかしそれでも、過剰な記号は、下町的な谷根千らしさを生みだしている。

「物件化」による「過剰な記号」は他方で、社会的現実のひとつとして、人々と地域（土地空間）との結びつきや住民どうしの関係を、むしろ強化することもある。いうまでもなく、書き込まれたあたらしい地名は時間の経過とともに、あたらしい「歴史」をつくる。あたらしい地名が付与される以前の地名、いわば「その名と共にあった風景や生活」もまた、その名が付与されるさらに前の地名が変換されて書きこまれたものである。あたらしい名が「過剰な記号」であっても、次々に新たな歴史を重ねてゆく。

つけられた当初は馴染みのない名前であっても、やがてそれに愛着がわき、現実味を帯びてくるということもあるだろう。多元的な現実が絶え間なく生起するなかで、なにをあるいはどの時点を「現実」とするか、どのような属性を本来のものとするかは、摑み所のない議論なのである。

さきの若林自身、一九九〇年代の前半は「まるで模型のようなその景観デザインや紋切り型の可愛さの演出は、そもそもなんの歴史的な記憶も伝統も文化ももたないがゆえに、そうした記号やイメージを欲望してやまない、郊外という場所と社会の根無し草性を示しているのではないだろうか」（若林 2007：29-30）と考えながら、郊外のニュータウンを歩いていたという。しかしその後、郊外の風景を批判的に捉える風潮に疑問を感じ、観点がニュータウン建設以前にその土地にあったものとは「切り離された形の建物や街並み」であっても、「さまざまな場所からやってきた人びとが」そこに住みつづけ、それによって「その土地や街なりの佇まいが生み出され、なんらかの社会や文化が、そして広い意味で「思想」と呼んでよいものの厚みが形成されていく」という「当たり前のこと」に関心を向けた郊外論を（Ibid.：36）、「郊外の自叙伝」（Ibid.：221）として上梓している。

「可愛さの演出」よりも「ノスタルジーの演出」[16]が行われている谷根千は、活き活きとしたリアルな場所（空間）であるが、谷根千という記号によって指し示されるものを厳密に考えようとすると、それは摑み所のない議論になる。谷根千の内的な属性とは別のところで、それはリアルなものとしてかたちづくられているからだ。ウンベルト・エーコのことばを借りれば、「記号の指示物とは何であるかを規定しようとすれば、必ず指示物というものを抽象的な実在（略）として規定せざるを得なくなる」（Eco 1976＝1996：114 傍点原文）のである。

谷根千の場合は、実在の地名からまったくかけ離れた名前ではない。しかし、それぞれのメディアによって示される範囲は多様だ。それでも、谷根千という記号そのものがひとつのユニットをつくりだし、いわばフィクションとして文化単位が成立しているのである。

フィクションとは、記号によってつくられる一切のもの、記号によって分割され分類される総体であり、記号によって区切られた時間と空間のなかで生活する人々が、共同的につくりだしたフィクションは、動的で、作動することによってリアリティをもつようになる（磯部 1996：7）[17]。そのような理解からすれば、もともと異なった三地域をひとくくりにして名づけられた谷根千は、ほかのエリアと分節化されることによって成立するフィクションといえるだろう。しかしそれは情報誌というメディアによって経験されるフィクションとしての都市（石田 1992：71）でありながらも、そこに一定のリアリティが付与されているのも事実である。「谷根千」というエリアは、いわば現実的なフィクションなのである。そのような現実的なフィクションとして、紙のローカル・メディアと編集者、住民やマスメディア、さらにこの地を訪れる散策者をも加えたコミュニケーションのプロセスにおいて、ローカルな文化単位（それを「ローカリティ」といってもよいだろう）がリアルなものとしてつくりあげられてゆくのである。

「谷根千」という記号は、他の隣接する地域とを区別する地図上の明確に定義づけられた境界線がないまま用いられ、その言葉がひとり歩きしている。それがいかにして生じたのかを説明するとき、どこからどこまでを「谷根千」とするか統一的な見解が「共有」されていなくても構わないのである。ではいかにして、谷根千が谷根千であるということが「継続」しているのか。このことについて「記号の流れのふたつのベクトル」をキーにさらに議論をすすめてゆこう。

3　記号の流れのふたつのベクトル——遠心力と求心力

命名されただけで、すなわち記号が付与されただけで、それが文化的凝集性をもった文化単位として、ある一定期間維持されてゆくものではない。たんに記号がつくりだされた、というだけでは不十分である。先の磯部（1996）の言葉を借りれば「作動することによってリアリティをもつ」（傍点引用者）からである。

いかにして文化単位は維持されるのか。命名によって他と差異化されたローカルな文化単位「谷根千」が、（フィクションの文化単位として）維持されるプロセスについて、もうすこし詳しくみてみよう。そこには相関的で同時的なふたつの要素が考えられる。エリア内部のミニコミによる求心力と、マスメディアなどによる外部への遠心力である(18)。そして、外部へとローカルな情報が拡散してゆく過程が、内部の文化的凝集性（cohesiveness）を高めると考えられる。つまり、記号が、外部へ運ばれ、また内部へと戻ってくるプロセスにおいてはじめて、文化単位が維持されるということだ。

たとえば、あるエリアを「谷根千」（谷中・根津・千駄木）と称したTV番組を、そのエリアに住む人々がみることや、「台東区池之端に住んでいます」と言ったときに、そこは谷中でも根津でも千駄木でもないにもかかわらず、ほかの地域に住む知人から「あぁ、あのあたりは〝谷根千〟っていうんだよね」「〝谷根千〟にお住まいですか?」という反応がかえってくる、といったやりとりがある。そのとき谷根千とされているエリアに住む人々は、外部からの定義づけ（イメージづけ）に否応なくさらされ、自分の住むエリアのイメージを自覚し、外部のそれとのイメージのギャップに戸惑う場合もある。しかし、いずれのイメージが〝正しい〟か、あるいはより現実を映し出しているかが問題ではない。いかなるイメージづけであれ、なんらかのイメージとともに「谷根千」という記号が外部に流れたこと、そしてそれが再び（さまざまにイメージづけられ定義づけられて）内部へと帰ってくるというプロセスのなかで、文化単位はリアルなものとして維持されるのである。そして、外部からの定義づけはまた内部の定義づけにも影響を及ぼすのだ。

外部的視点から谷根千がとりあげられている象徴的な例がある。『散歩の達人』（二〇〇一年五月号）では、〝フジヤマ・ゲイシャ・ヤネセン？〟という見出しとともに谷中・根津・千駄木エリアの特集が組まれているのだが、そこでは、「谷中・根津・千駄木　散歩留学」と題し、このエリアに在住する三人の外国人を〝講師〟にし、彼らのお気に入りの場所やおすすめスポットを学ぶ、という形式で谷根千エリアが紹介されている。

興味深いのは、誌面の内容は古くからの下町イメージや「和」を全面に出しているにもかかわらず、〝講師〟らがすべて「外国人」すなわち「ソトのひと」であるということである。彼らの在住歴は八年〜一九年とはいうものの、何代にもわたって住み続けているというわけではない。

外部的な視点が内部を語り、内部のイメージづくりに関与しているということを、これを企画した編集者がどれほど意識していたのかどうかはわからないが、この記事からは、内部と外部、どちらの視点からの谷根千イメージがより正確であるか、より現実に即しているか、ということではなく、外部からの（過剰な）定義づけが内部の現実を構成しうるということが、ほのめかされているように感じとれる。

谷根千という記号（名称）が「下町イメージ」とともに広く流通した後に、谷根千内部の様子が変化した例としては、商店街の店舗の看板が江戸文字（下町イメージの象徴）で描かれるようになったことがわかりやすい。一九八〇年代～九〇年代にかけて、日暮里駅ちかくの商店街「谷中ぎんざ」では、「東京都ふれあい商店街事業」指定を受け、一九九九年三月に「人に優しく・来てみて楽しい・ちょっとレトロな！」をコンセプトに商店街をリニューアルした。「営業時間の延長と夜型の現代社会に対応する素地」をつくる目的で、それぞれの店舗の庇や看板（手彫りの木製看板）の統一、レトロな軒先灯を設けた[19]。その際、あえて「古さ」を醸し出すような看板などをつくり「リニューアル」を図ったのだ。それにつづけとばかりに、「谷根千イメージ」を表象するような和風の喫茶店やレストラン、雑貨屋、ギャラリーなどが商店街の周辺に次々にオープンした。なかには、数年で閉店した店もあったが、新しくオープンする店舗が「古さ」をデザインに取り込むという現象はおもしろい。それが商業的な戦略であれ店主の個人的嗜好であれ、外部からなされた定義づけやイメージづけが積極的に取り入れられたケースである。

一九八七年末の「（谷根千の愛称が）すっかり定着した[20]」とする記述からもわかるように、一九八〇年代のおわりごろには、この三地域は「谷根千」とひとくくりに表現されていた。第1章でもみてきたようにマスメディアに「谷根千」という呼称が出たことは大きな出来事であり、その影響は無視できない。『谷根千』とマスコミとの関係について、森は、以下のように回想している。

> たしかにマスコミは偉大であった。何度、私が目の前で心をこめて広告や委託をお願いしてもウ

ンといわなかったお店が、新聞に出たとたん、「あんた新聞にでてたでしょう」と相好をくずす。「奥さん写ってたね」とあっさり信用してくれる。この権威付与装置としてのマスコミの効果はすごい。すごいというか恐い。（森 1991：91-92 傍点原文）

雑誌『谷根千』の刊行について、『産経新聞』『読売新聞』『東京新聞』などが掲載し、「記事が記事を呼んで」（森 1991：91）『クロワッサン』や『婦人の友』『毎日新聞』なども取材に来たという。

ところで、アンケートの集計図1-3（Ⅵ-1とⅥ-3）をみてみると、谷根千という単語を知っていると回答した人（全体の四七％）のうち、それを知った媒体として「雑誌」を挙げた人が三五％、「井戸端会議」が二八％であった。「その他」の具体的な内容は、「知人・友人から」という回答がもっとも多く六名、大家さんから、『東大新聞』で、街を歩いていて、地元在住だから、などの記述があった。

谷根千という語を知った経路としては、多くが「雑誌」を選択している。その詳細は、『地域雑誌谷中・根津・千駄木』がもっとも多くて一一人。彼らすべてが谷根千エリアもしくはその近隣のエリアに居住していた。雑誌『谷根千』の読者のほとんどが、エリア内部の住民であるということからもわかるように[21]、雑誌『谷根千』は、当該エリアの外部よりも内部およびその周辺に住む人々に対して、強い影響力（情報発信力）をもったのだろう。このほか、谷根千を知った媒体としては、『るるぶ――下町を歩こう』『散歩の達人』を挙げた人が各一名ずついた。

また、「テレビ番組」と回答したなかでその番組名としては「アド街っく天国」「わっつＮｅｗ」「いきいきワイド」（それぞれの表記は自由記述欄に書かれたまま）などが挙げられていた。このほか、ＢＢＳ

への以下の書き込みからも谷根千を知った経緯が読み取れる。

はじめまして、5年ほど前から上京のたび弥生美術館や大名時計博物館に足を運んでいました。ああこの辺に住みたいなあ、と漠然と考えながら。そしてそこが噂の「谷根千」だったと、ごっつ最近知りまして（東京人で。）友人にこちらのHPを教えてもらいお邪魔しています。［2001/3/9］（Jさん）

東京とは残念ながら地縁、血縁とも全く関係のない、大阪生まれの大阪育ちの大阪大好き人間です。昨年11月に森さんが僕の住んでいる町（市じゃなく町です）の図書館に講演に来て下さいました。谷根千はその時はじめて手にしました。［2000/7/27］（Kさん）

おそらくJさんが言及しているのは、雑誌『東京人』のことだろう。エリアガイド（タウン誌）や地域情報誌などで谷根千を知った場合、それはエリア（地域）の名前として知ることになり、またKさんのように、編集者のひとりである森まゆみによって知った場合は、雑誌名として知ることになる。

アンケートの統計分析から、谷根千を知っているかどうかと回答者の居住地域との関連性を調べたところ、表2-1のように示された(22)。

この表から、谷根千を「知っている」と答えた人の割合は、「台東区・文京区・荒川区・北区に居住(23)」、「それ以外の東京都内に居住」、「東京都以外に居住」の順に低くなっていることがうかがえる。このことは、谷根千エリアから遠い地域に居住している人に比べ、近隣地域を含めた小規模の地域的な範囲内に居住する人のほうが、谷根千を知っていると答える傾向があることを示している。

さらに興味深いのは、谷根千を知った経緯に関して「雑誌」についで多かった「井戸端会議」をface-to-face のコミュニケーション（すなわち人というメディアを介して対面的になされる情報交換）によるものと広義に捉え、さらに「その他」を選択した人が具体的に回答した「知人との会話」や「大家さんから聞いた」という答えも含めて「face-to-face のコミュニケーション活動によって谷根千を知った人」として一括すれば、「雑誌」のみを選択した人を上回ることになる。そして、face-to-face のコミュニケーションによって谷根千の名称を聞いた人を居住地ごとに分析してみると、エリア周辺に居住がもっとも多く四四・七％で、それ以外の東京都内に居住者が一〇％、東京都以外は九・一％と、順に低くなっていく（表2－2）。

つまり、谷根千を知った情報源と居住地との関連の分析からは、谷根千という記号は、マスメディアをとおして不特定多数に拡散されたという単純な図式ではなく、ある程度特定的なエリア居住者の日常生活のなかで、近隣の人々とのやりとりをとおして知られていったことがわかる。マスメディアに谷根千が紹介されることは、谷根千が知られるようになる「きっかけ」になったことはたしかだが、それで一気に全国に知れ渡ったわけではない。むしろ、実際に谷根千がジワジワと知名度を上げ、エリアとしてリアリティをおびてくるのは、口コミなどの対面的コミュニケーションが関係していると解釈したほうが適切だろう。(24) 谷根千という記号を運んだマスメディアが、広く不特定多数の人々に谷根千を知らしめたというより、「このエリアが『谷根千』と呼ばれている」ことをテレビや雑誌で見聞きした住民が、

表2-1　谷根千を知っているか（居住地別）

	は　い	いいえ	合　計
台東区・文京区・荒川区・北区	35 92.1%	3 7.9%	38 100.0%
上記4区以外の都内	18 36.0%	32 64.0%	50 100.0%
東京都以外	14 25.5%	41 74.5%	55 100.0%
全　体	67	76	143

表2-2　谷根千を face-to-face で知ったか（居住地別）

	は　い	いいえ	NA	合　計
台東区・文京区・荒川区・北区	17 44.7%	17 44.7%	4 10.5%	38 100.0%
上記4区以外の都内	5 10.0%	44 88.0%	1 2.0%	50 100.0%
東京都以外	5 9.1%	49 89.1%	1 1.8%	55 100.0%
全　体	27	110	6	143

近隣住民にそれを口頭で伝える、というプロセスである。このことはまさに、編集者、住民、来訪者といった「人」がメディアとして機能していることを示している。すなわち、彼らがローカル・メディアとなって記号の流れを加速させていったのだ。

もっとも、記号「谷根千」を受け取った人々の「関心」がどこにあるかによってもその後の展開は違ってくる。たとえば、谷根千と呼ばれるエリアには縁もゆかりもない人にとっては、雑誌やテレビの「谷根千特集」はなんら印象に残るものではない。しかし、当該エリアおよびその周辺に居住する人々や、そのエリアに特別な思いを抱く人々にとっては、「谷根千エリア」の特集は、非常に関心のあるトピックとなる。そして彼らは、当該エリアに関心のある知人に、そのことを知らせる。つまり、広く不特定多数に情報を送るとされるマスメディアが、谷根千という記号の拡散に関しては、その記号が示す曖昧なエリアとその周辺の人々にピンポイントで作用しているのである。そして、マスメディアからの情報は、近しい間柄の対面的コミュニケーションによって伝えられてゆくのである。

このアンケート調査はサンプル数が少なく[25]、また実施してからすでに十年近く経過しているので、断定的な評価をここで下すことはできないが、「谷根千を知っている」ということに関しては、マスコミに谷根千がとりあげられたことに加えて、当該エリア内でのコミュニケーションも重要な鍵であることは間違いないだろう。

谷根千が、マスメディアによるのと同様に、対面的コミュニケーションによっても知られるようになったというのであれば、記号がエリア外部へ運ばれてゆくことは、外部に谷根千を知らしめるということだけではなく、むしろ内部の（谷根千およびその周辺に住む）人々に対しても作用するということでもある。このような現象を、情報の流れのふたつのベクトルとして考えてみると、ひとつは、当該「地域」の外部から内部へと向かう求心的ベクトルで、もうひとつは局所的な地域の情報（谷根千の地域情報や谷根千という記号）が外部に広がってゆく遠心的ベクトルである。つまり、谷根千という記号の流れを図式化して考えると、記号の外へ向かうベクトルは、内に返ってくるベクトルをも強化するということだ。つまりこれらのベクトルは、互いに相反する方向性をもってはいるものの、相補的な関係にあり、相互補完的に作用することで文化単位の凝集性が生まれるのである[26]（図2-4参照）。

小さな地域雑誌の編集者によって語呂で作り出された記号が、やがてより大規模な媒体（マスメディア）に乗せられ拡散してゆく。そのようなプロセスにおいて記号の流れの外部へのベクトルは、谷根千の定義を多様にするが、それと同時に谷根千というひとつの文化単位を形成するための（中心部へと向かう）ベクトルも生む。記号によって他のエリアと分節化された谷根千は、当該エリア内部の地域メディアや住民のコミュニケーション活動とともに、マスメディアによって外部からも維持・強化されていると考えられるからだ。

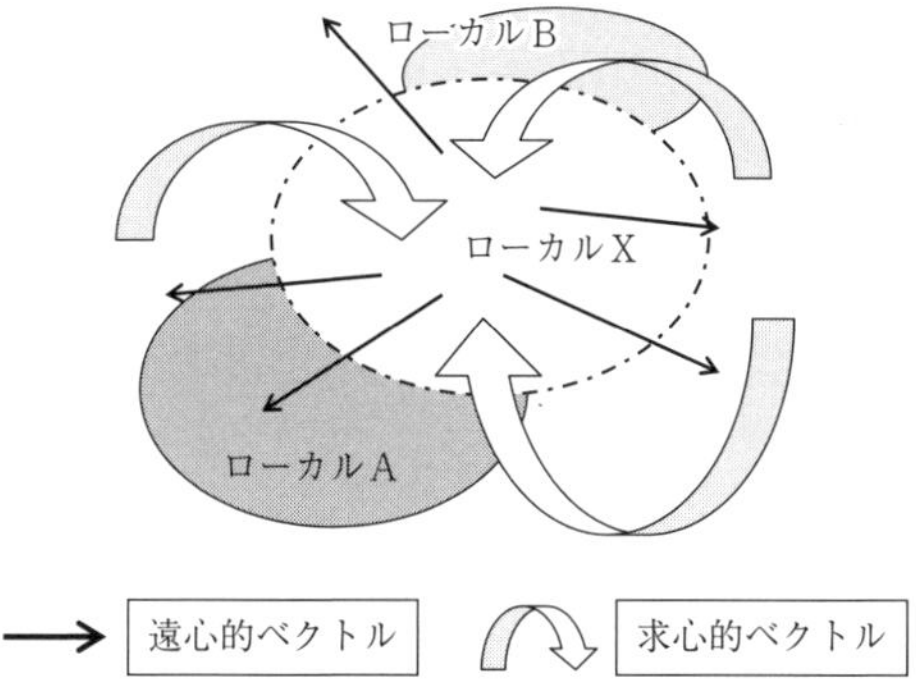

図2-4　ローカルをめぐる記号のふたつのベクトル

たとえば、テレビの特集で、谷根千が「観光地（散策地）」のひとつとして、他の観光エリアとは区別され比較されて紹介されるときなどである。つくられた記号（名づけられた名称）がいったん、外部へと運ばれて、外部からの定義づけがなされ、それが再びメディアによって（文化単位の）内部へと運び込まれる。この往復のプロセスなくして、ひとつのローカルなユニット（文化単位）の凝集性は強化されない。

さらに、そのように局所的な記号（情報）が外へと運ばれたとき、外部において、（また内部においても）さまざまな定義づけがなされてゆく。つまり、外部からの定義づけが、各人にとって否定的なものであれ肯定的なものであれ、そのとき内部を意識せざるを得なくなるからである。

ここではとりあえず、内部における定義づけを、ローカル・メディアの編集者や住民による相互作用の過程のなかで生まれたものとし、一方、外部からの定義づけを、当該エリアを「谷根千」（あるいは「谷中・根津・千駄木」）として紹介したマスコミによるものや、このエリアを訪れた個人によるものとしておこう[27]。

外部からの「定義づけ」と内部における〈定義づけ〉（あるいは内部の実態）とは一致しない。前述したように、各種メディアにおいて谷根千とされた範囲は、地域雑誌『谷根千』が定めたものとは異なっている。住民が思うところの谷根千もまたそれとはちがう。しかしながら、その不一致が谷根千を多義的なものにし、その文化的な凝集性を希薄にするかといえば、そうはいえない。その多義性は、記号が外に流れ、ガイドブックで他の観光地や散策地（たとえば葛飾区の柴又や台東区の浅草など）といったローカルな記号と比較され差異化されることによって、おおい隠されるのである。そうした違い、記号による分節化と、そこで生じたギャップ――外部からの定義づけと内部におけるそれとのギャップ――こそが、谷根千をひとつのローカルな文化単位として成立させ、そのギャップを確認するプロセスによっても谷根千という文化単位（もしくは谷根千とそうでないものの境界）はリアルなものとして維持されるのである。

このように考えると、内部における定義づけ、あるいは外部からなされる定義づけが、その地域内部もしくは地域内外においてそれぞれ一致しているかどうかは問題ではない。いや、一致していないのが「普通」だろう。また、内的属性の同質性に依拠してローカルな文化単位を説明する必要もない。その内部的な属性はつねに変化しているので、そのようなことは、むしろ不可能といったほうがよいのかもしれない。仮に、谷根千界隈の古い建物がすべて取り壊されたからといって、すぐに谷根千が消滅するということはないだろうし、また逆に谷根千の歴史が住民たちのすべてによって、また外部の人々によって共有されれば、文化単位とみなされるのかといえば、そうではない。「古いかたちに刷新される」というパラドキシカルな現象のなかで谷根千はつくりかえられていても、内部の実情と外部から与えられたイメージがズレていても、それでも「谷根千」と「谷根千でないもの」の境界が崩れることはない(28)。

記号の付与、換言すれば「名づけ」による分節化は、ほかの〝エリア〟との差異化をともなう。その「名づけ」は、ミニコミの編集者によってなされ、やがて住民によって「ヤネセン」と呼ばれるようになった。それを経て、マスメディアによるローカルな情報の普及や拡散がなされ、一方でエリア内部でのコミュニケーション活動によって凝集性が強められる。内部へ向かうベクトルと外部へ向かうベクトルの相補的な関係は、文化単位の生成に深く影響し、次節でみるように、その維持にも深く関わっている。すなわち、記号が抱えたローカルな情報の発信と受信をめぐって、ローカル・メディア、マスメディア、住民、それぞれの相互行為が織り重なり、連関し、作用しながらひとつの文化的凝集性をつくりだし、維持しているところに、ローカルな文化単位の生成のメカニズムが隠されているのである(29)。

4　コミュニケーション・プロセスと曖昧な文化単位の維持

三つの地域がその属性を異にしながらも、谷根千という文化単位が（明確な定義づけがなされていなくとも）維持されるのは、「谷根千」という記号がメディアに乗せられて拡散されてゆくプロセスによるところが大きい。

厳密に定められていないひとつの文化単位の境界線が、いかに〝存続〟し〝維持〟されるのかという問いに対して、従来の見解に従えば、生活圏などの機能的な条件や、物理的・地理的な条件、また、地域内での争点の有無が挙げられる。ここではそれらに加え、ひとつの文化単位を形成し、維持する要因として記号の流れ――外部へのベクトルと内部へのベクトル（局所的な情報が外部へと発信されること、そしてそれが再び戻ってくること）――を挙げてきた。換言すれば、谷根千という記号をめぐるコミュニケーション・プロセスが、現実性をもったフィクションとして谷根千という文化単位を成立させ維持してゆくということである。その文化単位は、地縁・血縁や、共通関心によるものである必要はない。それがフィクションであっても、散策マップなどの具体的なモノを生み、場合によってはリアルなトポフィリア（topophilia）(30)をも呼び起こしたのである。

谷根千は、きわめて曖昧な記号である。しかし、それは曖昧なまま「幻相」として維持されてゆく。ある文化における「曖昧な」伝統がいかにして確固とした「独自なもの」として認識されつづけるのかという問いから、その独自性が成立してゆくプロセスを分析した足立重和による論考は、谷根千という〝古き良き〟ローカルな文化単位の考察においても示唆に富む。

足立は次のように問う。「『独自性』とは、いったんは説明されることによって『仮の独自性』を確保するのだけれども、その『独自性』に対して疑いの目が向けられてさらなる説明がもとめられる構造をもち、常に説明されつづけなければならない〝あいまいさ〟を有しているのではないか。」（足立 2001：179）

論考のなかで足立は、文化構成主義のふたつのバージョン、すなわち伝統文化（の独自性）が政治経済的な文脈のなかで再構成、再創造されたものであるという視点と、地元の人々の主体性によるという視点（とくに後者の視点を文化構成主義の主体性バージョンと足立は呼んでいる）の批判的検討をとおして、次のような見解を述べている。すなわち、独自な文化形態がどのように独自なのかについてつねに説明を求められるという不安定さ、それが明確化されないでいることに着目し、そして、そのような〝曖昧〟なもの（伝統文化の独自性）を〝曖昧〟なまま管理することができる人として、郷土史家がいる。郷土史家が「共通性」を突き詰めることから「独自性」を維持する方法、すなわち「（各地にある）盆踊りの共通性とは何かを考えつつ、個々の地域の盆踊りをみていくと、そこには『共通性』からはみ出す何か＝『独自性』を見出」すという方法で、曖昧な独自性が管理されるのである（足立 2001 : 192）。

この足立による考察にならえば、谷根千を〝曖昧なまま管理〟しつづける役割として、ローカル・メディア（地域雑誌）の『谷根千』、そしてその編集者の役割はきわめて大きいと考えられる。ただし、エリアとしての谷根千が定着したころからは、曖昧なまま谷根千を管理する役割は谷根千工房だけでなく、各種の旅行雑誌などのマスメディアになった。先述したように、東京の各名所や他の下町エリアとの対比において、谷根千はその曖昧な独自性を提示されつづけているのである。

「ミニコミには寿命がある」[31]と田村紀雄（1977）が述べたとおり、ミニコミ的なローカル・メディア『谷根千』も二〇〇九年に終刊をむかえた。しかし、その後、当該エリアが「谷根千エリア」「谷根千界隈」などと呼ばれなくなったわけではない。すでに紙メディア『谷根千』から、記号「谷根千」は独立したのである。

ローカル・メディアによってつくられた谷根千は、都市のなかに生まれたフィクションである[32]。しかし、それだからこそ、あらゆるコミュニケーション過程のなかで、つねにつくりかえられる可能性を秘めている。住民にとって、それはかならずしも喜ぶべき現象ではないかもしれないが、谷根千の独自性を曖昧なまま管理する主体は、マスメディアもふくめ、谷根千という記号に関わるあらゆる主体であり、谷根千という記号をめぐって繰り広げられる、あらゆるコミュニケーション・プロセスが、その文化単位の成立・維持に影響しているのである。

ローカル・メディアそのものの働きがどうか、ローカルな情報（歴史やイメージ、そこへの意味づけ）が共有されているかどうか、といった論点は、文化単位の生成・維持に必要不可欠な条件ではない。記号の流れ、ほかとの分節化を可能にする記号が付与されること――本書の文脈でいえば雑誌への〝名づけ〟――そしてその記号が外へ流れ出ることが重要なのだ。その記号が拡散されて、地名や雑誌名などなんらかのカテゴリーのなかでほかと比較されるプロセスにおいて、それはたとえば、谷根千という記号が外部へと拡散され、マスメディアにおいて「下町の観光地」として浅草や上野などと比較されるプロセスにおいて、さまざまなイメージが付与された谷根千が、再び戻ってくる。そのイメージが住民にとって好ましくないものであろうとなかろうと、過剰であろうとなかろうと、それによってあらためて自分の住む谷根千を意識することになるのだ。そして、谷根千のイメージ・ギャップ（すなわち住民にとっての谷根千と住民以外の人々のそれとのギャップ）によって、さらに文化単位の内部と外部との差異が明確化されるというわけだ。

本章では、谷根千という文化単位が生成され維持されるプロセスについて考察してきた。次章では、ローカル文化へのまなざしをめぐって、ふたつの視点――ローカル文化の「ソト」からの視点、とくに観光客のまなざしと調査者のそれ――について考察してみよう

注

（1）創刊にあたり作成された「趣意書」については、森（1991：34-35）を参照。

（2）代表的なものとしては、東京藝術大学奏楽堂のパイプオルガン修復運動（一九八五年）、谷中五重塔の再建運動（一九八八年）、不忍池の地下駐車場建設計画を機に結成された「しのばずの池を愛する会」による、不忍池の自然環境保全運動（一九八九年）、「たてもの応援団」の発足と安田邸保存活動（一九九六年）などがある。また、「谷根千生活を記録する会」発会式が一九八五年一二月八日、建築史の専門家を中心に開かれ、ほかには「谷根千井戸端学校」第一回が一九八五年四月一九日に開校している。このような谷根千エリアにおける住民運動や諸活動は、現在もつづいている。

（3）なお林は、地域メディアが「結果としての情報提供だけでなく、地域社会での日常の動きや変化を多面的に捉え、地域住民の連帯化や社会化をうながすコミュニケーション活動」であり、「情報交換をはかるコミュニケーション機能は、住民のコミュニケーション欲求に新開地を提供すること」（林 1996：45）にもなると指摘する。

（4）ただし、編集者三人の「地域運動」に対する関わり方はそれぞれちがい、また関わり具合を数値化するのも容易ではない。きわめて判断の難しいところであるが、すくなくとも谷根千工房は、町全体をまとめる「住民運動のリーダー」の姿とはすこし異なっている。

（5）一九八五年の「NTT第一回全国タウン誌フェスティバル」の大賞を受賞した際のコメントのなかに、タウン誌ではなくあえて地域雑誌という呼び方にこだわる理由が述べられている。「いままで『谷根千』をタウン誌といわず、地域雑誌と自称してきた。それは町の雰囲気が横文字に馴染まないこと、またタウン誌といえば、加盟店をつのり広

告を多く載せる営利的ＰＲ誌のイメージが強いのが嫌だったからだ。」（『谷根千』1985. 12 : 37）

（6）清原は、コミュニティ形成と地域メディアとの関連に関する研究のなかで、住民運動が「ミニコミ」を生み出す一方で、「住民運動の主張や経過報告などを中心とした非常に小さなメディアが、地域社会の争点を提示するだけでなく、自治体の政策や企業のプランの変更・改正を余儀なくさせるという事例もみられる」（清原 1989 : 52）と述べている。『谷根千』をめぐる一連の動きも、この事例のひとつとして捉えられる。

（7）『東京新聞』二〇一〇年四月二一日。

（8）さらに、本郷台と上野台の間に挟まれた谷であることは「谷中」の語源ともなったという。

（9）J・アーリは、次のようにいう。すなわち、地域の「保存・保護運動団体」などの市民団体のメンバーが、「文字どおりの『地元民』ではないにもかかわらず、しばしば場所への強いノスタルジアの感覚」をもってそういった運動に参加している背景には、社会的変化の結果生じた「深い『故郷』喪失感」がある。そして、「これもまた、さまざまに演出された儀礼的パフォーマンスによって強化された、集合的記憶の特殊な構造化に負っている。」（Urry 1995=2003 : 258）

（10）たとえば、『Hanako』（一九九八年一〇月二一日号）では、谷根千ではなく「日暮里・谷中」という表記で、当該エリアが紹介されている。

（11）メルロ＝ポンティは、シーニュについて次のように述べている。「語られた、また生きている国語にもどるとき、その表現的価値は、〈語詞連鎖〉の各要素にそれぞれ所属しているような表現的諸価値の総和などではない、ということがわかる。反対に後者の方が共時態のなかで体系をつくっているのであって、それというのも、それらの各々は他にたいしてその差異をしか意味していないからであり、ソシュールの言うように、記号とは本質的に〈弁別的〉なものであり、これはすべての記号に言えることだが、国語のなかには意味の差異しか存在しないのである。」（Merleau-Ponty 1960＝1969 : 138）

（12）『シーニュ』の訳者解説によれば、メルロ＝ポンティの言語論は、ソシュール言語学における意味論（〈意味するもの〉としての聴覚映像と〈意味されたもの〉としての概念との関係〉を価値論（諸〈記号〉間の示差的関係）に収斂することから始まっているという（滝浦・木田 1969：269）。

(13) 一九六六年に訪れて以来、「空虚な中心」をもつ日本（東京）に魅了されたロラン・バルトは、そこで見聞きしたさまざまな事物・習慣を、彼なりの視点で分析し、『記号の帝国』（*L'empire des signes*, 1970）と題した著作にまとめている。

(14) 郊外のニュータウンの土地の命名やイメージ形成に関して、若林は、ある土地に付与された名称は「その環境空間をめぐる諸関係や歴史的な出来事を表象する」としたうえで、生活空間である郊外ニュータウンが物件化・商品化される様相を、次のように考察している。すなわち、「環境空間のメディア化と記号化、イメージ化は、住宅や住宅地をそれ自体商品として提供し、かつそれを消費の舞台とする資本と、コマーシャルをはじめとする資本の言説によって支えられている。そこでは、種々のメディアが提示する記号やイメージと、メディア化された環境空間における記号やイメージの操作とが、資本とその言説の運動のなかで相互陥入的で循環的な関係を構成し、住宅や住宅地をも含むさまざまな『商品』と人々が出会う『消費の舞台』を作り出しているのである。」（若林 1998：37）谷根千を「消費の舞台」としてみたとき、若林にならっていえば、たしかに谷根千をめぐるメディアでの扱いにおいては、記号やイメージ操作され商品化された谷根千が提供されているといえるだろう。

(15) 障子よりも花柄やレースのカーテン、盆栽や竹林よりも色とりどりの草花や西洋の樹木、門松よりもクリスマス・リース、鹿威《ししおど》しよりも白い天使や小人、小動物の置物。郊外のニュータウンにおいては、そういった西欧的がイメージを掻き立てられるアイテムをよくみかける。一方で、谷根千を散策する人々がカメラのレンズを向ける先は、洋風の出窓ではなく格子戸、ゼラニウムやインパチエンスではなく無造作に置かれた花月（通称「金のなる木」）や朝顔の植木鉢、飼い主のわからない雑種の猫である。郊外と谷根千はまったく別世界のようにも思えるが、特徴的な記号が溢れているという点では似ているかもしれない。

(16) そもそも、誰にとっての「ノスタルジー」「懐かしさ」か、といった問題もある。故郷や過去を懐かしむのがノスタルジーであるとするならば、谷根千をとりまくノスタルジックな世界は、せいぜい昭和五〇年代までに生まれた人々にとってのみ、「リアル」に懐かしむ対象として成立するのではないだろうか。一方で、「昭和」の只中を生きてきたわけではない平成生まれの若者が懐かしむ対象は、またちがったものなのだろう。

(17) シンボリック相互作用論の見解を参考にすれば、名づけることとは、名づけられる対象が、ほかのものから分節化され識別されることを意味し、あらゆる社会現象は、シンボルによる命名によってフィクションとして構成される。また、それればかりでなく「命名が同時に行為の方向づけを可能とする」のである（片桐 1996 : 29）。

(18) ここでは、内部としてミニコミや住民、外部的としてマスコミや訪問者、という設定を例示するが、これはあくまで暫定的なものである。というのは、「外部」と「内部」とを単純に分割することはできないからだ。ここでは便宜上、内／外という設定を行っているが、そもそも「内部」が「内部」として成立するとき、同時に「外部」も成立している。

(19) そのほか、高齢者が買い物しやすいようにと、歩きやすいアスファルトとカラー平板を併用して舗装した。「谷中ぎんざ」ホームページ（http://www.yanakaginza.com/home.html. 2010. 3. 3）を参照。

(20) 『読売新聞』、一九八七年一一月二七日（東京版）朝刊二二面。

(21) 一九九九年の平良敬一との対談のなかで森は、『谷根千』購入者は地域およびその近隣で七割を占めていると述べている（森・平良 1999）。ただし二〇〇二年三月のインタビューでは、地域外での販売（全体の三から四割以上）は増えつつあるとのことだった。編集者にE－メールで問い合わせたところ、次のような返答があった。「講演先や書店の東京フェアなどで臨時にたくさん出ることがよくあります。また、インターネットでの注文も増えています。これらが増えるのと同じだけ（あるいはそれ以上）地域内での売り上げは減っています。これは谷根千に限らず出版全体のユーツの原因です。」（Interview 2002. 3. 13）

(22) 集計・分析には、Excel と SPSSVer. 10J を用いた。

(23) 『地域雑誌　谷中・根津・千駄木』が地域情報の提供をするにあたって対象としているエリアは、「台東区は谷中・

池之端・上野桜木、文京区は根津・千駄木・弥生・向丘二丁目、荒川区は西日暮里三丁目、北区は田端一丁目あたり」としている。よって、クロス表の作成にあたって、アンケート回答者の居住地域を、「台東区、文京区、荒川区、北区」のグループと、「それ以外の東京都内」、「東京都以外」というカテゴリーに分類した。

(24) もっとも、調査対象者の記憶に残っている範囲では、という限定はつく。

(25) さらに、ランダムサンプリングでないという点からも調査結果の読み取りには慎重にならざるを得ない。ランダムサンプリングを行わなかったのは、研究対象の特性上、ランダムサンプリングが有効でないという理由からである。再三述べてきたように、谷根千エリアの明確な境界線がないので一般的な社会調査で行われているような居住地域の名簿をもとにしたランダムサンプリングをしようにもできないのである。

(26) このふたつのベクトルの相補性は、文化のグローバル化とローカル化との関係についての議論にもつながっている。グローバル化はあらゆる面において世界を均質化し、文化的多様性を一方的に踏みにじるわけではなく、ローカルな凝集性も強めている。すなわち、文化のグローバル化がすすむ一方で／それと同時にローカル化が起こっている（ローカルな凝集性が高まっている）。それはいかなるプロセスにおいてか。この問題を考えるうえで、ふたつのベクトルの相補性が多くのヒントを与える。詳細は岡村（2003）を参照。J・アーリも次のように述べている。「私たちが分析する必要があるのは、グローバルな諸過程をローカルな諸過程双方の複合的な相互連関である。あるエリアのローカルな歴史や文化が、グローバルに展開する経済や社会において、ローカルな経済発展、社会発展に利用可能となりその資源転換されていく個々独自なやり方を説明しうるのは、まさに両者の相互連関なのである。」（Urry 1995=2003：250）

(27) ここでなされた内部／外部の区別は、説明のため便宜上用いている区別であり、またそれは相対的なものであるだけ、内部＝住民・編集者、外部＝マスコミという区別が固定的・絶対的なものだということではない。

(28) Barth (1969) の境界論も参照のこと。

(29) ジャノヴィッツは、コミュニティのイメージが、ローカル・メディア（local press）によって形成されるだけでなく、より広範囲を取材対象とする（都市の）日刊新聞によっても形成されると指摘している（Janowitz 1967：xx）。

(30) 地理学者イーフー・トゥアンによる造語「トポフィリア」とは、人間と場所（物質的環境）とを情緒的に結びつけるもので「人間の場所への愛 human love of place」だという。またトゥアンは、住民とよそ者である来訪者との間においては、環境への評価が本質的に異なっていることを指摘しつつ、次のようなことも述べている。「環境は、トポフィリアの直接的原因ではないかもしれないが、しかし環境は感覚的な刺激をもたらし、それらの刺激は知覚されたイメージとして、われわれの喜びや理想に形を与えるのである。」（Tuan 1974：113＝1992：193）

(31) 田村は、ミニコミは鋭い感受性ゆえに寿命を持っている、と述べている（田村 1977：162）。

(32) 前述の磯部による「フィクション」の定義を参照。この視座の出発点は、「フィクションを超えた現実があるとしても、人間にとってそれは、フィクションを通してしかとらえられないことを認める」ことにある（磯部 1996：7）。

第3章　ローカル文化への「まなざし」

1　記号がつくる「現代の神話」

町と記号とを愛したロラン・バルトは、一九六七年に行われたナポリでの講演のなかで「人間的空間一般（都市的空間ばかりでなく）はつねに記号表現であった」という印象的な言葉を遺した（Barthes 1971=1975：106）。そんなバルトが谷根千をめぐる一連の現象を知ったら、なんと言っただろうか。バルトが一貫して展開してきた「ブルジョワ文化の批判」の種を谷根千が提供できるかどうかはわからない。しかし、バルトのいう「神話」が、はじめに付与された記号の意味を「ハイジャック」してほかの意味（セカンド・オーダー）に変えてしまうことであるならば（Allen 2003=2006：80-82）、谷根千もある種の「現代の神話」といえるだろう(1)。

既存の地名を三つ適当に並べてうまれた単語「谷根千」は、

①　当初、発行人たち「谷根千工房」を呼ぶときに住民たちが呼称として用い、

②その後、谷根千工房が発行する「雑誌名」を指すようになり、
③その雑誌がターゲットとする「エリア」を指すようになり、
④「より広いエリア」を指すようになり、
⑤「東京の下町」のひとつとなった／昔からあった呼び名のように定着した

このように、もともとは人工的に作られた名称「谷根千」の意味するもの（シニフィアン）は、あるローカル・メディアの編集者の呼称であったが、それが雑誌名の略称となり、やがては下町の代名詞になったように、そこで意味されるもの（シニフィエ）は、次々と変化していった。そして、谷根千のシニフィアンとシニフィエが「自然な」つながりとして、いわば昔からあった町の名前のようにみなされてきたのである。(2)

さらに、谷根千という「現代の神話」は、ある程度限定された範囲のなかでのみ通用するものだということも特徴的である。小規模なローカル・メディア『谷根千』は、当該エリアの知名度を高めたことはたしかであるが、二〇〇一年のアンケート調査では、谷根千エリアへの来訪者のなかでもその名を知っている人は約半数にとどまっており、また谷根千という言葉を知っていても半数の人が雑誌の名前であるということを知らない。つまり、第1章で挙げたラジオのトーク番組において、谷根千がどこか「普通ではない」人が行くところ、というイメージが示唆されていたことからもわかるように、谷根千は「ある一部の人に知られている」という域を出ないのだ。

しかし、そのことは谷根千を「リアル」な神話にすることを妨げない。むしろ、だからこそ神話であ

りつづけられるのかもしれない。谷根千が雑誌だけでなくエリアを指し示す記号となり、その指示対象やそれが指し示す範囲が曖昧なまま用いられ、曖昧な記号でありながらも――いや「そうであるからこそ」といったほうが適切かもしれない――「リアルな下町」として語られ得るのだ。谷根千が「下町である」ことは、その定義の明確さでもなければ、本来あった地域性によるものでもない。記号による分節化と、その記号があちこちを流れつづけることによるものである。

ローカル・メディアの編集者によってつくりだされた記号が外部に運ばれ、内部に戻ってくることで、比較可能なほかの「文化単位」との差異に依拠しつつ、谷根千という文化単位が維持される。言い換えれば、谷根千がひとつの文化単位として顕れる神話は、曖昧なままに明確な定義づけもされずに「語り継がれている」のだ。それだけではなく、谷根千という神話は、語り継がれることによってさらに「谷根千らしさ」という新たな神話をつくりあげてさえもいる。

記号によってつくられたローカルな文化単位は、地縁・血縁、共通関心に依拠しない、フィクショナルなものであり、それでいながらも、リアルなトポフィリアをも呼び起こした(3)。

たしかに谷根千エリアは、ほかの土地に比べれば、歴史的にも多くの遺産を抱え、古い建物も残っている。また、郊外の新興住宅地とは多少異なったかたちの人間関係や町の構造を有し、入り組んだ小さな路地などノスタルジーを喚起させる雰囲気が感じられる町かもしれない。しかしながら、古い家屋や路地は、町全体の風景の一断片にすぎない。むしろ一断片になりつつあったからこそ（一断片になってしまったからこそ）、雑誌『谷根千』は、それらを記録してゆこうとしたわけだ。

町はつねに変化している。人々が実際にそこで生活していれば、町は否応なく変化していく。その変化の一形態を「都市化（urbanization）」や「近代化（modernization）」と呼ぶことがある。地価が上昇してもなおこの町に住みつづけるために、やむをえずに古い家屋を取り壊し（または土地を売って）相続税を払う。あるいは、老齢や病気のために独居をやめ、この町の家や土地を売り払って他の地域に身を移す人々もいる。そういった「現実」が、近代的建築物や時間貸しパーキングが増えていく背景にある（『谷根千』1992. 3）。谷根千エリアの古い建築物や昔ながらの景色は、そのような「現実」のなかで断片化さてきた。

それにもかかわらず、谷根千には「下町」「あたたかいコミュニティ」「古き良き」といったイメージが（場合によっては過剰なまでに）付与されているのだが、それと同時に、「付与されたイメージ」が逆に現実をかたちづくっているという現象も見てとれるのである。

たとえば一九九〇年代後半、つまり『谷根千』創刊から十年以上を経て、「谷中ぎんざ」は「人に優しく・来てみて楽しい・ちょっとレトロな」というコンセプトのもとに整備され、ほぼすべての店舗がレトロな雰囲気を醸し出すデザインの手彫りの木製看板を掲げるようになった。谷根千界隈に対して外部から付与されたイメージに沿うようなかたちで（期待に応えるように）新たな神話を具体的なモノによってつくりあげてゆくのだ。

谷根千という神話は、谷根千という言葉の生みの親でもある『谷根千』が終刊となっても語り継がれ、そのイメージは増殖してゆく(4)。谷根千はなにを（どこを）指し示しているか明確に定義されないまま、その記号に対しては、確固たるイメージや意味が付与されつづけているのだ。

もっとも、神話が語り継がれるのは、名称の「響きの良さ」も関係しているのかもしれない。雑誌の情報提供と同等のインパクトが「谷根千（ヤネセン）」という名称（記号）にはある。地域的な特性よりもむしろ、名称そのものの存在感が、その名称（記号）が外に向かうベクトルの追い風となったとも考えられる。アンケートの回答のなかにもあったように、「やねせん」という「響きの良さ」や編集者がいうところの「語呂の良さ」があったのだ。

谷根千についての一連の研究を、日本語をまったく知らない人々を前に発表したときに苦心したのが、漢字表記や音の響きがもつイメージについての説明だった。「語呂の良さ」がどこまで理解されていたのか不安であったし、またこちらの発表を聞くほうも理解に苦しんでいたにちがいない。井上逸兵は、「言葉は意味（中身）を入れた容器であり、その『中身』こそがメッセージだと思いがち」であるが、じつのところ「中身」ではなくむしろ「入れ物のほうが重要」で、とくに日本語は「意味だけではなく、音的にどう響くか、視覚的にどう映るか（表記されるか）ということも大切な言語」なのだという（井上 2002：23）。日本語だけがそうなのかどうかはさておき、たしかに井上がいうように「入れ物」は重要で、記号として表された「谷根千」の響きや表記の仕方が、谷根千という記号が人々の間に広まっていくのに多少なりとも影響していたことは想像に難くない。それだから、谷根千を昔からあった〝地名（呼び名）〟とすっかり思いこんでいる人々がいるのも納得がいく。

一方で、編集者や住民は、町が活性化されるのは嬉しいが谷根千という名前がひとり歩きしている様やマスメディアでつくられた「谷根千イメージ」に複雑な思いを抱いている。しかしながら、いずれの「谷根千」の定義が正しいかといった問題と、谷根千がひとつの神話として、ローカルな文化単位としていかにしてわたしたちの前に顕れているのかという問題とは、あまり関係はない。再度、ウンベルト・エーコの言葉を引用しよう。「記号の指示物とは何であるかを規定しようとすれば、必ず指示物というものを抽象的な実在（略）として規定せざるを得なくなる」（Eco 1976=1996：114）からである。

こういった議論は、現代の文化／異文化をめぐる状況を考察するにあたって、重要な論点を提起する。すなわち、文化の内容そのものを問うアプローチから、「文化」とはなにか、さらにいえば文化の真正性はどこにあるか（「本当」の○○文化とはなにかといった問い）、文化は誰のものか、といった問題を考えるのは限界があるということだ。

谷根千という文化単位の特性や、谷根千という記号の意味づけ、谷根千と呼ばれるエリアに帰属する人々の共通性・共同性は、あくまでも「イメージ」の域を出ない。谷根千という神話は、「共同幻想」にさえなりえていないのかもしれない。文化的な、そしてシンボリックな要素が、人々の間で「共有」されることによって文化単位が形成され維持されているのではない。記号（名称）が、外へと出てさまざまな定義づけをされて再び内部へ帰ってくるプロセス（すなわち外との比較がなされること）によって文化単位は形成され維持されるのである。

文化内部をそのままに保つことよりも、記号が行き来するプロセスが、いかに文化単位の生成・維持において重要かということは、ローカルな文化をとりまく状況に限っていえば、「観光地化」という現象にもっともよく表れている。ある文化単位が、観光地として認識され、なんらかのイメージで語られることによって、逆にそれ「らしさ」が改変されてゆく。すなわち、谷根千が「下町」観光の代表格になることで、その「下町的な」谷根千の景観が変わり、しかしそれでも（内容が変化しているにもかかわらず）下町としての谷根千イメージは増幅しているのだ。そして、それはときに町おこしに挑戦する住民（の一部）にとって、思いもよらぬ結果を招くのである。

2　下町ブームと観光地化——誰のための谷根千か?

谷根千エリアは、京都のように古い町並みが組織的に保存され、あるいは世界遺産のように特別な制度で保護されているような地区でもない。『谷根千』に載った古い家屋や小さな店も、近年の地価高騰や人口の増加にともなって、駐車場やマンションへとその姿を変えた。程度の違いこそあれ、このエリアに限らず都市全体がそのような傾向にあることは否定できない。

しかし、どれほどそのエリア内部の様相が変化しても、紙媒体の『谷中・根津・千駄木』が終刊しようとも、現在のところ谷根千と呼ばれつづけ、観光客を惹きつけている（図3-1）。[5]『谷根千』の創刊以降、この二五年で徐々に、谷中、根津、千駄木とその周辺の町がブランド化してきたことは、あらためていうまでもない。それが観光地化と歩調を合わせ、町おこしの成功事例として捉えられているのも事実だ。しかし、そういった活性化が、皮肉なことに町を住みにくくしているという側面もある。

図3-1　ガイドにつづき，通称「へび道」を行く観光客グループ

「温泉ブームが去って下町ブームでしょう。マスコミに左右されたくない。人が集まりすぎるとパンクしちゃう町だから」と編集者は述べていたが（Interview 2001. 1. 30）、実際に谷根千（あるいは下町）がブームと捉えられていたことは、いくつかの記述からも明らかである。「この谷根千エリアをめぐる散歩コースがいつしかブームと」なっているという記述があり（坂部 2008：5）、また日本路地・横町学会会長でエッセイストの坂崎重盛も、「谷根千」とは表記していないが「ここ数年、ちょっとしたブームの感のある谷中散歩を日暮里駅（JR、京成）から始めてみよう」（傍線引用者）と書いている（「TOKYO老舗・古町・散歩——谷中①　御殿坂から」『朝日新聞』二〇〇二年一二月一八日）。

下町のイメージがよくなってゆくにつれ盛り上がった「下町ブーム」は、下町とみなされた谷根千を観光地化し、さらには、観光客にとっての「谷根千」か、住民にとっての〈谷根千〉かという問題を引き起こした。エリア内に多くの店舗が開店し、にぎやかになったとはいっても、そのほとんどは「観光客向け」の店舗であり、生鮮食料品や日常生活に欠かせない店はむしろ次々に閉店している。散策の途中で刺身や生肉を買ってゆく人はまずいないし、ほかでも買える蒲団や電化製品をわざわざ谷根千土産にする人もいないだろう。

谷根千の観光地化をめぐっては、このエリアが「まともな本屋も文房具屋もないくせに、『文豪の町』などと宣伝」（増田 2002：60）するような「鼻持ちならない存在になり果てた」（Ibid.：37）と切り捨てる論者もいる。かつてこのエリアに住んでいた証券アナリストの増田悦佐にとっては、客層の時代的変化に対応する気もなく「街を観光資源としか考えていない」谷根千エリアの住民の「自分たちの街に対する態度」が「不愉快」に思えるようだ。実際のところ、規模は大きくないが「まともな本屋」も「まともな文房具屋」もこのエリアにはあるのだが、それらは彼が望むところのものではなかったのだろう。

このような反応に象徴されるように、観光地化はそのエリアの現状とは無関係に、人それぞれの立場や価値観のなかでさまざまな感情的な反応――嫌悪であれ羨望であれ――を引き起こすのである。

さらに、町が観光地化すると「観光地」でありつづけることの困難も生じてくる。観光資源の「枯渇」とでもいおうか。観光客（外来者）相手の店や駐車場が目立ってくるにしたがって、谷根千エリアが疲弊してゆく可能性もある。それゆえ、このエリアが「谷根千」と呼ばれなくなる日がやがて来るかもしれない。あるいは、進みゆく都市化によって、数年後は、現在の姿をとどめているとも限らない。フィッシャーが指摘するように、多様な「文化」（下位文化）を生成する効果が都市化にあるのならば（Fischer 1984=1996）、何十年後かには、谷根千に変わるような新たな文化単位が、当該エリアに生成されているかもしれない。(6)

とりあえず現在の谷根千は、観光地としても居住地としても「ブランド」だといえよう。しかし、それが消費の対象である限り、いつでもブランドは崩壊する可能性を秘めている。都市的な消費社会における「ブランド」の価値は、けっして安定しているとは限らないからだ。谷根千という記号が、「古きよき下町的」イメージとともに語られているうちはまだしも、その「観光地的な」価値がいつ「値崩れ」を起こすとも限らない。

『谷根千』によって、マスコミや住民がそのエリアの「価値」に気づいたのと同時に、谷根千と呼ばれるエリアがいわば「ブランド」であるということを、不動産業者や観光業者も気づいたのである。序章と第1章でもふれたが、「古い」家屋の跡地に建設された「新しい」マンションの広告には、「谷根千」の文字や「（谷中周辺の）古い町並み」の写真が多用され、谷根千の「下町風情」が肯定的に宣伝されているのである。

ブランドとは「他者と差別化されるひとくくりの価値の象徴として広く受け手である人々に認識され、その価値への評価が一定以上確立しているもののことを指し」、これが「現代の焼き印としての『ブランド』の最大の特徴」である（博報堂 2006：23）。この定義に従えば――当の住民がそれを認めるか否かに関わらず――谷根千はまさに「ブランド」化した、といってよいだろう。

洞察力に富む鋭いコメントと消しゴム版画で知られるメディア評論家のナンシー関と、評論家の山田五郎との「ブランド」をテーマにした対談は、現代の消費社会のブランドの脆さについて考えるヒントを与えてくれる。

ある展覧会でナンシーは、「バカラのグラスにうつみ宮土理の顔をいっぱいくっつけた」作品を展示し、「ケロンパとバカラの戦い。どっちがどっちを凌駕するか」を観察したという。その結果「ケロンパの勝ち」だった[7]。つまり「いかにもバカラって感じのグラスだったんだけど、そのうちみんなバカラっていわなくなって『あ。ケロンパだ』って（笑）。そのぐらいケロンパの勝ちだった」（ナンシー関＆山田 1998：162）。そして次のようにつづける。「確かにケロンパはバカラに勝ったけど、シャネルは泉ピン子にはまだ勝っているわけだよね。泉ピン子が顧客であることがこれだけ宣伝されたことによって、日本のシャネルの購買率が下がったりすると、それはピン子の勝ちだけど、でも影響ないみたいだから、ピン子玉砕。」（Ibid.）

なんともユニークな試みであるが、要するに、これはバカラやシャネルといった典型的な「ブランド」に、どこまで芸能人が自らのブランド力を対抗させられるか、という視点からの批評である。これは、かなり「遊び」的な要素が強いものの、現代の消費社会における「ブランド」――それはタレントであれ服飾品であれ――の不安定な状況を的確に示しているといえよう。

もっとも、ナンシー本人がどう思うかいまとなっては知るすべもないが、谷根千というブランドが、たとえば「上野」であるとか「日暮里」などといったブランドに凌駕される（その一部に編入される）日が来ないとも限らない。もしくは、谷根千を訪れる観光客の「お行儀の悪さ」や、そのエリアの「イケてなさ」「ダサさ」が際立って、谷根千の「よいイメージ」が覆されたりした場合、いかに谷根千がすばらしいエリアであろうとも、もはやブランドではなくなる。

現代社会のブランドは、つねにその足元を揺るがされているのである。世界の王室に愛される美しく高貴なバカラが「ケロンパ」と呼ばれてしまうように、それはシャネルであっても、ブランド化した住環境であっても例外ではないだろう。(8)

観光客や不動産業者が、「谷根千は住みやすいところです」といったことで、住民自身も自分が住んでいる地域の良さに気づいた。しかし問題は、谷根千が消費の対象となることで、ただでさえ町並みが変化していっているところに追打ちをかけるように「開発」の波が押し寄せ、結果的に住みにくいところになったと感じる住民も少なくないことである。

自分の住む町が「ブランド」として扱われていることを誇りに思うと同時に、住民にとっては、観光客相手のお店が増えるよりも、また地価がどんどん上がって手の届かない物件ばかりになるよりも、威勢のいい魚屋や安い八百屋、美味しい豆腐屋がしっかりと根を張っていてくれる商店街があり、手ごろなアパートや小さい一軒家があったほうが住みよいのかもしれない。しかし他方、それでは観光客や土地開発業者は満足しないだろう。ブランドの値崩れがかならずしも「悪」というわけではないが、町おこしやローカリティの育成を観光地化によって推進しようとするとき、住環境をめぐるこうしたジレンマはつねにわれわれが直面する問題でもある。

このことに関連して、印象に残ったエピソードがある。海外のある都市で行われた学会で、報告の合間に空いている時間があったのでおもしろそうな部会を選んで聴きに行ってみた。ある部屋で議論されていた内容は、長く民族・宗教紛争が続くK地方にひとつの包括的なローカル・アイデンティティをつくるにはどうすればよいか、というものだった。その学会が行われた都市は、多民族、多言語、多宗教で血にまみれた複雑な歴史を抱えているK地方の一部にある。だからこそ、そういった場が設けられていたのだろう。その前夜、地酒と郷土料理のあまりの美味しさに感動していたわたしは、その余韻もあってか、「K」エリアのイメージを良くするために、たとえば東京やパリやベルリンに「K料理」と銘打ったお洒落なレストランや、「K観光がいまトレンド！」「魅惑のKダンスでダイエット」「Kのワイン・フェア」といった商業的なイメージ戦略はどうか、と質問してみた。K地方のなかのそれぞれの国を代表する社会学者たちの議論においては、まったく観光や食文化などについての言及がなかったからだ。すると、もっとも発言の多い報告者がこう答えたのだ。「そうですね。それもひとつの考え方ではあるが、われわれはそのような資本主義的なやり方は選択しない。」

なるほど、そういうことか。その後に、会場にいるほかの聴衆から、「でも、それ（資本主義的な方法）以外に術はあるのか」という追加質問も出たが、彼の文化的背景や個人史からして、文化を「売り物」にしてまで広域圏のローカル・アイデンティティ（Kアイデンティティ）を確立したくはないと思ったのかもしれない。あるいは、資本主義的な文化の商品化によって、彼が愛するところのローカルな文化が壊されると感じたのかもしれない。「資本主義的ではない方法を模索する」という考え方自体がわたしのアタマのなかにはなかったことに気づき、小さな衝撃を受けたのだった。

あるエリアがブランドとして広く知られると、人気が出て地価が上がる。そのためには、ほかのブランドエリアと同じ土俵にあがらねばならない。しかし、それによってそのエリアらしさが皮肉にも薄らいでゆく。地域振興に関連する活動には、つねにこういった葛藤がつきものである。

地域アイデンティティ確立のためにはイメージ共有型アプローチが有効であると主張する田中美子は、町のイメージが「好ましく」なってゆくことで、住民の意識にも変化がみられ、住環境の維持・改善に協力的になり、積極的に町づくりに参加するようになり、さらには、その地域の土地や住居の資産価値も高くなり、住民はそこの住民であることに誇りをもつようになる、という「自己組織化的メカニズム」に着目する。このメカニズムの実現によって、町の自発的な活性化の促進が期待できるという（田中 1997：緒言）。

この指摘は、たとえばCity IdentityやCommunity Identityの形成を試みる地方自治体にとって、問題の解決の糸口を導くように映るだろう。しかし、谷根千の場合、これとはちがった観点からの考察が必要である。大都市のなかにいまも残る「地方的」なもの、あるいは「古き良き」時代のものとして提示された下町イメージを「売り」にするマンションが次々に建てられることによって、かえってそのイメージが壊されてしまう、というパラドクスが生じているからだ。

それだけではない。そういったマンションの広告を、仮に高度経済成長期の日本から現代にタイムスリップした人がみたらどう感じるだろうか。ギョっとするだろう。そこに躍る文字は「隠れ家」「下町」「昭和の薫り」。いずれもが、かつての社会的な「成功者」であればどうにか「抜け出したい」ものであるからだ。

時代的なちがいだけではない。地方や下町を表すさまざまな記号が、諸個人の実生活・実体験のなかで、それぞれまったく正反対の価値づけがなされることもあるだろう。(9) 観光客のような一時的な滞在者か長期居住者かでも違う。一時的な滞在者として住むのはいいが、ずっとは住みたくない場所であったり、住みやすくていいところだけど観光には適さない場所、というのもある。あるいは、利便性を求めてやむをえずそこに居住するサラリーマンと自らの強烈な美意識に従って居住する芸術家では、同じモノを見ても、同じコトを経験しても、それへの価値づけはまったくちがい、それぞれが思うところの「よい町」のイメージも異なる。

町角にある「しみったれたモノ」であっても、そういったモノを愛好する人々にとって、それはノスタルジーを呼び起こし、幼き日の思い出やある種のファンタジーをかきたてる「よいイメージ」に繋がる。しかし、そういったモノを好まない人々や住民にとっては、ピカピカに整備された通りに並んだ白壁の家々の窓から色とりどりのゼラニウムやバラの鉢植えが顔をのぞかせている風景のほうが「よいイメージ」になる。

もし谷根千が、立派な「下町ブランド」であり、そのイメージを完璧に実践する生活スタイルでそこに居住しようとするならば――そんな生活が実際に可能かどうかはともかくとして――すきま風の入る狭い木造家屋に住み、寒さ暑さのなか家事仕事をし、井戸端での会話やなんやかんやと口うるさいご近所さんとの付き合いもそつ無くこなさなくてはならない。

路地、猫、寺などは、谷根千イメージのなかでよく語られる記号だが、これらも散策者、居住者、その年齢、社会階層、その他さまざまな属性によって、もっている印象がかなりちがう。「隠れ家的」な喫茶店や蕎麦屋がひっそりたたずむ風情のある「路地」を、鼠や蛇がうろちょろする建物の間の「薄汚い隙間」とみる人もいるだろう。(10) 地元の人々に愛されて育ったちょっと気まぐれで甘えん坊な「地域猫」も、場合によっては騒音や糞尿公害の元凶となる「害獣」とみなされるかもしれない。(11) また、江戸の風情と日本の伝統が息づいて数々の著名人の墓もある歴史の宝庫は、お彼岸の渋滞を引き起こす厄介な場所であったり、地元の子どもたちにとっては肝試しや幽霊談義のネタ探しの場所でしかなかったりする。

ポジティブなイメージづけが、かならずしもローカルな領域への愛着とはならないのだ。出来の悪い子ほど可愛い、とはよくいったもので、「ダメさ加減」であるとか「不便さ」がまた愛情の対象となることもある。カオス的で雑然としていて、猥雑さや怪しさ、俗物志向のある町並みを「美しく整備」することが、かならずしもそこで育った人々の地域への帰属意識や愛着を――長期的な観点からみて――生み出すとは限らない。上野駅ちかくのアメ横や根津駅構内、日暮里駅前が、どんどん「明るく」「美しく」「清潔に」なっていったとき、ある種の寂しさや喪失感をおぼえたものだ。おんぼろの小さな商店がズラっと並ぶ狭い通りや、迷路のような路地に溢れる物売りの声、地下鉄のどんよりと曇ったタイルと薄汚れた階段、剝がれかけたポスターなどは、ひさしぶりに地元に帰ってきたときに、なんともいえない安心感を与えてくれたものだった。

ローカルなエリアのイメージは、万華鏡のようである。すこし傾ければまったく違った模様が目の前に姿を現すように、つねにそのイメージや風景は変容している。谷根千の「下町」イメージもまた日々想像され／捏造され／増殖し、一方でそれと歩調を合わせるようにして、いわゆる「下町的な」要素がひとつひとつ消え、つくりかえられていっている。万華鏡で偶然つくられた模様を、一定のかたちに留めておいたり、計算してつくりだすのが無理であるように、ローカルな文化もそこでとどめておくことはできない。町や人が、情報を運ぶ「メディア」であるならば、それはしごく当然のことであろう。メディアはつねにわたしたちの生活空間を、記号とともに行き交い、つねに新たなイメージをつくりだしているからだ。しかしその新たなイメージが、一気に谷根千を解体するわけでもないのがおもしろい。

谷根千工房の山崎範子は対談のなかで、二〇〇〇年代半ばからはじまった「不忍ブックストリート」の案内地図に広告を出している店で「『谷根千』創刊時にあったお店は一軒もない」が、それでも『谷根千』創刊からそれまでにできた店が、そういった町のイベントに協賛することは「感慨深い」と述べている（山崎ほか 2008：20）。このように、いわゆる町のニューカマーが町の要素のひとつとなることで、谷根千エリアが別物になってしまったわけではない。たとえば「本の町」という新たなイメージが谷根千に付与されたとしても、谷根千がまったく新たな町につくりかえられたわけではない。それは、記号が過去と現在と未来を繋ぎとめているからである。

3　調査者のジレンマ

谷根千での調査研究をふりかえって、最後に指摘しておきたいことがある。それは調査者と研究対象との関係について、つまり、調査者が「現実」（いわば「調査結果」と呼ばれるもの）を自らの手でつくりだしている危険性についてである。「危険性」とまで呼んでしまってよいのかどうかわからないが、要するに調査者が完全に観察者に徹することは不可能だということだ。このことはまた、もし調査者（研究者）もまた「現実」をつくりだすエージェントのひとりであるとするならば、それは観察対象である「観光客たち」とどうちがうというのか、研究者は観光客ではないといい切れるのか、という問いでもある。好きでなければ調査はできない。個人的な好みだけで調査対象を決めるわけではないが、少なくとも谷根千研究をはじめとする、一連の紙のローカル・メディア研究は、やはり「好きだから」「おもしろいから」としかいいようがない。しかしそれだけでは、物見遊山の観光客と変わらないし、かといって興味のない場所に行って、おもしろくもない対象を研究し続けるほどの忍耐力ももち合わせてはいない。いささか自虐的なテーマではあるが、つねに調査をしながら心にひっかかっていたことなので、本章のしめくくりに記しておきたい。

谷根千の調査で、地域住民へのインタビューを積極的に取り入れなかったのには、次のような理由があった。もともと境界線が曖昧な「谷根千」エリアである。そのエリアに居住する人をあらかじめ規定したうえで調査をするのは、本末転倒ではないかという懸念と、住民のなかには「谷根千の住民」と呼ばれることを否定的に捉えている人が少なからずいるということ、そういった状況があったからである。地図に関しては、『谷根千』が定めるエリアをとりあえずは「基準」にしたが、行政区画などなんらかの公的な基準をもとに「谷根千住民」を特定する、ということはできるだけ避けようと努力した。

谷根千の住民と呼ばれることを快くおもわない人もいたが、それでも、編集者はじめ、取材に応じてくれた人の多くは、筆者の研究に理解を示し協力的であった。しかしそれ以前に、住民のなかには過去の経験から取材を受けることそのものに対して、不快を示す人もいた。地域で信頼され、地元に密着した緻密な取材をする谷根千工房の編集者たちでさえ苦労していたわけだから当然である。「研究」の対象として「人間」や「地域」を見るとき、十分に注意しなくてはいけないことがたくさんある。

森まゆみが一九九〇年初めに書いたエッセイによれば、当時「谷中あたりは古いコミュニティを残す場所として建築史、都市計画はもちろん、『都市の地域社会と老人』というような都市社会学や『東京語の変化』なんて言語学の調査の草刈場になりつつ」あった。しかし調査の後、住民の態度がすこし違ってくるのだという。森は、次のようにつづける。

「来週T大学の○○研究室が調査に入るそうだ」などと聞くとドキンとする。調査のあと、取材にいくと住人の対応がちがう。警戒心があってよそよそしい。そこにいる人を被験者としてのみ取り扱うような調査が入ると、住民は心を閉ざし、二度と聞き取りや調査には協力してくれなくなる。その研究成果を見てみると、多彩な人生経験をもつ人々の、流行の言葉でいえばファジーな部分の印象や考えが、コンピューターにぶち込まれ数値になって出ている。それは住民にとって自分たちのことを語っているとは思えないようなデータだし、第一、住民のところへ戻ってくることもない。その研究者の業績になるだけだ。町の人たちは自分たちが研究論文の中で「木賃住宅沈殿層」などと区分されているのを見たら、どんな思いがするだろう。（森 1991：183）

なんとも研究者としては耳の痛い話であるが、重松清の小説『定年ゴジラ』にも、似たような話が出てくる。都内の某私立大学の社会学科から三〇代後半の女性助教授が、主人公「山崎さん」の暮らすニュータウンを調査しにやってくるのだが、辛口批評で世間の注目を集める彼女を、当然のことながら住民らは快くおもわない。それでも何人かの住民は「協力」をしていたのだが、彼女が連れてきた学生のひとりが何気なく、住民を「サンプル」と呼んだことをきっかけに、血の気の多い「野村さん」は怒り狂う。「おう、こら、わしら実験材料かい、モルモットと同じかい」と野村さんは学生に殴りかかり、それを止めにはいった山崎さんともみ合いになる。この場面を読むと、なんとも複雑な気持ちになる。「サンプル」というのが、調査の学術用語であることをなんとか説明しようとする半泣きの学生もかわいそうだが、ニュータウンにマイホームを買い、必死に家族を養ってきた野村さんの一言「生身の人間が生きとるんや、そこんとこ忘れなや！」もまた胸を打つ（重松 2001：292–294）。

「生身の人間」である被調査者に対して十分な配慮をするためには、細心の注意をはらわねばならないため時間も予算もかかる。そういった余裕もなく、また先に述べたように研究の内容からして必要不可欠な調査ではなかったので、二〇〇一年の調査では地域住民への詳細なインタビュー調査や大規模なアンケート調査は行わなかった。もちろん、そういった調査を今後してみたいという探求心がまったくないわけではないが、現段階ではとくに計画をしていない。

さらに、調査をするにあたって感じたもうひとつのジレンマは、調査者とその調査対象との関係を築くなかで引き起こされた。すなわち、調査者であるわたしが、実際にその地で調査をすることによって、またその研究成果を発表することによって、谷根千の生成プロセスのなかに組み込まれ、その担い手となっているのではないか、ということである。このことは避けられないことなのかもしれない。調査者である「わたし」が、谷根千という文化単位を「発見」したのだ！　と自負しているのではない。そもそも、そんなことができるわけはない。谷根千にリアリティを与え、谷根千をひとつの文化単位として生成させるのが、あらゆるコミュニケーション・プロセスだとするならば、そのコミュニケーション・ネットワークのなかに身を置く自分自身も、谷根千という記号の担い手のひとりであることにかわりない。三〇年ちかくこの界隈に居住していれば、そういったネットワークから、完全に独立することはできないのである。そして、住民であり調査者でもあるわたしが「谷根千について」インタビューをすることで、多少なりとも「谷根千」というフィクションにリアリティを与えてきたといえる。

しばしばアンケートの回答を終えた人から、次のような質問をされることがあった。「『谷根千』って、本当はなんなんですか？　正解をおしえてください。」これに対しわたしは毎回、「正解はありません」と答えるのだが、場合によってはこれまでに行ってきた谷根千をめぐる研究を、長々と説明せざるを得ない状況になることがあった。これは、調査の目的、調査に至る経緯などを、調査の協力者に説明するときも同様であった。

かつてバージェスが仮説として提起したシカゴのコミュニティの区分けや名称は、その研究が公表された後に、新聞や電話帳において用いられるようになったという。そして、いつしかそれが〝ほんとうの〟エリアとして住民に認識されるに至った（Hunter 1974 : 71–80）という現象からもわかるように、研究の結果として公表したものが逆に現実をつくりだすということがある。それまで「谷根千」という言葉を見聞きしたことがない人々に対し、調査者が「谷根千というのは、もとは雑誌の名前だったがいまは地域を表す名前で、云々……」と説明したとき――いくらそこで「正解はない」と説得したとしても――、文化単位の生成になんらかの影響があることは否定できない。

さらに、観光客（散策に訪れた人々）を観察するわたし自身もまた、町を歩き回るなかでいつのまにか観光客のひとりになっていることもある。研究者仲間や友人に谷根千の案内を頼まれ、彼らが喜びそうな場所に連れてゆくこともある。いつだったかは、図1-19のように和装で人力車に乗ったこともある。町歩きは楽しいが、一方で谷根千のある種のイメージをつくりだすことに、調査者自らが「加担」しているような複雑な気持ちになる。(12) しかしだからといって、まったく興味のないことや好きでもない町を研究対象とするよりも、やはりおもしろいと感じること、愛着のある場所を研究したいという思いは揺らいでいない。次章以降でとりあげる、北摂や渡良瀬に対しても、そしてそこで発行されている紙のローカル・メディアに対しても、感情的な思い入れがないといえば嘘になるが、すくなくともわたしの知的好奇心を大いに刺激する対象であることはたしかだ。

本書で研究対象にしている文化単位を、純粋に「観察者」としての立場から考察するには限界があるようだ。観察対象への愛着が、研究する際にメリットとなるかデメリットとなるか、あらためて考えてみるときわめて難しい問題である。しかし、ローカルな領域を研究するには、その研究対象への愛着がなければ研究を継続できないのではないだろうか。もしそうであれば、「観察しつづける」ことによって生じるさまざまなジレンマと向き合いながら、ローカルなものと関わってゆくよりほかかない。

注

（1）バルトの「今日における神話」については、グレアム・アレンによる明解な解説を参照（Allen 2003）。

（2）「神話とは、ことば（伝達の体系）である」といったバルトは次のように述べている。「かかれた文章、また写真、映画、ルポルタージュ、スポーツ、興行物、広告、これらすべてが神話のことばの媒体たりうる。神話はその対象によってもその材料によっても定義されえない。というのは、どんな材料でも自由に意味を附加されうるからだ。挑戦を意味するために掲げる矢もことばである。」（Barthes 1957＝1967：141）神話の生産と流通をめぐる受け手の位置づけ（神話の生産者／神話学者／神話の読者）について、谷根千の事例から検討すると、それら三者はかならずしも明確に分別できうるものではなく、むしろそれらが相互に絡み合いながら展開するコミュニケーションによって「神話」はかたちづくられてゆくのである。すなわち、編集者たちは記号の生みの親（名づけ親）であるがそれと同時に、マスコミとの対比においては一住民でもある。そして、『谷根千』の読者は生産者でもあり得るのだ。

（3）トポフィリアは、地元の人々の「専有」ではなく、来訪者ももち得る感覚である。吉田春生は、来訪者と住民の風景に対する見方のちがいはあるが、「来訪者（通勤者含む）が、間主観性によって同一の感情を懐くこと」を可能にするのはトポフィリアだと述べている（吉田 2006：48-49）。

（4）二〇〇三年の時点では、「谷根千　下町情緒なお健在　次々と誕生する未来型タウン誌を横目に　魅力引かれ散策者絶えず」（『産経新聞』二〇〇三年一〇月二〇日）という見出しで紹介されており、また二〇一〇年現在もいくつかの雑誌が相変わらず「谷根千」というキーワードを用いてエリアの情報を紹介している。

（5）雑誌としての『谷根千』が終刊してもなお、エリアの呼称が消えるわけでもなく、その名を冠したイベントが開催されている。二〇一〇年二月六～七日には、谷中や根津周辺の一五の商店街が協力した「谷根千まつり――文豪のまち谷根千商店街」が開催され、スタンプラリーやトークショーなどが行われた。図1-18を参照。

（6）ネオ＝シカゴ学派として下位文化理論を展開するフィッシャーは、アーバニズムの効果を文化的異質性の増大にもとめ、「場所が都市的であればあるほど、下位文化の多様性は大きくなる」という基本命題を呈示した（松本

1996：406)。都市が多様な下位文化を生成するのは、人口の集中が「デュルケームの言う『動的密度』（相互作用の密度、『道徳的密度』ともいう）の増大をとおして、社会的分業と社会的分化を促進」し、また「多様な背景を持つ移民を引きつける」からである（Ibid.：411)。ワースが都市を規模、密度、異質性という三つの生態学的変数によって定義したのに対しフィッシャーは、アーバニズム（都市度）を単に人口の集中度として定義づけている。その理由は、「第一に、理論構成上、それが特定の生活様式を指すことはありえないからであり、第二に、規模と密度は相関するが、社会的異質性は必ずしもコミュニティの都市度と相関しない」からである（Ibid.：411)。もちろん、フィッシャーらが研究対象とした「多〝民族〟社会」と谷中・根津・千駄木界隈を、同様なものとして扱うことはできないが、ローカルな領域の中の多様性を考えるうえで多くの示唆に富む指摘である。

(7)「ケロンパ」とは、タレントの「うつみ宮土理」の愛称。放送作家でタレントの前田武彦は、次のように回想している。日本テレビ「天下のライバル」（一九六九年四月放送開始）の司会アシスタントとして、幼児番組「ロンパールーム」のお姉さんとして当時活躍していたうつみみどり（現うつみ宮土理）を起用することになり、番組プロデューサー井原高忠とともに彼女のニックネームを考え出した。うつみの「目がキョロキョロ動きまわり、少し鼻にかかった発声が漫画映画の蛙みたい」だったことと「ロンパールーム」をかけて彼らは「ケロンパー」（前田 2003：71）と命名したという。

(8) そういった点では、シャネルやルイ・ヴィトンも例外ではない。もし、そういったブランド商品をもつ人々の多くが、一般社会的において「あこがれ」の対象となり得ない人々であった場合、「ブランド」としての地位は失墜する。しかし、近年の傾向はかならずしもそうではないという見解もある。エッセイストの酒井順子は、ルイ・ヴィトンやプラダのバッグも、それをもつ女性たちが「自分が特別な個性的な女性である」と主張するためではなく、「ごく普通の女」であるというメッセージを送るためのアイテムになっているのだという（酒井 2004：21-22)。いずれにせよ、近代に成立した「ブランド」が、ある種の矛盾を抱えていることはたしかであろう。ナンシー関の対談相手の山田五郎も、近代の「ブランド」が、上流階級が自らを差異化する役割を担っている反面、大衆社会が成立し、市民が経済力を増してゆくなかで誕生したことにふれ、それゆえ、ブランド品を安く買う（たとえそれが偽物であっても）ことを「自慢」する、という現象にみられるような「矛盾」を抱えるようになっていったことに言及している。

（9）京都出身の政治学者の竹内隆人は、古い建物の保存をうったえる建築の専門家たちが「彼ら自身の自宅を含めほかの住宅では機能や設備を最新にして、快適性を追求しているのに、『町屋』の居住者には不便きわまりない生活を強制することに矛盾を感じないのだろうか」と疑問を呈している（竹井 2009 : 157）。

（10）実際、古い長屋に住んでいたある調査対象者には「この家に（当時住んでいたところに）鼠が出たってことをけっして妻には言わないように」と固く口止めされた。

（11）三〇年ほど前に我が家で飼っていた白文鳥のつがいは、ある日、谷根千エリアの「地域猫」によって捕食された。一瞬のことであった。それゆえしばらくの間、家の周りをうろつく野良猫を敵対視していたこともあったが、両親を交えた和解調停と猫の世代交代の結果、いまは猫が「可愛い」と思えるようになった。同じような思いをしている人もいるにちがいない。

（12）アーリが指摘するように、ツーリズムにおいて消費されているのは視覚的記号やシュミラークルであるがその一方で、「私たちは、まったくツーリストとして振る舞っているのではないと思われるときにも、シュミラークルを消費している」（Urry 1995=2003 : 244-245）とするならば、研究者・調査者自身も、谷根千のシュミラークルを消費の対象にしているのかもしれない。

第4章　ローカル・メディアの比較
——谷根千・北摂・渡良瀬

1　越境するローカル・メディアと地名

狭間のエリアと「名づけ」

前章までは『地域雑誌　谷中・根津・千駄木』を例に、ローカル・メディアと記号がいかにしてローカルな文化単位の成立と維持、またローカルな領域への愛着の醸成に関わっているのかについて論じてきた。以下第4章では、さらに二誌（紙）をとりあげて比較検討してみたい。その前に、まずは狭間のエリアへの「名づけ」について考えてみよう。

ローカル・メディアは、それぞれターゲットとするエリアが多様であることはいうまでもなく、その形態もさまざまである。だからこそ面白い素材なのだが、そのなかでもとくに興味をひく媒体は、行政上の境界線をまたがるエリアで発行される紙のローカル・メディアである。『谷根千』もそのひとつだが、関西と北関東にもそれと類似したメディアがある。いずれのメディアも、そこで発信されているローカルな（地域）情報の範囲が、狭間の文化圏とも呼べる曖昧なエリアである。『シティライフ』は大阪と京都のちょうど中間地点である北摂エリアを、『渡良瀬通信』は栃木と群馬にまたがる渡良瀬川の沿川でそれぞれの県庁所在地（宇都宮と前橋）からは遠いエリアを対象としたローカル・メディアである。

どこにでもあるような、地域の生活情報やイベント情報を提供している紙メディアとしてこれらを捉えることもできるだろう。しかし、これらの雑誌が扱うローカルな領域は、明確な境界線で区切られた行政区画ではない。つまり、それらは狭間に位置するフィクショナルな文化単位であり、エリア内部に目を転じれば、行政区が異なるばかりではなく、小さなローカル・エリアの集まりでもあるのだ。(1) 本書の議論においては、このことがもっとも重要な点である。

これら三つのローカル・メディアにおいては、ターゲットとされるエリアが、曖昧に区切られ、行政圏を越境しているにもかかわらず、いやそれだからこそ、生活圏・文化圏としてみなされ、呼称を与えられ、愛着の対象ともなっているのである。「谷根千」はじめ「北摂」も「渡良瀬」(2) も、それぞれ複数の行政区画にまたがったエリアの呼称であるが、これらは、ほかの記号との分節化、すなわち人々（編集者）による「名づけ」によってほかのエリアと区別されている。そのようなエリアをターゲットとするローカル・メディアに目を向けてみると、昨今のローカル・メディアが置かれた状況のみならず地域振興が抱える問題にアプローチする糸口が導き出せる。そういった大きな論題にアクセスする前に、まずは特定のエリアへの「名づけ」について考えてみよう。

なにかを呼ぶ、なにか特定のもの・人に名前をつけるという行為は、些細なことのように思えるが、「それをそれとして認識する」「その存在をほかのもの・人から区別する」ということをあらためて考えてみると、そこにはきわめて奥深い世界がひろがっている。殊に人間に対する名づけと呼びかけは、その人の社会的な存在、その人の人格を認めることに関わってくるからだ。

一九八〇年代はじめ、幾度となく「ビューティフル・ネーム」(3)という曲を聴いていたように記憶するが、そのなかに「名前　それは　燃える命　ひとつの地球に　ひとりずつひとつ……」というフレーズがあった。あの人でもなくこの人でもない「〇〇ちゃん」と名前が与えられ、その名前を呼ばれることによってその子の命が輝く。だからその素晴らしい名前を呼びかけよう！　そんなメッセージとポップな曲調に、なんとなくLove & Peaceな世界とはこういったものかと感じていたが、名づけることは、名づけた「その対象」をほかの「それではないもの」から区別し、その存在をそれとして認めることでもある。それは、ある空間（場所）への名づけもまた同じである。

わたしたちの日常の生活やさまざまな記憶（思い出）は、ある特定の場所との繋がりを抜きには語れない。特別な愛着を感じる場所や二度と行きたくない場所、ほろ苦くも甘美な思い出のある場所、各自の経験のなかにはかならず場所との情緒的な繋がりがある。そのようにある空間と感情とが組み合わさるのと同じく、ある空間に名前（地名）が与えられることによって、わたしたちの生活環境のなかに特別な「場所」ができるのである。すなわち「空間は、限定された意味をあたえられていくのに合わせて、場所に変化」(Tuan 1977=1988 : 212) してゆくのである。(4)

「わたしには帰る場所がある／ない」とはいっても、「わたしには帰る空間が」とはいわない。「彼らの居場所」とは言っても、「彼らの居空間」とはいわない。帰るべきところ、居るべきところは「空間」ではなくて「場所」なのだ。たんなる空間は、なんらかの名前がつけられることによって、ほかの空間と識別された／ほかの空間とはちがう特別な「場所」となる。ヒト・モノ・空間いずれも、固有名詞であれ一般名詞であれ、ある名前で呼ばれていることは、その存在を示す重要なカギとなる。

さらに、ある場所をどのように呼ぶかによっては、呼ぶ人と呼ばれるものとの関係が、だいぶちがってみえてくる。たとえば、自分の出身地をいうとき、場所への名づけ――それが意識されるかどうかはともかくとして――自分のテリトリー意識の表れにもなる。つまり、地名は、自分の帰属意識やローカリティの表出の一部となる場合もある。

わたしはWhere are you from? と訊かれたときに、Japan よりもTokyo と答えることが多い。会話が弾めば、東京のeast side だとかUeno だ、などと補足説明をする。それは「日本」という領域が、あまりにも広く漠然としたものに思えてしかたないからだ。「広い」というのは、物理的にではなく社会的に、ということである。どこまでが日本の領土かと喧々諤々する人もいるが、異文化論[5]の観点からみると、おなじ政治・経済システムにあるはずの日本のなかに、さらには東京と呼ばれる地域のなかの異文化が気になるのだ（少なくとも筆者にとっては、東京の西側は異文化に思え、だからどうしても、「東京の東側」と言いたくなる）。

このように自分の出身地や居住地をどう他人に説明するか、こだわりをもっている人にとって、エリアの呼び名は重点項目のひとつである。近くのわかりやすい駅名を使う人もいれば、何十年も前に公式には使われなくなった旧名でいう人もいる。廃藩置県（一八七一年）以前の地名をさりげなく使う年配者もしばしばみかける。地図に載っていない通称を使うこともあれば、適当に近くの知名度の高い地名を使う場合もある。いずれにしても、特定のエリアの名前を呼ぶのは、そこではない「ほかのエリア」

とのちがいを意識していることの表れでもあり、そうした「ほかのエリア」との差異化をとおして「わたしのところ」を、そして「わたし」を他者にアピールしているということなのだ。

行政的な境界と、自分が思うところのローカルな境界は、かならずしも一致しているとは限らない。むしろそのようなケースのほうが、多いかもしれない。たしかに近代社会においては、福祉、教育、納税から各種の登録に至るまで、行政的・制度的な境界線（市区町村・都道府県の境界）に区切られた領域を意識せずにはいられない。しかし、さまざまなライフ・スタイルの登場や、移動手段・通信技術がグローバルなネットワークを発展させたことによって、そういった生活のエリアと自分が帰属する共同体、自分が関わる行政的なエリアが、それぞれ一致しないケースが多くなった。それだから、「コミュニティ」の概念そのものが再考されているのも理解できる。[6] インターネットや衛星放送を通じて、世界各国に広がった移住者や思想信条を同じくする人々は、同じ空間にいなくとも「コミュニティ」を形成していたり、インターネット上では実在するかどうかわからない人物との親密な社会関係もまたコミュニティといってよいだろう。また逆に、同じ空間（行政区）のなかにいても、まったくちがった「世界」を生きている人々もいる。ゲーテッド・コミュニティもそのひとつだが、そこまで物理的に「隔離」されていなくとも、行政的に区切られた領域のなかに異なった社会が同時に存在する例はめずらしくない。

人間が生活を営むエリアについて議論するときに、以上のようなさまざまな社会関係の可能性に目を向けなければならない。行政区画にあてはまらないローカルな領域もそのひとつである。

本書で取材したローカル・メディアの編集者らが口を揃えていうように、行政区画の狭間の領域においては、生活者にとっての「地元」の情報がゆきわたっていないという不満があったり、また「地元」

への関心が薄いといった問題がある。それを解決すべく、タウン誌やミニコミ誌の編集者たちは日々奮闘しているのである。しかし一九九〇年代後半ごろから有料のローカル・メディアは苦戦を強いられ、代わってインターネット上での情報サイトやフリーペーパーがその勢いを増している。

ある地域についての情報がほしければ、インターネットでの検索で十分に足る量の情報を収集することが可能になった。「ローカルな情報」とされるものも十人十色である。各自の置かれた状況に応じて、お手軽に情報ツールをカスタマイズし、必要な情報だけ手に入れられる。そして自分の好きなようにそれらの情報を並べて発信する。そういった情報環境を望むのであれば、インターネットはすこぶる都合のよいツールであろう。近所に住む友人をつくりたい、自分が住んでいる地域内で子育ての悩みを相談できる仲間がほしい、それに関する情報交換をしたいといった要求を満たすサイトも続々と誕生している(7)。

またそれとは逆に、行政区域以外あるいは行政区を越境したエリアの情報や、ごく狭い範囲の(たとえば団地の敷地内の)ローカルな情報は、わざわざインターネットで探さなくても口コミで十分だという人もいる。

しかしながら、いくつかのローカル・メディアを取材してみると、「死活問題」のレベルではないが、その土地の文化や歴史に関する情報や、インターネットでも口コミでもない紙メディアでの情報が、住民の一部に必要とされていることがわかった。正確にいえば、住民〝すべて〟がそう感じているわけではないが、少なくともそれぞれのローカル・メディアを発行する人々(編集者たち)は、一住民として実際にそれを求めていたのである。それだから彼らは、『谷根千』なり、『シティライフ』そして『渡良瀬通信』なりといった紙メディアを発行しつづけてきた。当初は『谷根千』だけを取材していたが、それと類似しつつ、もうすこし広い範囲をターゲットにしたローカル・メディアがないものかと探していたときに出会ったのが、『シティライフ』と『渡良瀬通信』であった。

経済的にも体力的にもけっして楽ではない雑誌の出版状況のなかで、それでもあえて「紙」にこだわり、行政的な境界線の狭間のエリアをターゲットにしたローカル・メディアの編集者たちは、一様に地元への愛着を口にする。本章では、紙メディアを発行する彼らの地道な取り組みを追いながら、これからの地域振興のあり方を考える方向性を模索したい。

ローカル・メディアの類型——界隈型／沿線型／沿川型

まずは『谷根千』『シティライフ』そして『渡良瀬通信』、それぞれの特徴を簡単に整理してみよう。これらは経営形態や規模がまったくちがう媒体であるため、別個の事例として扱われるべきかもしれないが、類似する点も多く、比較するに値する「紙」媒体である。たとえば、広告収入への依存の度合いは、『谷根千』『渡良瀬通信』、そしてフリーペーパーである『シティライフ』の順に高いが、ターゲットとするエリアはいずれも行政区画の狭間である。そこで、ここでは本書の主旨に即したかたちで、ターゲットとするエリアの定め方に従ってそれぞれの特徴を界隈型、沿線型、沿川型に類型化してみた。

界隈型ローカル・メディアである『谷根千』は、一～二キロ四方のきわめて狭い範囲——なんとなく生活圏として感じとられる「界隈」——で、徒歩や自転車で楽に動ける範囲をターゲットにしたローカル・メディアである。四区にまたがる谷根千は、それぞれの区役所からは遠く、そのエリア名を示す正式な駅名、あるいはそのエリアの中核となる駅もない。それゆえ、次の沿線型とはちがい、鉄道駅周辺の情報が集中することもない。提供するローカル情報のジャンルは広く、ターゲットとする物理的範囲は狭いため、商業的な記事よりも日常生活や住民の個人的な思い出、地域の歴史や文化、時事問題と地域社会に関する情報が中心となる。

次に、沿線型ローカル・メディア『シティライフ』は、界隈型よりもかなり広い範囲を対象にしている。京都府、大阪府、兵庫県と行政区域をまたいで鉄道の路線に沿って、主要な鉄道駅を中心にして広がるエリアをターゲットにしたローカル・メディアである。鉄道駅の周辺が主なターゲットになっているため、自治体の行政の中心地も含み、デベロッパーとも協力的な関係にある。『シティライフ』は、主に大阪府の東部、茨木市、高槻市、吹田市、箕面市など（北摂エリア）を主な対象にしたフリーペーパーである。

最後に、沿川型ローカル・メディアの『渡良瀬通信』である。『渡良瀬通信』は、群馬と栃木の県境を流れる渡良瀬川流域（沿川）——足利市、館林市、みどり市、桐生市など——をターゲットにした有料のローカル・メディアで、界隈型よりも広く、行政区画をまたいで河川（渡良瀬川）に沿って広がる街々をターゲットにしている。このエリアでは、公共交通機関のネットワークを利用するよりも自家用車などの利用が多く、モータリゼーションがすすみ、この点で鉄道駅周辺の情報を中心とした沿線型とは異なっている。地方行政の中心地もターゲットエリアに含むが、行政単位ではない情報の提供が編集者のねらいである。

これらのメディアが関心をよせるローカルな領域は、いずれも一般的によく名の知られた文化圏ではない。制度的に明確な境界づけがなされた地域でもない。いわば「マージナル」なのである。しかし、行政区画においてマージナルであることがローカルな文化単位の成立・維持の障壁になっているわけではない。鉄道の路線や交通網、河川、山々などの自然の地形が、ローカルな領域（もしくはローカル文化）の形成の一端を担っている場合もある。さらに、前章までで論じてきたように、ローカル・メディアが土地への名づけ（記号の付与）を行うことによって、ローカルなところへの愛着やその土地の知名度の向上に貢献しているケースもある。商業的な文脈のなかで「つくりだされた」エリア名であろうと、あるいは語呂で組み合わされたエリア名であろうと、そのエリアへの名づけと情報行動（人々のコミュニケーション活動）のなかでそれが文化単位として扱われることもある。名づけによって、そしてその地名を使い続けることによって、それ以外のものと区別されたローカルな領域が境界づけられるからである。コミュニティを文化単位に置き換えて考えてみると、A・ハンターによる「コミュニティのシンボルが名称と境界線であり、それがコミュニティの定義をつくりだす」（Hunter 1974：71）という指摘を、あらためて理解することができる。

以下では、（株）シティライフNEWの代表で『シティライフ』の代表取締役社長兼編集長の池谷綱記と、（有）みにむ代表取締役で『渡良瀬通信』編集発行人の野村幸男、そしてそれぞれのローカル・メディアの読者らに対して一九九九〜二〇一〇年に行った聞き取り調査をもとに、ローカル・メディアの比較検討をしてみたい（敬称略）。そのなかから、これからのグローバル化のなかでのローカル・メディアの役割や、地域振興とメディアについて考えてゆく。

2 沿線型ローカル・メディア――『シティライフ』について

鉄道路線と北摂文化圏

大阪府の東部、茨木市、高槻市、吹田市、箕面市（北摂エリア）などを対象にした地域情報を提供している『シティライフ』（図4-1）の前身は、『リサイクラー』というフリーペーパー（一九八六年六月に発行開始）で、「譲ります／譲ってください」といった記事が中心のリサイクル情報誌であった。その後一時期、『シティライフ』の現在の発行元シティライフNEWは、土地販売、地域開発のデベロッパーである太平産業（一九四五年創設）の企画事業部として吸収合併され、地域開発の一環として地域新聞をつくっていたが、その後（有）シティライフになり、二〇〇七年四月、太平産業から完全に離れ(株)シティライフとなった。

『シティライフ』はタブロイド版（24～32ページ）で、毎月一回、一日に発行されている。『シティライフ』の公式サイトを見ると、その目的は「グルメ・ファッション・美容・健康・カルチャー・子育て・住まいなど、毎日の暮らしに役立つ情報、毎日の暮らしに豊かな彩りを添える情報」の提供で、読者は主に三〇～四〇代の女性が多いとされている。

調査を始めた一九九九年ごろは、高槻市、茨木市、摂津市、吹田市、豊中市、箕面市などを中心に展開していたが、二〇〇四年一月からは北摂をWESTとEASTに分け、さらに二〇〇七年九月より阪神エリア（神戸）も対象にするようになった（表4-1を参照[8]）。現在の『シティライフ』がターゲットとするエリア設定においては、大阪府の東部、茨木市、高槻市、吹田市、箕面市、池田市、摂津市、豊中市、島本町、そして兵庫県の南東部の神戸市が一括して「北摂」とされている(9)。

　編集から販売に至るまでの過程を、すべて少人数で行っている『谷根千』とはちがい、『シティライフ』の場合、二五～三〇人体制で運営（取材、編集、営業など）をし、ポスティングや設置方式を利用して無料で配布している(10)。

　季刊で発行部数も一万部前後の『谷根千』の広告費収入は経費全体の三割程度であったのに対し(11)、『シティライフ』はほぼ一〇〇％広告収入で成り立っている。ただし二〇〇八年以降の不況によって広告費は減少しており、二〇一〇年現在はイベントや雑誌販売などによる収入が増えてきている。

図4－1　『シティライフ』の表紙

　さらに『シティライフ』は、二～三キロ四方のエリアを対象にしていた『谷根千』とはターゲットとするエリアの規模がかなりちがう。『シティライフ』は鉄道に沿っておよそ四〇キロにわたるエリアを対象として、各エリア二〇万部ずつ、計六〇万部を毎月発行するフリーペーパー（ローカル・メディア）である。配布・販売形態だけでなく、ターゲットとするエリアの範囲の広さ、人口（読者数）の規模がまったくちがうという点で、これらはまったく対照的なローカル・メディアといってもよいだろう。

表４－１　『シティライフ』のターゲットエリアと発行部数

阪神〈20万部〉		北摂 WEST〈20万部〉		北摂 EAST〈20万部〉	
西宮市	112,480	吹田市	66,391	高槻市	90,631
芦屋市	17,400	豊中市	69,647	茨木市	67,499
宝塚市	33,615	箕面市	32,935	摂津市	9,342
伊丹市	17,220	池田市	11,375	島本町	5,247
東灘区	15,110	摂津市	1,785	設　置	27,281
設置（川西市含）	4,635	設　置	17,326		

出所：http://www.citylife-new.com/CL/CL.html, より作成。

しかしながら、前章まで論じてきた『谷根千』と『シティライフ』は類似するところもある。それは、『シティライフ』の――後でとりあげる『渡良瀬通信』もそうだが――エリア設定の仕方、紙媒体への編集者の強い思いと、編集者ならびにローカル・メディアと地域（ローカルなエリア）との密接な関係である。

北摂エリアは、とくに公的な制度的境界線に区切られていないエリアの呼称であり、『シティライフ』はその「北摂」のローカルな情報を提供するメディアである。そのエリアに対し、編集者（ローカル・メディアの作り手）は特別な愛着をもっている。

『シティライフ』の編集方針について、「自分が（読んでいて）面白いか？」が紙面をつくりあげるときの基準で、「（体裁は）やっぱりとびらがあって本文があるほうが読みやすいし、（略）できるだけ（紙面には）北摂エリアに住む人をたくさん出したい」と池谷は語る。このことは『谷根千』においてもつねに意識されていたところである。

自分たちの町（＝日常の生活）に関わる問題を、読者とともに考え、歴史を再発見してゆく『谷根千』とは、その経営方針やローカル・メディアとしての方向性において異なっているものの、行政圏にとらわれないローカルな領域への愛着とその価値を高めること（住民にその価値を気づかせること）を目的としている点では、『谷根千』と『シティライフ』とは共通するものがある。

『シティライフ』では、ほとんどの編集者が「地元」北摂エリア内に居住し、編集長の池谷自身も四〇年以上、北摂エリア内に居住している。かつては、新しく社員が入社するとかならず、北摂エリアに引っ越してくるように誘っていた。情報収集をしたり雑誌の企画を考えたりするうえで、地元に居住し生活者としての視点をもつことは重要だと考えているからだ(12)。この雑誌と北摂というエリアへの思いを、池谷は次のように語った。

> 山、自然が多くて（高槻・茨木市の）七割が山。いいところに住んでいるのに、なんでみんな大阪とか京都に出て行ってしまうんだろう?という疑問があって。（北摂地域は）泉州よりも二〜三割地価が高い、いわばブランドですよ。大阪と京都のあいだに、ゼロから新しい文化圏がつくれないかな。（略）茨木・高槻の人は、豊中にはあんまり行かないけど、そこを活性化したいと思って。
> （Interview 2001. 10. 31）

「北摂」と呼ばれるエリアを、「北摂文化圏」と呼ぶ郷土史家もおり(13)、歴史的遺産や美しい自然も多い。その一方で、北摂は高品質の住宅が並ぶエリアでもある。一九二〇年代からつづく阪急電鉄の企業戦略（郊外住宅地開発や百貨店の拡大など）が「北摂から阪神間を阪急平野と呼ばしめる独自で高品質の居住選考の高いエリアの生産」につながっていったのである（水内・加藤・大城 2008：89）。「近畿圏では最も地価の高い住宅地」（『日経トレンディ』一九九九年四月号、七四ページ）を抱える北摂エリアは、転勤族が多いのも特徴である。そのため、「地元」への特別なこだわりや愛着などが育ちにくいのかもしれない。実際インタビューをした『シティライフ』読者（高槻市や茨木市に在住）も、不動産屋で「北摂エリア」という語をみかけることはあるものの、住まいの場所を訊かれたときに「（私は）北摂に住んでいます」とはいわないし、またほかの読者は現在居住しているところ（北摂エリア内）は新興住宅地なので近所との関わりが薄くて少しさびしいと語っていた(14)。

愛着が育っていないから大手のタウン誌が「北摂」をあまりとりあげないのか、あるいは、そうであるがゆえになかなか愛着が育たないのか、簡単に結論を出すことはできないが、二〇〇二年ごろまでは「北摂」という呼称が、若者に人気の雑誌やテレビ番組などに登場することはなかった。そこに目をつけたのが『シティライフ』であった。

二〇〇一年のインタビューで池谷は次のように語っていた。北摂エリアは「大阪市内と京都との間に位置しているものの、どちらの文化圏にも入らないエリア」であり、それゆえに（雑誌の編集に際しては）〝北摂〟という土地へのこだわり、特化が強くある。

「大きな媒体（『るるぶ』や『Lmagazine』）では、〝北摂〟といういい方で（このあたりが）紹介されたことはないですね。（『シティライフ』がやっていることは）いわゆる『すきま産業』なんです。だからビジネスが成り立つ。大手出版社が来られないようなエリア。（たとえば『シティライフ』の別冊というかたちで出版した）『北摂グルメ』は、『Lmagazine』が出しているグルメ本とほぼ同じ部数を売りました。」

(Interview 2001. 10. 31)

こういった北摂へのこだわりが、『シティライフ』を特徴づけているといってもよいだろう。「北摂のひとと暮らしをネットワークする」ことを謳っていることからもわかる。

シティライフNEWは、フリーペーパー『シティライフ』のほか、『北摂グルメ』（図4－2）をはじめ、あくまでも「北摂」という名称にこだわって書籍（ガイドブック）を出版している。たとえば、北摂エリアを走る鉄道やモノレールの駅や風景写真を特集した『北摂ココチ』（二〇〇八年三月刊）や、女性のためのビューティーサロンやカフェ、レストランなど「女性がキレイになれるスポット」を紹介する『北摂キレイ』（二〇〇九年二月刊、同シリーズには『阪神キレイ』もある）、北摂から阪神にかけてのランチが食べられるレストランを紹介した『ランチに行きましょ！』（二〇〇七年三月刊）、さらに、レストランと同時にお弁当が食べられる公園なども特集した『ランチに行きましょ！　vol. 2』（二〇〇九年四月刊）などである。

図4－2　『北摂グルメ』の表紙

では、『シティライフ』以外のローカル・メディアでは、「北摂」はどう扱われているだろうか。大宅壮一文庫のデータベースでみるかぎり、若者をターゲットにした紙媒体のローカル・メディアにおいて「北摂」エリアの設定がよく見られるようになったのは二〇〇〇年代に入ってからである。

「北摂」というエリアを特集しているタウン誌を探してみると、たとえば、『関西 Walker』（角川クロスメディア）が記事のなかで「北摂」というエリア名を出したのは二〇〇二年四月一六日号の「GO！GO！ドライブデート　春満開スペシャルコース2　北摂・お手軽桜めぐりドライブ」（二二〇ページ）で、また同誌は二〇〇四年七月六日号の「北摂Walker」と題した特集記事を掲載している。さらに、『大人組』編集部（プラネット　ジアース）が発行する『おいしい店——北摂101軒』（二〇〇四年より年一回発行）の二〇〇八年度版では、高槻・茨木エリア／摂津・吹田エリア／豊中エリア／箕面エリア／池田・川西エリア／伊丹・宝塚・豊能町・能勢町・猪名川町エリアといった地域をまとめて「北摂」とし、各エリアのグルメ情報が掲載されている。

　京阪神のローカル情報を中心に扱う雑誌『Meets Regional』（京阪神エルマガジン社）が初めて「北摂」特集を出したのは、二〇〇九年五月号、さきの二〇〇二年のインタビューの七年後であった[15]（図4-3）。『Meets Regional』においては、北摂は「厳密な定義はないが、旧摂津国の北部地域を指す。摂津国から現在の大阪市域、神戸市域、堺市域を除いた地域とも言い換えられる。兵庫県南東部の《ママ》一般的に「阪神」の呼称が定着しており、区別されることが多い。便宜的に北摂7市という場合は、高槻市・茨木市・摂津市・吹田市・豊中市・箕面市・池田市を指す。7市3町の場合は豊能町・能勢町・島本町を加える」と説明されている（一四頁）。

『Meets Regional』の編集者で北陸育ち大阪ミナミ在住の桃井麻依子は、取材をする前の「個人的にもご縁が無かった」北摂の印象を「ちょっとハイソなクラスのご家族が居を構える街で（偏見）、その人たちが行くであろうレストランやカフェやブランジュリーには、ミナミからはちょっとイイ服に着替えて行かねばならん（偏見）ような感じ、的アウェー感を抱いていた」が、しかし実際取材してみると「数々の『どや！』顔とノンストップ北摂自慢」に遭遇し、「地元・北摂への溢れる愛の形」がみえてきたと書きとめている（五頁）。

　では、この特集は、北摂に居住する人々にとってどういった意味をもっていたのだろうか。中学生のときから茨木市に居住するB. N. は、「北摂に住んでいます」とはいわないものの、北摂が雑誌の特集にとりあげられることを肯定的に捉えているという。

「こじゃれたお店やこだわりのレストランなんかを特集するミーツ（注『Meets Regional』のこと）が北摂特集をやってくれたとき、なんか『みとめられた』感じあった。自分がよく行く店も載っていて、うれしいなと思った」と語る（Interview 2010. 4. 13）。

図 4－3　『Meets Regional』2009年5月号，京阪神エルマガジン社

　北摂の住民は、地元によいお店があるにもかかわらず、食事や買い物に関しては大阪、京都に目が向いてしまう、と池谷が嘆いていたように、北摂エリアもしくは北摂へのローカルな帰属意識は、当該エリアの住民にしっかり根づいているとはいえない。そういった意味では『シティライフ』以外にも、北摂をとりあげた雑誌や記事が出てきてくれることは、競合してはいるものの、とにかく北摂エリアが注目され、ブランドになってきているようで「嬉しい」

と池谷はいう。

こういったローカルな情報を提供する人気の雑誌において、北摂（という呼称）がとりあげられることが「嬉しい」という感覚は、おそらくそのエリアへの愛着やそこに住むことへの誇りを喚起するだろう。桃井が取材のなかで出会ったという「ノンストップ北摂自慢」が『シティライフ』創刊のころ（一九八〇年代）にもあったかどうかは定かではないが、「（お洒落な）ローカル・エリア」と肩を並べるような社会的位置づけが「北摂」と呼ばれるエリアに与えられることは――それが妥当なものがどうかは別として――、ローカルな帰属意識を醸成してゆく条件のひとつとして数えられよう。そのきっかけをつくったのが、北摂という呼称にこだわった『シティライフ』だったのではないだろうか。

ところで、北摂という呼称での特定のエリアのくくりは、たとえば、行政広域圏の呼称としてもよく利用されているのだが[16]、その一方で、その内部においては地域的（住民の意識のうえでの）ちがいがある。たとえば、高槻と茨木ではそれぞれ異なったイメージが与えられていることは、池谷だけでなく読者へのインタビューからもうかがえる。読者のひとりK. T. は、食事会などをするときに、高槻に住んでいるメンバーがそのなかにいなくても、また高槻と同じチェーン店がちかくの町にあっても「どういうわけか高槻の店舗のほうに行ってしまう」のだという（Interview 2010. 4. 19）。また、B. N. からは「どんな特急でも停まる高槻のほうが（茨木よりも）お上品な感じがする」という発言も聞かれた（Interview 2010. 4. 19）。

北摂は一般的に、なんば～心斎橋界隈にかけての「大阪ミナミ」エリアや、南大阪、堺、南海線方面の「泉州」エリア、そして「大阪市内」エリアなどとの対比において、高槻～西宮、宝塚までを指す呼称として使用されてきた。また『日本地誌』では、豊中・池田・箕面などの住宅都市（宝塚線沿線）、吹田・茨木・高槻などの住宅兼工業都市（JR京都線沿線）、さらに能勢町・東能勢村の純農村地帯（能勢電沿線）を「北摂地域」と総称している（日本地誌研究所 1974：204）。しかし、実際に『シティライフ』が対象としているエリアは、二〇〇四年にWEST版ができるころまでは、「読者のニーズとクライアントとの関係で配布エリアを決めて」いたため、以上のような「北摂」定義からすればかなり狭い範囲であった。さらに、先に挙げた各種雑誌で言及されるところの北摂の定義も、明確に定まっているわけではなく、北摂の中にも違いがある。そのことを考えれば、北摂というくくりのエリアも、谷根千と同様、フレキシブルで不明瞭な境界線によって定義づけられているのである。このような「内なる差異」が生じていながらも、それを一括するひとつのエリアをターゲットにしているところが、『谷根千』と類似している点である(17)。

『シティライフ』流の「ゆるやかな」ネットワークづくり

『シティライフ』は、たんなる情報発信をするだけでなく、編集者もふくめ、読者や北摂住民の「ネットワークづくり」に積極的に関わっているところにもその特徴がある。広告収入が三割程度の『谷根千』とは対照的に、積極的に広告主と関わり、グルメガイド本などの出版、イベントの企画・運営に乗り出しているが、池谷は『シティライフ』が、いわゆる「ホットペッパー倒産」をまねくこともあるクーポン付フリーペーパーとは一線を画していることを強調する。

「クーポンを付けること」自体が悪いわけではないが、クーポンを持参した客が大挙してやって来ては、クーポンのサービスを享受し、やがて潮が引くように来なくなり、そのころには常連の客も離れていくことをホットペッパー倒産というが、このように小さな店舗が閉店に追い込まれることがないように、長い目で町づくりを応援したい、そして人々のネットワーク構築や社会問題への取り組みを「楽しく」応援してゆきたい、というのが、池谷のめざすところである。

その一環として出てきたのが、大小のイベント企画・運営である。たとえば、中高年の男性たちが「カッコよく」発表できる場をつくり、子どもたちが「大人になることが楽しみになってくれれば」と思って始めた「おやじバンドフェス」や、吹田の万博公園で二〇〇六年秋からつづけている「ロハス・フェスタ」(18)などがその代表例として挙げられる。

「おしゃれでかわいくエコを実践しよう」という呼びかけで始まったロハス・フェスタは、手作り雑貨やアクセサリー、あたたかみのある家具やアンティーク、「こだわり食材」を使った手作り食品の販売(19)、ワークショップなどが行われるイベントである。「ロハス」(20)と「エコ」を「楽しく」実現しよう、というのがこのイベントのコンセプトで、「ヒト・モノ・コトへの新しい出会いや再会、いろんな人たちとのつながりが生まれる場所」になったと公式ウェブサイトには綴られている(21)。

『シティライフ』が、こうしたイベントを開催するのは、たんなる商業的な戦略のためだけではなく町の人々のネットワークづくりのためでもある。フリーペーパーを発行する試行錯誤のなかで出てきた、かれらなりの「町づくり」の方法なのである。

ところで『シティライフ』は、北摂エリアの地域情報の収集力を評価されて、大手不動産会社からあるタウン誌の制作を依頼されている。不動産会社側の目的は、なるべく不動産宣伝広告に見えないように地域の物件を宣伝し、そしてなによりも自社が開発に関わるエリアの「地位《ちぐらい》」を上げること、つまり土地をブランド化してゆくことにある。こういった手法の不動産広告は、北摂だけでなく日本全国あらゆる地域で行われている。駅でその周辺エリアの情報を載せた目新しいフリーペーパーのなかに、不動産会社が主要スポンサーと思われるローカル・メディアをいくつもみかける。かなりお金をかけたと思われる「リッチな」表紙のわりに内容が乏しかったり、その逆もあったり、それぞれを手にとってめくってみるとおもしろい。

『谷根千』の場合、先にみてきたように、どこかのデベロッパーと協力して意図的に当該エリアをブランド化したわけでない。幸いにもというべきか、不幸にもというべきか、都市開発に「乗り遅れた」土地が、ローカル・メディアの創刊をきっかけに谷根千という「ブランド」となっていった。

ただし、谷根千は特殊な事例であろう。いくらローカル・メディアがその土地のよいイメージを「宣伝」したからといって、かならずしも地位が上がるとは限らないからだ。まして都心以外のマンション価格が全国的に下がりつづけるなかで、ブランド化の切り札をローカル・メディアだけに託すのはあまりに単純すぎるし、また非現実的である。仮にそれが成功したとしても、どれほどの経済効果が「すぐに」期待できるのかといった疑問はぬぐいきれず、また結果が出るにも時間がかかるため、現時点でローカル・メディアの土地のブランド化への影響について安直な結論を出すことはできない。

しかしながら、ここで注目しておきたいのは、ローカル・メディアが土地のブランド化を成し得るか否かではなく、ローカル・メディアとデベロッパー（もしくは広告主）との関係のなかで展開される、ローカル・メディアの「メディア」としての文化的な影響力である。(22)

これら二者の関係と地域振興をめぐっては、次のようなジレンマ（問題）が起こり得る。たとえば、読者（住民）の意向に沿わない土地開発計画を、そのデベロッパーが圧倒的な経済力で暴力的にすすめてゆくような場合、そこからの広告収入に頼るメディア産業がその板ばさみになるということもまったく考えられないわけではない。広告費に多くを依存しているメディアの場合――それはフリーペーパーに限らないが――、広告主との関係や、広告の内容の吟味、掲載の仕方など、ときに読者の不利益を引き起こすような事態も想定できる。

デベロッパーや大手の広告主に依存しない『谷根千』では、販売収入が制作・運営費の約七割を占め、広告収入はわずか三割ほどで、この他は「谷根千工房として編集や制作の下請けをしたり、工房として講演料や取材の謝礼が出たりした時の収入」があったという。経営的にはつねに厳しい状態がつづいていたが、『谷根千』は広告費にあまり依存していなかったため、記事内容もそれほど広告主の顔色をうかがうことなく、編集者たちが好きなことを書けたという。そして、編集者は広告主とある程度顔見知りの関係にあったからか、広告に対するクレームもほとんどなかったようだ。

これとは対照的に、『シティライフ』の運営は、太平産業からの独立後は、一〇〇％広告収入でまかなわれている。ただし、『シティライフ』は広告の掲載や広告をめぐるトラブルなどに対して、かなり気を使っており「処理され分類された情報を提供することを意識的にやっている」のだという。

たとえば、広告の掲載基準については「新聞社に比べると甘い基準かもしれない」としつつも、「比較写真を載せないとか、免許がないところ（もぐりのところ）は載せないとかの基準は自分たちで決め」、できるだけ（店舗などに）確認をしたうえで掲載している。もし広告に対してクレームが来た場合、読者がなんらかの不快を感じたことは事実だという認識のもと、大抵は読者側に立ち、クライアント（店側）と読者（客）との問題を、「解決しなくても納得してもらうまで」ある程度の時間をかけて対応をしていると池谷はいう（Interview 2001. 10. 31, 2010. 4. 19）。

また、これまで「意見広告を載せてほしい」と高額な広告費を提示されたこともあったが、特定の主義・主張、政治、宗教からは距離を置くことを貫いているため「断った」という。[23]政策の問題などに対し、賛成や反対をあまりに明確にしすぎるとスポンサーが離れていってしまうからだ。[24]

広告主とメディアとの関係、具体的には広告主の意向が、広告を出しているメディアのなかに強く反映されることがあるという問題は、経済状況が悪化の一途をたどる近年、フリーペーパーのみならず、マスメディア全体が抱える問題のひとつである。[25]もしも、必要な情報を運ぶ媒体の生命線が、広告主や権力者にがっちり握られていたとしたら、自分の地元の運命を決める重大な情報が、かれらの都合のいいようなかたちでわたしたちに届けられているとしたら、と考えると背筋が凍る。「王様は裸ではないのか」と疑問を呈することが、マスメディアのみならずローカル・メディアの役割のひとつであるとするならば、その役割がなんらかの圧力で骨抜きにされてしまうこともあるだろう。「王様は裸だ」と叫ぶ「声」が奪われたり、そんなことを大声で叫ぶことの「不適切さ」が喧伝されることもあるかもしれない。

周知のように、ローカル・メディアに限らず、ほとんどのメディア産業は、広告主との関係を悪化させれば経営が危うくなり、そもそも新聞の発行や番組の制作さえできなくなってしまう。とくに広告収入のみのフリーペーパーは、全面的に広告主の意向に従っているメディア、あるいは、政策が絡む「町づくり」（地域活性化の問題や政治的論点の提起）などには向いていないメディア、とみられがちである。中央権力や地元の有力者、巨大な資本家たちの声よりも、市井の人々の声を広く伝えることがローカル・メディアの役割であるとするならば、昨今の経済的状況の下のフリーペーパーはローカル・メディアには不向きかもしれない。しかしその方法はいろいろある。

『シティライフ』の取り組みからは、広告費で発行されるフリーペーパーでありながらも、ゆるやかで肩に力の入らない「自己主張」が感じられる。『谷根千』も同様のところがあり、政治的な問題からは距離を置いたり、明確な姿勢を打ち出したりするのではなく（「反対業者みたいになっちゃうんじゃなくて」とインタビューで語っていたように）、町の記憶を記録することから始めて、自分たちの住む町の良さに人々が気づき、愛着がじわじわと湧くような雑誌を育ててゆく、そういった姿勢で編集者は町と関わったのである。このようなローカル・メディアの活動から、それぞれのメディアの特性を活かしたさまざまなかたちの「社会貢献」や「社会批判」のあり方をうかがい知ることができる。

『シティライフ』は、読者のネットワークを、イベントをとおして育もうとしている。政治的な争点を中心にした明確なメッセージを「伝える」ことだけがローカル・メディアの役割ではない。人というメディアを組織するのもローカル・メディアなのだ。『シティライフ』の場合、自らが主催・運営するイベントを数多く行っている。そういったイベントを行うことによって、『シティライフ』は、人々がそれぞれのライフスタイルや属性に応じたネットワークづくりができる場を提供しているのである。実際、読者のひとりT．N．は、自分の住んでいるところは新興住宅地のためか自治会や町会がないので、『シティライフ』が企画してくれるイベント（たとえばロハス・フェスタなど）がとても楽しみだと語っていた（Interview 2010. 4. 19）。

ロハス・フェスタにしても、「生真面目に、ストイックに」環境問題について考えるのではなく、より馴染みやすいかたちで「楽しく」やりたいのだと池谷はいう。だから読者とはまったく関係のない人々も巻き込んだ「フェスタ」が実現するのだろう(26)。

『シティライフ』というメディアは、ローカル・メディアとしての人をオーガナイズし、そのための場をつくりだしているのである。これもローカル・メディアの役割のひとつではなかろうか。政治的な思想信条を全面的に展開するメディアとしてではなく、ローカルなところで「ゆるやかな」対話のネットワークを支えるメディア（人と人とを媒介するもの）として活動するのも、ローカル・メディアのひとつの姿である。

先の喩えでいえば、「王様が裸であること」を指摘できなかったのは、人々の対話がなかったからかもしれない。あるいは、「王様が裸であるわけがない／あってよいはずがない」という思い込みを取り除くのもまた人々の対話なのかもしれない。そのように考えると、「王様が裸であること」を直接伝えることだけでなく、ローカルなネットワークを構築するということもまたローカル・メディアの重要な役割なのである(27)。

インターネットと紙媒体

『シティライフ』は、かなり早い時期からインターネットを意識し、一九九〇年代後半には、積極的にインターネットを視野に入れたビジネス展開をしてきた。

日本におけるインターネット利用率は一九九〇年代後半あたりから急速に上がった。日本のインターネットの人口普及率は、総務省の「通信利用動向調査」の各年度版によれば、一九九七年度末には九・二%であったが、二〇〇四年度末には六二・三%に、二〇〇九年度は七八%にのぼった(28)。目的別のメディア重要度の比較に関する調査でも、生活情報の取得は、「インターネット」「テレビ」が圧倒的に多く、「雑誌」は三番目となっている(インプレスR&D「インターネット白書」二〇〇九年版)。

インターネットの普及が、紙媒体の購読者の減少に影響していることは考えられるが、インターネットをよく利用すると思われる人でも、三割前後が有料情報誌を毎月一冊は購入しており、その購入頻度は二～三年前と変わらないと答えた人も六～八割いるというデータもある(日経産業新聞編 2004)。同じ調査では、年齢層によるちがいはあるものの、購入するジャンルがもっとも高いのは(全体では)「地域・タウン」情報誌が二三・五%をしめている。

ローカルなコミュニケーションの場の提供をウェブ上に設けることについては、ここ数年各自治体やNPOが着目しているが(29)、ネットか紙かという対立関係に拘泥してしまうと、ローカル・メディアとインターネットとの関係が捉えきれなくなる。『シティライフ』のように、紙媒体と電子媒体それぞれが微妙な距離感を保ちつつ補完的に並存しているケースもあるからだ。

『シティライフ』は、紙面に掲載した情報はほとんどウェブ上でも閲覧できるようにしている。池谷によれば、それによって発行部数が減ったということはない。「ウェブに紙面の記事を全部載せたからといって、(紙媒体が)まったく読まれなくなるわけではない」し、それに加えて「他県の人々(エリア外の人々)のためにも内容を公開したい」のだという。

ホームページの開設は一九九八年、立ち上げ当初はたんなる会社案内のホームページとして使っていたが、二〇〇一年一〇月三〇日の取材の前日に、ウェブサイトをリニューアルし、紙面の内容をすべてみられるようにした。紙からネットにとってかわられるのではないか、という危機感が当初あったので、ネットを利用した取り組みを始めたのだ。しかしそれでも「紙はなくならないだろう」と池谷は予測する。その理由は、「やってみて、紙面とウェブでは特徴がちがう、手段がちがうなと思った。（略）ウェブと紙面は補完しあう関係でバッティングしない。むしろ相補的。紙面で情報提供をして、（読者は）ネットでもそれが確かめられる。デジタル化されてもアナログな部分（アナログの要素）は残っているから。」（Interview 2002. 9. 13）

たとえば、『シティライフ』が出版した『北摂グルメ』も、その詳細な内容をほぼ完全にウェブ上で公開しているにもかかわらず、それをみて雑誌を「買いたい」という人もおり、一日に一～二冊ぐらいウェブを通して注文があったという。

『谷根千』は、雑誌のバックナンバーのコンテンツをそのまま載せることは、終刊後の二〇一〇年現在もしていない[30]。『シティライフ』と『谷根千』の、インターネットに対するスタンスのちがいはここにある。ただ、両者とも、アナログ（＝紙面）とデジタル（＝ウェブサイト）との関係を相互に補完しあうものとして捉えているところは興味深い[31]。

さらに、インターネットは紙媒体のコンテンツ制作に一役買うこともある。ウェブサイトを開設したことによって、それまで記者や編集者たちが足を運ばなければ集められなかったはずの情報が――たとえば、新しいお店の開店の情報なども――ウェブサイトをみた読者から編集部に送られてくることもある。つまり、ローカルな情報が自然と編集部に集まってくるようにもなったのだと池谷はいう。

インターネットというツールを積極的に取りいれる姿勢や、人々のネットワーク構築への関心は、二〇〇〇年から二〇〇七年まで『シティライフ』が手がけていた「ハピタン（ハッピータウンの略）」[32]というバーチャルタウンの開設にさかのぼることができる。そこで展開されるコミュニケーションの仕方を見ていて、人々の「アナログな部分」を感じたと池谷はいう。そこでの情報交換の内容は、北摂に限らずさまざまな地域、さまざまな種類の情報が交換されており、登録者同士のやりとりは、バーチャルな空間でなされているにもかかわらず、そこで交わしている会話の内容が、滑稽なほどにリアルだったからである（Interview 2002. 9. 13）。

以上のことからわかるように、ネットと紙が相補的な関係を築きながら、そして人間のコミュニケーションの「アナログな」部分を刺激しながら、『シティライフ』のコンセプト（ネットワークづくり）は支えられているのである。もちろんこれは、あらゆるローカル・メディアにあてはまるケースではない。『シティライフ』の購読者層の属性や、インターネットの使用能力などの諸条件が整って、はじめて可能になることだということもおさえておくべき点である。

しかしそれでも、『シティライフ』の良さを「紙」であることだと強調する読者もいる。インタビューからは「紙」であることが「ありがたい」といった意見も聞かれた。読者T. N. は、わざわざコンピューターを立ち上げて調べるのも「めんどうくさい」し、「子どもの面倒を見ながら」「お菓子を食べながら」「移動しながら」読めるのが『シティライフ』のよいところだと評価していた。また読者K. T. は、よくランチを食べに行く友人と「あの記事を見た?」と話題にしたり、「一緒に」紙面をみられる

（お店の場所などを確認できる）ことがよいという。そのため、『シティライフ』が新聞に折り込まれてこないときは、わざわざ「近くの関西スーパー[33]まで取りに行ったりする」のだという（Interview 2010. 4. 19）。

以上のような、ローカルな紙媒体に期待される特性を保ちつつ、インターネットも積極的に利用しながら、幅広い活動を展開してゆくところが『シティライフ』の強みであろう。そして、『シティライフ』の事例は、電子メディアと従来の紙のメディア（雑誌）とは、かならずしも対立するものではなく、性質が異なっているからこそ、それぞれが互いに補完的な役割を担っているケースとして注目できる。

3　沿川型ローカル・メディア――『渡良瀬通信』について

「渡良瀬」か「両毛」か？

『渡良瀬通信』（旧『みにむ』）は、群馬と栃木の県境を流れる渡良瀬川流域（沿川）をターゲットにした有料（一部二〇〇円）のローカル・メディアで（図4-4・図4-5）、「有限会社みにむ」が毎月一日、一万二〇〇〇～一万五〇〇〇部を発行しているA４変型（二八七×二一〇㎜）本文四八～六四ページの雑誌である。『渡良瀬通信』がターゲットとするエリアは、足利市、館林市、太田市、大泉市、桐生市、佐野市、（みどり市）で、そのエリアの書店、コンビニエンスストア（約二〇〇店舗）、協賛・協力店、図書館や市民会館などの公共施設、病院・医院などで閲覧・購入できる。広告を出している店舗（美容室や居酒屋、レストランなど）には何部か無料で配布し、それを店側が利用客に無料で配布することもある。

購読者層は二〇代から五〇代と幅広く、そのうち五～六割が女性である。

広告収入が九割を占め、厳しい経営ではありながらも、[34] 常時五～六名のスタッフを抱えながら二〇一〇年四月には創刊三五周年を迎えた。『谷根千』や『シティライフ』もそうだが、ローカル・メディアを長く発行しつづけるということは、並大抵の努力ではできない。この三五年を支えたのは、『渡良瀬通信』に広告を出すことで応援してくれたスポンサーや読者だと野村は謙遜していうが、それだけでなく、野村自身の人柄や感性、制作スタッフの情熱や根気強さが『渡良瀬通信』を支えてきたのであろう。スタッフには、野村の妻のほか、地元出身の若者や、結婚を機に移り住んできた女性もいる。三五周年記念号には、現役のスタッフだけでなく、すでに退社したスタッフからのメッセージも寄せられており、『渡良瀬通信』がスタッフからも愛され、支えられてきたことがわかる。

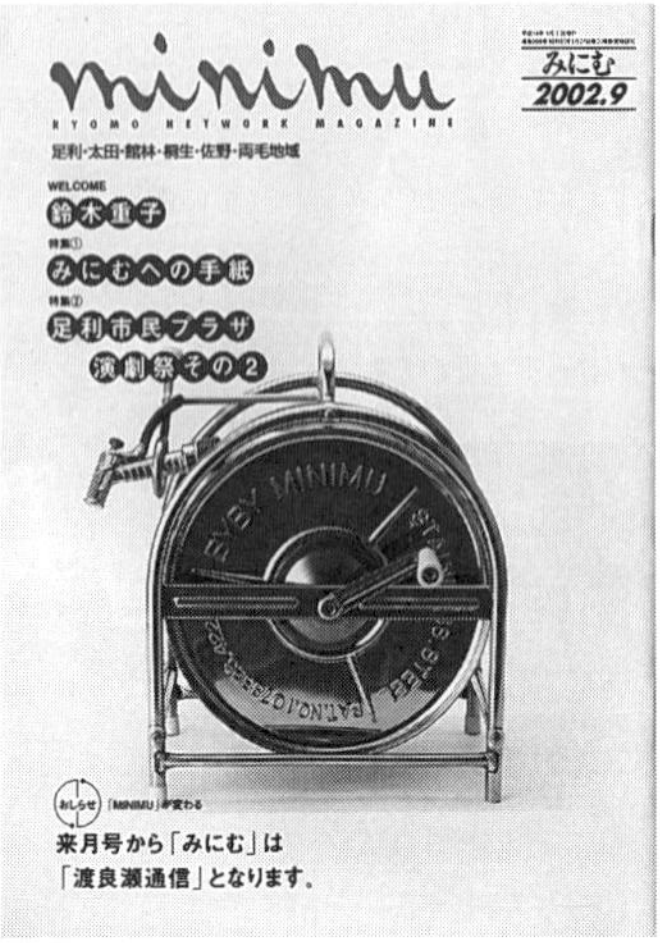

図４－４　『みにむ』最終号表紙

図４－５　『渡良瀬通信』創刊号表紙

『渡良瀬通信』は次の三つの事項を編集方針として掲げている。

(1)この地域（渡良瀬川沿川の地域＝以下同じ）の人たち（読者）がイキイキとウキウキと、豊かな日常生活を送れるような提案をしていきます。
(2)この地域の文化に光を当て、ガンバル人たちの発掘と支援をしていきます[35]
(3)協賛（広告出稿）していただく企業の皆様とともに発展していきます。

たんに広告を中心に掲載するフリーペーパーとはちがい、渡良瀬川沿川エリアにおける地域振興を文化的な側面から支援しようとするねらいがそこにある。

「基本的に（見た感じも）『きれいに』『品良く』いきたいなと思っている」と野村はいう。たしかに、『渡良瀬通信』を手にとってみると、その表紙のレイアウトや色合い、デザインの美しさに感心する。「手にとってもらえるように、いいつくりしてんじゃないの、といってくれるように、一ページでいいから気に入ってくれるページをつくりたい」（Interview 2008. 5. 3）という野村の気持ちが伝わってくる。

読者のひとりで生まれも育ちも足利というN. K.（五〇代、男性）も、購読理由のひとつとして『渡良瀬通信』のカラーやデザインの美しさを挙げ、無料クーポン誌は「（クーポンの有効期限内であっても）いらない」と思うが、『渡良瀬通信』は、「（とくに美術館特集の号などは）飾っておきたい」感じでなかなか「捨てられない」という（Interview 2010. 4. 13）。野村自身も「スポンサー側が（『渡良瀬通信』を）フリーペーパーと区別してみてくれる」（Interview 2008. 5. 3）と述べているように、N. K. もクーポン誌（フリーペーパー）とはまったく別のものとして『渡良瀬通信』を捉えているのがわかる[36]。

一方で、雑誌の美しさよりも、その内容を購読理由として挙げる読者もいる。結婚後、夫の転勤にともなって足利と館林にそれぞれ居住した経験のあるN. M.（四〇代、女性）は、東京から引っ越してきた直後からしばらくは、地元の情報を収集するため『渡良瀬通信』をよく読んでいた[37]。その際、彼女自身はレストラン情報を知るための「『Hanako』的なもの」を、一方で彼女の夫は市民会館などでのコンサート情報を知るための「『ぴあ』的なもの」を『渡良瀬通信』に求めていたのだという（Interview 2010. 5. 13）。『Hanako』は若い女性向けの雑誌で、『ぴあ』は特定のエリアの娯楽情報の提供を中心とした雑誌であるが、それらはあくまで東京や大阪などの大都市がターゲットであり、足利や館林周辺の詳細なローカル情報がそこでとりあげられることはほとんどない。それゆえ、大都市ではなく足利や館林周辺の情報で構成されている『渡良瀬通信』は、東京から越してきたN. M.にとっては、『Hanako』や『ぴあ』の「足利・館林バージョン」のような位置づけのローカル・メディアであったのだ。

渡良瀬川の沿川を雑誌のターゲットエリアに決めた理由について、毎年秋にスタンプラリーなどをやっていた「両毛広域圏」を考えたときに、渡良瀬川が共通項だと考えたからだと野村はいう。地形的には、館林や太田には一部台地があるが、佐野、足利から館林、太田、桐生にかけて渡良瀬川（全長一〇七・六キロメートル）に沿って低地がつづく。館林市の公式ホームページのリンク集「両毛広域圏」というエリアのカテゴリーには、足利市（栃木県）、明和町、佐野市（栃木県）、千代田町、邑楽町、大泉町、板倉町が挙げられているが、栃木県南西部から群馬県南東部一帯やJR両毛線沿線、あるいは群馬県桐生市・太田市・館林市・みどり市、栃木県足利市・佐野市とすることもあるようだ（藻谷 2009：25–26）。

『日本自然地名辞典』においては、両毛とは広義には上毛野国《かみつけぬ》（上野国）と下毛野国《しもつけぬ》（下野国）あるいは群馬、栃木両県を指すが「慣習的には、群馬県中央部から栃木県南部に至るＪＲ両毛線や国道50号の沿線地域」と説明されている。

このエリアは古代より毛野《けぬ》あるいは毛野国《けぬくに》と呼ばれ、五～七世紀末ごろに上毛野《かみつけぬ》あるいは上野国と、下毛野《しもつけぬ》あるいは下野国という二つのエリアに分かれたとされている。[38]毛野国の分割をめぐっては、その時期や規模、そこでの巨大勢力圏の有無などに関して諸説あるが、いずれにせよ、古くから上毛と下毛は「別々のクニとして認識されていたと考えられて」（藻谷 2009：27）おり、さらにこの二つのエリアをあえて総称して「両毛」と呼ぶところが興味深い。社会的な結びつきがなく、ただ隣接しているというだけのエリアであれば、下野国と上野国とそれぞれの地名で呼べばよいものを、あえてひとくくりに「両毛」と呼んだのは、古代社会において、なんらかのかたちで――政治的・経済的・文化的に――「両毛」という名前（記号）と比較対象となるエリアないし共同体があった、あるいは対峙しなければならない状況があった。そう考えることもできるだろう。

近代以降も「両毛」という呼称は使用されてきた。呼称が与えられ、それが人々によって用いられてきたということは、このエリアがどういった社会的繫がりのなかに位置づけられていたのかを物語る。

廃藩置県（一八七一年）を機に、従来の藩の呼称は県名に変わり、両毛エリアは分割と統合を繰り返してきた。[39]それでも両毛という呼称が残ったのは、つねに「両毛」が「両毛ではないエリア」と比較され、対峙され、場合によっては競合関係にあったからではないだろうか。[40]

藻谷浩介によれば、一八八八年のＪＲ両毛線（両毛鉄道）の開通によって、繊維産業を担う経済圏として一体化が計られたことが、県境を越えた結びつきが深まるきっかけとなったという。(41) 一体化を計るにあたっては、比較対象となるほかのエリアとの対峙関係が重要な要素となり、そういった意味では、両毛鉄道初代社長で経済学者の田口卯吉が、この鉄道は「両毛地域を日本のマンチェスターに育てるだろう」と語ったことは、注目に値する。まさに両毛というエリアが、はるか遠くイギリスの綿織物工業都市で産業革命の先駆けとなった地と並べられていたということである。藻谷も「両毛という『ブランド名』が使用されるようになったのは、どうやらこの時期らしい」と述べているように（藻谷 2009：35）、ある広域のエリアが、日本の近代化を担う綿糸紡績の中心地（ひとくくりのエリア）とみなされてゆく過程のなかで、なんらかの呼称（すなわち「両毛」）を必要とした——実際に両毛が日本のマンチェスターになったかどうかはべつにして(42)——と考えられる。

ソトの文化（異文化）との関係性のなかで、いくつかの異なったローカルな領域が一括されたり分節化されたりするとき、記号（呼称）の付与が、ローカルな領域の独自性や凝集性の生成にあたって重要な条件だということは第2章でも述べたとおりである。独自のローカリティをそれとして境界づけるのは、単体ではありえない。(43)

さて、話は戻るが、マンチェスターと肩を並べようとしてしばらく後、ふたつの世界大戦と高度経済成長を経て、一九八〇年代ごろからは行政レベルにおいて、県境をまたいだ両毛エリアの市町村が連携したさまざまな取り組みがすすめられてきた。(44) 館林、足利、両市役所の担当者の話を総合すると、その一環として、「両毛地域で何か取り組みをしたらどうか」という提案が群馬県と栃木県の間で出たのが一九八九年（平成元年）で、その後、両毛都市圏形成に向けてのプロジェクトの検討が始まり、一九九

二年「両毛広域都市圏総合整備推進協議会」が設立された。同協議会のウェブサイトには、次のように書かれている。(45)

関東平野の北端、足尾山地の裾野に位置し、地域の中央を渡良瀬川が、南端部を利根川が流れる水と緑の豊かな地域です。東京から60～１００㎞の距離にあり、地域面積は１３８６平方キロメートル、人口は約86万人です。

両毛地域20市町村と群馬・栃木両県が、地域のより深い交流と、一体となったまちづくりを推進するために、平成4年9月に設立しました。協議会では、各種ＰＲ事業やイベント事業のほか、公共施設の相互利用の推進など、さまざまな事業を展開しています。

同協議会による「主な活動経過」リストをみると、「両毛広域都市圏総合整備推進協議会の設立」「両毛交流スタンプラリー」「両毛広域タウン誌『トウェンティ』の発行」「『るるぶ両毛』への協賛」「両毛広域の観光情報パンフ『両毛ふぁんふぁん』作成」「両毛交流ウォーキング足利・太田大会　実施」など、当該エリアの呼称として「両毛」が使われているのがわかる。(46)

もっとも、こうした県境を越える取り組みは今に始まったことではないが、道州制の導入が検討される昨今では、県境をまたいで実際に行われている経済活動や、そこで求められる越境的な施策に対する関心はとくに強まっているようだ。これについては、地理・地図学者の浅井健爾が次のように指摘する。

「もともと行政の境界線は、ときに権力者が人為的に決めたものだ。明治政府によって線引きされた県境が、長い年月を経る間に、時代にそぐわないものになっている可能性は充分に考えられる。経済的、文化的な結びつきの強い市町村が県境を飛び越えて連携を深めている『県境サミット』なるものが、各地で組織化され活発に活動していることがそれを物語っているといえよう。同一県内の市町村とより、隣県の市町村との結びつきのほうが密接につながっている地域は少なくないのである」(浅井 2009：56)。

両毛エリアは、その典型のひとつであろう。独自のエリアとして意識されつつも、行政区がちがうことでの不便やトラブルが少なくない。橋の片側ともう一方の側で一メートルほど幅員のちがう葉鹿橋は、象徴的な例である。(47) だからこそ、県域をまたいだ取り組みが必要とされているのだが、『渡良瀬通信』は、そういった状況を背景に発行されているローカル・メディアなのである。『渡良瀬通信』がターゲットにする「渡良瀬」もしくは「渡良瀬川沿川」というエリアは、この両毛エリアとほぼ一致している。ただ野村は、どうしても雑誌の名前には「両毛」は入れたくなかったのだという。

『渡良瀬通信』の前身は、一九八〇年五月一日に創刊した『みにむ』(ポケットサイズで発行部数は三〇〇〇部)で、二〇〇二年一〇月一日に『渡良瀬通信』に誌名を変更。当時の足利の郵便番号三二六が誌名の由来である。誌名を『みにむ』から『渡良瀬通信』に変更した理由を、(郵便番号三二六エリアではない)桐生市および太田市の住民の要望ではないとしながら、「タウン誌も変えてゆかなければいけない。いつのまにか、作る側の年齢と共に、(タウン誌も)年をとってきてしまっている。どっかで変えなきゃ、という思い。それが、リニューアル(誌名変更)へのきっかけだった」と野村は説明する(Interview 2002. 11. 7)。

『みにむ』から『渡良瀬通信』に変えたことに対する読者・住民の反応としては、「慣れ親しんでいる名前が無くなるのはさびしいけれど、雑誌の名前そのものはそんなに関係ない」という感じで「中身も良くなっている」と、おおむね評判はよかったが、野村はこの誌名の変更のとき、その語感（視覚的・聴覚的）からどうしても「両毛」というのは「あまり入れたくなかった」のだという（Interview 2010. 4. 13）。同誌公式ウェブサイトでの紹介をみても、「両毛」よりも「渡良瀬川」がキーコンセプトになっているのがわかる。

群馬と栃木の県境を流れる渡良瀬川。わが国を代表する大河利根川の支流で、渡良瀬川沿川には80万人を超える人々が生活を営みます。しかしその日常は、県境というカベをいとも簡単に、自由にとび越え、交流の深い群馬・栃木地区なのに、意外と情報は共有されていないのが現実です。『渡良瀬通信』は、この地域の唯一の情報誌として、小さいながらも皆様の力になれる地域誌を目指します。（http://www.sunfield.ne.jp/ryoumoukouiki/, 2010. 4. 10）

ただし、創刊後間もなく雑誌がターゲットとするエリアが「谷根千」と呼ばれるようになった『谷根千』や、比較的最近は呼び名「北摂」の知名度が上がってきている『シティライフ』のケースとは違い、実際には、このエリアの呼称としては、（現在も）「渡良瀬」より「両毛」のほうがよく使われている。すなわち、「両毛」という呼称が一般的である一方で、「渡良瀬エリア」という意識は、あまり広く住民に行き渡っていない。たとえば、野村だけでなく、聞き取りをした読者のN. T. やN. K. も語っていたように、自分の住んでいるところの名前を聞かれたときや不動産を探すとき、それぞれの市区町村の名前、もしくは「両毛」と答えることはあっても、「渡良瀬」とはいわないという。

エリアの呼称としての渡良瀬よりも、両毛のほうがよく知られているという現状は、このエリアで販売・配布されているいくつかのローカル・メディアが、「両毛」という呼称を用いていることや、「JR両毛線」のように鉄道路線にもその名称が使用されていることからも推察できる。(48)「わたらせ渓谷鐵道」もあるが、やはり「両毛」の知名度は高い。JRだけでなく、東武鉄道も両毛をひとつの観光地として宣伝している。二〇一〇年三月ごろよく目にした東武鉄道の「東武フリーパス」の宣伝ポスターには、「春うらら、花夢ごこち。あした、ふらっと両毛へ。」というキャッチコピーとともに、両毛七市（佐野市、みどり市、館林市、伊勢崎市、太田市、足利市、桐生市）それぞれの花景色の写真が並べられている。

さらに、足利市役所と館林市役所への取材においても、中央を流れる川の名にちなんだ「渡良瀬」よりも、ふるくから使われている「両毛」という呼び名が「一般的」とのことであった。

渡良瀬というエリアの呼称が、両毛に比べてあまり定着していない理由としては、渡良瀬が居住のための土地というよりも、河川の名称であり、また明治後期から大正時代にかけて鉱毒問題と洪水対策のために建設された大遊水地の名称だということも関係しているだろう。さらには、渡良瀬という記号、すなわちエリアの呼称としての渡良瀬が、マスメディアや不動産広告、来訪者や住民などによってあまり使用されていないことも少なからず影響していると考えられる。今後『渡良瀬通信』がどのように展開してゆくか、あるいは、その他のメディアが当該エリアをどう称してゆくのかによって、状況が変わってくるかもしれないが、現在のところ「両毛」が一般的である。

「渡良瀬」と「両毛」それぞれのイメージのちがいを、読者のN. K. は、次のように説明する。すなわち、「渡良瀬」は「川」というイメージが強く、他方「両毛」は「行政っぽい感じ」がするという(Interview 2010. 4. 13)。市の行政枠組みを越えた地域振興をめざそうとして使っている「両毛」という呼称が、逆に「行政っぽい」感じを醸し出しているというのはなんとも逆説的であるが、それが現実なのだ。大宅壮一文庫のデータベースで「渡良瀬」を検索してみると、やはりN. K. のいうように「渡良瀬-川」「渡良瀬-橋」ついで「渡良瀬-渓谷鐵道」が圧倒的に多く、エリアを指すような語はほとんどみあたらない。

「両毛」という地名のほうが知名度が高いのにもかかわらず、なぜ野村は「渡良瀬」を誌名に選んだのか。二〇〇二年の取材から七年後にふたたび取材したときも「(渡良瀬という呼び名は) いまだ定着していない」ものの、それでも誌名の「渡良瀬」にこだわるのは、「わたらせ」という響きが「りょうもう」よりも「きれいだから」(49)、そして、「両毛」という文字を「なんとなく」表紙に載せたくなかったからだと野村は繰り返した。

ヨソ者であるわたしにとっても、「両毛」より「渡良瀬」のほうが、なぜか耳に心地よく感じる。そもそも『渡良瀬通信』というタウン誌を知ったのは、あるタウン誌のイベント (会議) に、オブザーバーとして参加したときだった。そのときにこの雑誌が気になった理由は、表紙の美しさだけでなく、その誌名の美しさでもあった。形容しがたいのだが、「わたらせ」という響きが、ゆったりとした川が流れる地方の小さい都市を思わせ、なんとなく「行ってみたい」という気にさせた。

野村も指摘するように、「渡良瀬 (川)」という名称は、いまだ「足尾銅山鉱毒事件」「田中正造」のイメージが強く、あまりポジティブなイメージをもっていない人も多いという。渡良瀬河岸の肥沃な土地に恵まれた谷中村が、明治末期、銅山から投棄された鉱毒と濫伐による洪水に翻弄され、その挙げ句渡良瀬遊水池建設のために廃村に追い込まれたことはよく知られている（荒畑 1970）。このような歴史的背景は、谷根千や北摂とはかなり異なる点である。そして、これらふたつのエリアのケースと違って、渡良瀬という呼称がなかなか定着しないのも、そのような背景があるのかもしれない。

しかし、個人的な印象としては、渡良瀬という呼称は、音の響きだけでなく、日本の近代化の過程を振り返り、現代の社会システムを再考するうえでの貴重な「教育的遺産」を抱えた土地として、また環境問題や日本の工業化の歴史を考える近代遺産の宝庫として、十分に印象深く、意義深い名称にも思える。

両毛エリアの内部の多様性と市町村の連携

栃木県と群馬県の県境にあるこのエリアでは、行政サービスが別であるにもかかわらず、電話の局番は、群馬県太田市の一部と栃木県足利市が同じ局番を使っていたり、居住地と通勤地が両県をまたがっていたりすることもめずらしくない。

足利の好きなところを「山があって、川もあるところ」と話す野村も、両毛エリアで生活するひとりである。野村の場合、群馬県館林市に居住しながら栃木県足利市で雑誌をつくっているため、朝は群馬版の新聞を読み、出社後は栃木版の新聞を読むことになる。そのとき、記事の内容が同じではないことが気になっていた。つまり、「人間が行き来しているのに、情報が行き来していない」と感じていたのである。口コミなど人を介した情報の行き来はあるものの、とくにマスメディアをとおしての情報が、なかなか共有されていない状況があった。たとえば、高校野球の観戦にあたり「(群馬と栃木)どっちの県代表を応援するかというときも、普段身近に感じている(応援したい)高校はとなりの県の代表だったり」するし、行政サービスは別々であるにもかかわらず、生活圏としてはよく行き来していたり電話の局番が同じだったりする。そういったことに対して野村はつねづね疑問をもっており「それで、共通のメディアの必要性を感じた」のだという(50)。

ただし、それはどうしても必要なものというわけではない。紙のローカル・メディアが無くても生活そのものはできる。しかし「あったほうが〝潤う〟でしょう?(タウン誌は)『おかず』みたいなもの」なのだという(Interview 2002. 11. 7)。

「人間は行き来しているのに情報は行き来していない」という野村の言葉には、この両毛広域圏に限らず、行政圏をまたいだエリアの多くが抱える問題の一端が表われている。同様のことは『谷根千』と『シティライフ』の編集者の口からも異口同音に聞かれた。谷根千は、この渡良瀬(両毛)や北摂ほど広い範囲ではないにもかかわらず、生活圏と行政圏がズレているため、住民が行政サービスを受けづらい状況があるのだ。言い換えれば、そういった行政的な境界を越境するエリアが直面する、情報をめぐる〝些細な〟問題は、面積の広さに関わらずどこでも生じる可能性があるということだろう。そうした問題を行政区画の枠組みにどうにかしてはめ込んで「解決」するのではなく、より柔軟に対応する姿勢がこれらのローカル・メディアからみて取れる。

ところで、一九九〇年代からインターネットを活用していた『シティライフ』とは対照的に、『渡良瀬通信』がウェブサイトを作成したのは二〇〇二年であった。[51] その後、二〇〇八年四月にウェブサイトをリニューアルして以降、広告の申し込みがときどきあったり、二〇〇八年三月からは「両毛インフォ[52]」の協力でバーコード（ＱＲコード）を雑誌のなかの地図につけるといった取り組みはしてきた。しかし、それほど積極的にインターネットを活用しているわけではない。それは、『渡良瀬通信』の読者が、携帯電話やＰＣを使った情報検索・情報交換を強く望んではいないということにも関係があるだろう。

Ｎ．Ｔ．が語るところでは、地元の情報の取得や情報交換は、あくまで口コミが主であるという。新潟出身のＮ．Ｔ．は、群馬・栃木両県の福祉・医療システムのちがいなど、とくに子育てに必要な情報を取得する場合は、母親学級や子どもの習い事で知り合った仲間（いわゆる「ママ友」）との対面的コミュニケーションによって情報を交換していた／いるのだという（Interview 2010. 5. 13）。たしかに、行政的な境界が入り組んだエリアでは、それぞれの県・市によって行政サービスが異なる現状は重大なトピックであるが、それについては行政の窓口で説明してもらうよりも口コミのほうが「手っ取り早い」というのが本音であろう。

飲食店などの地元の情報もまた、ママ友だけでなく、夫やその仕事仲間から口コミで入ってくることが多いというＮ．Ｔ．の生活においては、あえてＰＣを立ち上げたり、携帯電話の小さい画面を凝視して情報検索をするよりも、直接会って話をするなかから、自分の関心に合致したローカルな情報を取得するほうがより効率的なのである。そういった状況を考えると、インターネットもまた、狭間のローカルなエリアが抱える問題（とくにローカルな情報の取得に関して）を「解決」する強力なツールではなさそうだ。

先の論点に戻るが、両毛という呼称は古くから使われてきており、また生活圏や経済圏としてもひとつの独立したエリアだという認識は、一般的となっている。しかしだからといって、両毛エリアの各市町村が自治体レベルで協力・連携しつつ地域の活性化を模索するさまざまな取り組みが、すべてうまくいっているわけではない。

企業の支店の営業エリアについて調査するなかから、足利、館林、高崎、宇都宮などの各都市の結びつきの強弱を考察した高田陽介は、次のように述べている。両毛地域の支店の一部は県境を越えた営業活動をしており、また本社が両毛地域を「ひとつのテリトリーとして分離するケース」もあり、両毛地域は経済活動において、宇都宮、前橋、高崎など県の「中心」となる都市とは区別されて独立した都市（エリア）とみなされてはいる（高田 1998：87）。[53]しかしながら同時に、やはり県域というものを越えた活動は容易ではないようで、一九九二年に施行された地方拠点都市法によって、両毛においては「行政面での県境を越えた地域連携が強まった」一方、群馬、栃木両県の地域計画には「整合性がなく」、栃木県側は「栃木南部地方拠点都市地域」に（一九九三年）、そして群馬県側は「東毛地方拠点都市地域」に（一九九五年）指定され「地域は二分される結果」となった（Ibid.：94）。「両毛」と呼称してはいるものの、いまもって県や市町村の壁はけっして低くはならないのが現状なのだ。

両毛エリア内部の各自治体のちがいが、生活圏としての両毛を分断している。そのように考えるのは、妥当なところである。しかしながら、もっと根本的なところを考えれば、そもそも「両毛」という旧国名もまた、政治的な領域を指し示すにあたって使われた名称（地名）であり、行政区画のちがいとはまた別のレベルのローカルな領域の分節化——たとえば「東毛」（群馬県東部の太田、桐生、館林）という意識をもつ住民もいるように——もみてとれる。『日本地名百科辞典』によると、東毛とは「群馬県の古称である上毛のうち、東部地方を指す慣習的地域名、桐生、太田、館林の3市と、山田、新田、邑楽の3郡がその範囲」とされている（浮田ほか編 1998：883）。N.T.もインタビューのなかで、自身はあまり両毛とか渡良瀬といった地名を意識はしていないものの、彼女の夫は彼らが居住する場所を「両毛よりも東毛でしょう」と言っている。つまり、「両毛」としてひとくくりにされる領域のなかにもローカルな差異が認められ、それをたとえば東毛といった呼称（記号）によってほかとは区別することもあるようだ（Interview 2010. 5. 13）。

渡良瀬川にそって広がるこのエリアは、両毛と呼ばれてはいるものの、その内部のローカルな諸領域はそれぞれが独自のエリアとみなされており、そういった意味ではこのエリアもまた、北摂、谷根千と同様、その内部においてそれぞれ特徴のあるローカルな諸領域を孕んでいるのだ。

新保正夫は、両毛広域圏（両毛エリア）を「栃木・群馬両県にまたがる独自性の強い地域」であるとしながらも、なおかつ、それぞれの都市が個性をもつ多様性を孕んだエリアだとしている（新保 2006：221）。すなわち、渡良瀬川流域の平野部に市街地を形成する両毛五市は、「太田市二二万、足利市一六万、桐生市一三万、佐野市一三万、館林市八万人規模の都市が存在し、八～一五kmの間隔で近接する。しかも各都市は、自動車関連産業や電気産業を有する太田都市圏、パチンコ台製造や繊維産業の桐生都市圏など工業的特色を有する都市、足利学校跡や指定文化財を多く数える足利都市圏など歴史・文化、教育的要素を含む都市もあり、それぞれの都市が個性と多様性を持つ」のだという（Ibid.：222）。

こうしたいくつかのレベルにおいて、ローカルな差異を包含しながらも、それでも経済的あるいは／

なおかつ文化的に独自の特性のある「両毛エリア」とみなされているのは、やはり「両毛」という呼称の存在、そしてそれを用いることなくしてはありえない。すなわち、両毛という呼称（地名）が人々の間で使われていること――両毛がほかのエリアと区別されていること――が、当該エリアをひとつのユニットとして捉える鍵になっているということだ。「両毛」が「渡良瀬」にとって代わられる日が来るのかどうかは今後も追跡の必要があるが、いずれにせよ土地の呼称の使用は、一定の場所を、さまざまな差異を内包しながらひとつのローカルな領域として成立するきっかけであることにはちがいない。

観光地化と地方都市のジレンマ

「谷根千」の場合、その呼称が広く知れ渡ることによって、観光地（下町散策の場所）としての谷根千の知名度をアップさせた。「渡良瀬」においては現在のところそれほどではないが、「わたらせ渓谷鐵道」はじめとする、他の観光地の集客の取り組みが今後どうなってゆくのか注意深く観察する必要があるだろう。

しかし、「渡良瀬」エリアに観光ブームが訪れたとしても、それは『渡良瀬通信』が求めている「地域の活性化」を生み出すものではないかもしれない。『谷根千』の編集者たちの困惑が示すように、大量の人々が特定の時期にだけどっと押し寄せてくるような観光地化は、かならずしも持続的な地域振興に繫がらないからだ。

植物園の建設や「時計台」の設置など、いくつかの集客要素はあるものの、それが住民のための持続的な町おこしだといえるかどうかは疑問である。たとえば、一九九七年開園の「あしかがフラワーパーク」は、建設当初はさまざまな批判がされていたが[54]、ここ最近は集客効果が認められてきている[55]。そこを訪れる観光客が足利市内に流れてくることによって、ある程度飲食店やタクシー業者への経済的恩恵はあったであろう。しかし、足利には団体観光客を同時に受け入れられる規模の飲食店がほとんどないため、特定の時期だけに客足が集中したり、団体客が観光バスでどっと押し寄せても、結局彼らはほかの土地で飲食・宿泊をすることになるのだと野村はいう。

行政も町おこしには熱心だが、行政主導で行われた企画がほとんど経済効果を生まなかった事例も指摘されている。地方のローカル鉄道が抱える問題を、わたらせ渓谷鐵道[56]を例に考察した大島登志彦・劉智飛は、地域を活性化させるはずだった「わたらせ夢切符」の失敗を分析し、その背景には、「企画そのものが地域の実情に合わず、むしろ経営再建の足枷になったが、そこには、住民意識や収益を増やすことの厳しさを十分認識せずに、当面の課題のみを短絡的に解決しようとした自治体主導の計画が見え隠れした」（大島・劉 2008：28）ことがあったという[57]。

地域が求めるものと、観光地化された後におとずれる地域の変化とのギャップについて、野村は、それはある意味で「しょうがない」ことだというが[58]、観光地化をめぐる地元のジレンマは、谷根千においても同様である。第3章でも述べたように、エリアの知名度が上がり、多くの散策者が訪れるのはよいが、それによって生活の場としてのローカルな領域はその様相を変え、かえって観光資源となっている「古い家」が無くなってゆくようなパラドキシカルな状況を生みだしている。

地域活性のビジョンを「私益より公益」「経済的な利益より人との交流」を尊重する町づくりに求める地域再生プランナー久繁哲之介は、大型商業施設などの開業時とイベント時だけは賑わう「持続不能な一時的賑わい」を「話題性確認消費」と呼ぶ（久繁 2010：39）。すなわち、開業やイベントなどが「地域活性化への起爆剤」などとマスメディアで過剰な評価を付されて報道され、多くの市民がいったんは足を運ぶもののそれは「話題性確認」にすぎず、開業やイベントから後数か月を過ぎると、客足もまばらになるという状況を引きおこす消費の形態である。この話題性確認消費の実態をよく知らない専門家が、流行語である「持続可能性」の必要性を説きながら、持続不可能な事例（話題性確認消費によって賑わう事象）を「成功だと賞賛する」のは「滑稽」であると久繁は批判する（Ibid.：40）。

そしてなによりも久繁が憂慮するのは、「ブランド化で豊かになれるのは一部の産業者だけ」という現実である（Ibid.：84-85）。たとえば、ご当地モノの食材のブランド化が仮に成功したとしても、それはあくまでも一部の産業者（対象食材を扱う業者）だけに利益を生む「産業振興」としての成功事例であり、地元の一般市民はそこからもたらされる豊かさの恩恵にはあずかれていないのが現状であり、それを見誤るからこそ「地域再生」がうまくいかないのだという。

ところで、一九九三年に発表された森高千里による「渡良瀬橋」という歌がある。この楽曲は、テレビ東京系の旅番組「いい旅・夢気分」のエンディング・テーマに使用されたことによって、「渡良瀬」のイメージをローカルなものへの郷愁や旅情と結びつけた(59)。

「渡良瀬橋」　作詞　森高千里

渡良瀬橋で見る夕日を／あなたはとても好きだったわ
きれいなとこで育ったね／ここに住みたいと言った

電車にゆられこの街まで／あなたは会いに来てくれたわ
私は今もあの頃を／忘れられず生きてます
今でも八雲神社へお参りすると／あなたのこと祈るわ
願い事一つ叶うなら／あの頃に戻りたい

床屋の角にポツンとある／公衆電話おぼえてますか
きのう思わずかけたくて／なんども受話器とったの
この間　渡良瀬川の河原に降りて／ずっと流れ見てたわ
北風がとても冷たくて／風邪をひいちゃいました

誰のせいでもない　あなたがこの街で／暮らせないことわかってたの
なんども悩んだわ　だけど私ここを／離れて暮らすこと出来ない
あなたが好きだと言ったこの街並みが／今日も暮れてゆきます
広い空と遠くの山々　二人で歩いた街／夕日がきれいな街

渡良瀬橋、渡良瀬川、夕陽、八雲神社などの地元の人にはなじみのある語が、ゆったりとした旋律に乗せられる。プロモーションビデオに映し出される景色は、山々を背に川がゆったりと流れる夕焼けの美しい町である。この楽曲が発表された後、これを「町おこし」に活用しようとする取り組みも盛んになされた。渡良瀬橋の近くにはこの楽曲の歌碑が立ち、歌詞に出てくる「名所」をまわる散策コースが印刷されたパンフレットもできた（図4-6）。「床屋の角にぽつんとある　公衆電話」という架空のモノまでもが、その地図に「リアルに」示されている。

しかし、インタビュー対象者らは、この歌を「町おこし」の原動力として捉えておらず、当該エリアの知名度が劇的に上げるきっかけになったとも考えていない。

野村は、この歌があくまでも作品としては「きれいな詩」であるとしながらも、「（たった一曲の）歌碑をたてて町おこしができるのならこんな楽なことはない」し、結局は「町おこしには繋がらなかった」という。歌碑が建てられたのは曲のヒットから何年もたってからでタイミングも悪く、いまも時々森高千里ファンは来ているようだが、それだけでは「町おこし」としては不十分である。

N. M. はこの歌を「（夫が森高千里のファンなので）よく知っていたが、実際に（渡良瀬橋を）みて、なんのことはないな」という印象を受けたという（Interview 2010. 5. 13）。そして、日ごろよく顔をあわせる地元の友人たちも、その歌詞や歌碑の場所を熟知しているわけではなく(60)、この歌がどれほど「渡良瀬」エリアのイメージアップや町おこしに貢献してきたか

図4-6　「渡良瀬橋」の歌碑を紹介する観光パンフレット

については、少なくとも住民の視点からは、それほど大きなインパクトにはならなかったようだ。

それよりもこの歌の興味深いところは、「渡良瀬（橋、川）」の情景の美しさだけでなく、その歌詞のなかに地方都市が抱えるジレンマのようなものが象徴的に描きだされているところにある。

どうしても地元を離れられずに、やむをえず恋に終止符を打ったものの、幸せだった時が忘れられない女性の切ない気持ちが巧みに表現されたこの歌を、よくある未練の歌として解釈することも可能だが、ここに現代の地方の若者や地域社会が抱えるジレンマを感じる。

「きれいなとこで育ったね」と渡良瀬の町を愛し、「ここに住みたい」といっていたにもかかわらず、また「電車にゆられ」てわざわざ「私」に会いにきてくれたにもかかわらず、なんらかの理由で、もう来なくなってしまった「あなた」は、見方によっては気に入った場所（地方や地元）になかなか就職先をみつけられない現代の若者の姿のようでもある。「ここを離れて暮らすこと出来ない」という「私」も同じく思いのままに人生を選択できずにいるのだろうか。また、「きれいなとこ」だといっているくせに、やっぱり他のところでの暮らしを捨てきれない「あなた」は、花の時期だけぱっと訪れて去ってゆく観光客や、売り上げが落ちればすぐに撤退する大型資本のチェーン店のようでもある。

誰が彼らを引き裂いたわけでもない。「あなた」がこの町で暮らせないことは最初から知っていたし、悩んではみたものの、「私」も生まれ育った地元（渡良瀬川（橋）周辺）から離れることはできない。作者が、具体的にどういった状況を思い描いていたのかは知る由もないが、ここで想起させられるのは、人生の転機において、結果的に自分が育ったところに留まることを（積極的にであれ、消極的にであれ）選択した者と地元に戻りたいのに戻れない者の姿である。つまり、生まれ育った地元の学校を卒業し、地元で就職をし、地元で結婚し、実家の近くで子育てや親の介護をしながら年を重ねてゆく生活を淡々と受け入れるか、仕事を得るために住み慣れた故郷をはなれて大都市での生活をつづけてゆくかの選択をせまられた地方の若者の現実である。

もちろん、それぞれのライフスタイルを心から楽しんでいる者もいるだろう。しかし、職業的なキャリアやさまざまな自己実現の可能性を見据えた場合、雇用のチャンスも多く、ネットワーク形成の基盤やインフラが整っている大都市にどうしても目が向くのは当然のことである。親は娘や息子に地元に残って（帰ってきて）ほしいと望んでいても、また若者自身もそうしたいと思ってはいても、それができないこともある。また逆に、地元から出てゆきたくてもうまくいかないこともあるかもしれない。この歌からは、そういった状況のなかで、「なにか」をあきらめざるをえない、地方の若年層の辛い状況が表現されていると解釈するのは穿ち過ぎだろうか。

地元の良さを懸命にアピールする『渡良瀬通信』であるが、「若者の東京志向」には（さまざまな取り組みの甲斐なく）なかなか歯止めがかからないのが現状である。かつて作成した足利駅周辺の商店街の絵地図をみてみると、場所によっては商店街がほぼ全滅しているところがあるのだと二〇〇八年のインタビューで野村は語っていた（Interview 2008. 5. 3）。つまり、町のなかに住んでいる人がいなくなったということだ。『渡良瀬通信』創刊以降、町はあまり変わっていないどころか、年々、活気を失っており、現在では「世帯数は増えても人口は増えない」状況だという（Interview 2010. 4. 10）。

このエリアに生まれ育った若者の多くは、東京（大都市）志向が現在も強く、その理由としては、働く場所がないことと、町の魅力がないことだと野村はいう。働く場所や継げる家業があれば、いったん東京に出た若者も戻ってくるが、実家がサラリーマンや個人商店ではそうはいかない。[61]

さらに、「東京志向」は若者に限らない。社会的インフラである鉄道網も「東京への結節性を優先」しているという指摘もある（新保 2006：219）。両毛広域圏は行政区画を超えた活動を行ってはいるものの、隣接する足利、佐野、桐生、太田、館林を結ぶ鉄道の運行体系は、東京への結節性が優先されているがゆえに、両毛広域圏の活性化および外部にその存在をアピールするためには、両毛広域圏都市圏内で鉄道の環状運行を実現し、「鉄道網を地域連携の手段として見直す必要がある」（Ibid.：219）と新保は主張している。

このエリアの主な移動手段が、車（マイカー）であることから、鉄道の運行体系がこのエリアに居住するすべての人々の生活に大きな影響を及ぼすとは断定できないが、それでも、若者の東京志向を個人的な資質や嗜好の問題に還元するのではなく、社会の仕組み（交通システムや雇用の仕組みなど）から考えてみることは重要である。

若者の東京志向にどうにか歯止めがかけられないか模索するなかで、『渡良瀬通信』は毎年夏に「自宅から通える大学」特集を組む。地元の大学に進学する若者が地元の企業に就職するケースが多いので、『渡良瀬通信』では高校生が進学先を絞り込むころに渡良瀬エリアから自宅通学できる大学・短大を特集した広告記事を載せるのである。親たちは、経済的な理由などから、できるだけ自宅から子どもを通学させたいと願っているようで、この特集は「まぁまぁ好評」だという。[62] この企画からも、『渡良瀬通信』が観光客のためのローカル・メディアではなくて、あくまで住民向けであることがわかる。

『渡良瀬通信』は渡良瀬（両毛）エリアに住む人々のためのローカル・メディアではあるが、「住民」

とひとくくりにいうものの、年齢的あるいは社会的な属性によって、生活に求めるものがちがうのも事実である。野村によれば読者（とくに若年層の読者）の求めるものは、ローカルな地元の情報よりも、あくまで東京の情報であり、そこには根強い「東京志向がある」という（Interview 2008. 5. 3）。地域情報の（種類の）ニーズは、『渡良瀬通信』の前身『みにむ』をはじめてからあまり変わっておらず、二〇〇二年のインタビューのときには、「（読者は）地元の情報だけを欲しているわけではなくて、地域誌よりは（Tokyo Walker などの）中央誌に興味があるのではないか。もっと若い人の読者を増やしたい」と語っていたが、その後はフリーペーパーがターゲットにしている若者を意識せずに「高齢者向けの雑誌をつくりたい」と語っていた（Interview 2008. 5. 3）(63)。

二〇一〇年現在の『渡良瀬通信』の状況について、「（『暮らしの手帖』をめざしていたけれど）思っていたようにはいかず、なかなか厳しい」と野村はいうが（Interview 2010. 4. 13）、ある年齢層の読者が楽しめ、また必要とするローカルな情報は尽きてはいない。今後、ローカル・メディアとしての『渡良瀬通信』はどういった方向に進むのか、気になるところである。

注

（1）むしろ空間を越境するイメージの強いインターネットにおいて発信される「地域情報」のほうが、実体的で行政的な境界線によって区切られたエリアを設定している場合が多い感さえある。

（2）「渡良瀬」に関していえば、一般的には「渡良瀬」ではなく「両毛」と呼称されている。

（3）一九七九年にゴダイゴが発表。ユニセフの『国際児童年』の協賛歌。

（4）イーフー・トゥアンはさらに、次のように述べている。「空間（スペイス）」は「場所（プレイス）」より抽象性を帯びており、「最初にまだ不分明な空間は、われわれがそれをもっとよく知り、それに価値をあたえていくにつれて次第に場所になっていく。」（Tuan 1977=1988 : 6）

（5）異文化の研究をとおして、さまざまな自文化（それは国民文化や言語、宗教に限らない）を発見する考え方。岡村（2003）を参照。

（6）たとえばデランティは「帰属としてのコミュニティは、制度的な構造、空間、ましてや象徴的な意味形態などではなく、対話的（コミュニカティヴ）なプロセスの中で構築されるものである」と述べている（Delanty 2003=2006 : 261）。

（7）たとえば、郵便番号によって分類された登録者が相互に当該エリアの情報を交換できる「ご近所さんを探せ！」には、二〇〇一年当時、一〇〇万人が登録していた（片桐 2001 : 30-31）。

（8）ターゲットとする範囲を広げることによって、ナショナル・スポンサーがついてくれるから、というのが主な理由だが、目標は掲げるものの無理に拡大路線をとるつもりはないと池谷はいう。

（9）「阪急沿線住民の感覚としては、阪急に乗って二～三駅で行けるエリアが北摂」だという住民もいる。

（10）配布はポスティング業者に依頼しひとり五〇〇部を一日で配ってもらっているが、近年は専用のラックによる設置が増えているという。

（11）『谷根千』は発行部数が『シティライフ』に比べてかなり少ないこともあって、雑誌を販売委託している各店舗に（販売部数の約三割を委託）編集者自身が自転車などで配達してまわり、個人読者へは個別に郵送していた。この一連の過程を、編集者自身の子どもたちも時に手伝っていたという。

（12）ただし、現在は「通勤時間の短縮」によるさまざまなメリットのほうが大きいと池谷は考えている。

（13）郷土史研究家の横山高治は、「大阪府北部を摂津文化圏と呼び、その北東、旧三島郡の高槻市、茨木市、島本町を『北摂』あるいは『三島』と美称する」（横山 2006 : 160）と書いている。

(14) 岐阜県出身で、茨木を「第二の故郷」だというT．K．(四〇代女性)は、一七年前に茨木に越してきた際、不動産屋の広告で「北摂」という呼称をはじめて聞いたという(Interview 2010. 4. 19)。
(15) 二〇一〇年には、京阪神エルマガジン社が出す『Richer』(四月号)で、「ごはんとお茶と雑貨　北摂」という特集が組まれている。ここでは、北摂エリアに最近オープンした新しい「おしゃれな」飲食店や雑貨屋が紹介されている。
(16) 「北摂」という呼称は、摂津国の北部を意味し、『広辞苑』によれば現在の大阪府北部と兵庫県南東部(摂津国から現在の大阪市域・神戸市域・堺市域を除いた地域)が北摂とされているが、ただし、行政において使用される北摂という概念は、豊中市、池田市、箕面市、豊能町、能勢町が「豊能地域」、茨木市、吹田市、摂津市、高槻市、島本町が「三島地域」と区分されたり、豊中、池田、箕面、茨木、吹田、摂津、高槻を北摂七市と呼ぶこともある。
(17) ふるくから居住する千駄木住民からの、根津のような下町とは一緒に(ひとくくりに)しないでほしいという「苦情」は、本書の第1章・第2章でも述べたとおりである。
(18) 東京では、「ロハス・フェスタ in Tokyo」として二〇一〇年五月八～九日に、練馬区の光ヶ丘公園ではじめて開催された。筆者もその様子を取材にいってみたが、入場料(二〇〇円)を払って参加するためか、あらゆる社会階層がいるようにはみえなかったが、幅広い年齢層が同時に楽しめるイベントであった。
(19) そこで購入したものをその場で食べられるスペースもある。その場合、リユース食器を使用していたり、マイボトルや食器・箸などの持参をあらかじめ参加者に促す「エコな」取り組みをしている。オーガニックワインや無添加ソーセージなど、値段はそれほど安くはないが美味であった。
(20) ロハスとは lifestyles of health and sustainability の略で、将来的に持続可能な生活環境と健康を志向するライフスタイルを支持する人々、もしくはそれをめざす考え方・価値観のことを指すが、この用語はもともと Natural Business Communications, Inc. および GAIAM, Inc. によってつくりだされたマーケティング用語であり、「ウォール街のアナリストらによって『熱狂的に』受け入れられた」(Ray et al 2000 : 361)。日本では雑誌『ソトコト』が二〇〇四年四月号でロハス特集を組んでこの用語を紹介している。

(21) http://www.lohasfesta.jp/index.html (2010. 3. 22)。こういったイベントの開催について、池谷は「会社としての社会貢献」のひとつとして捉えている。たいして「儲かる仕事」ではなく、社員らは休日をやりくりして「もちだしで」協力しているが、「自分の会社が社会貢献していると誇りに思ってくれるといい」と語る(Interview 2010. 4. 19)。

(22) ローカル・メディアが、経済的な影響をまったく及ぼさない、というのではなく、文化的側面への影響力が、長期的視野に立ってみれば経済的な結果を出す可能性もあるだろう。

(23) 「普通の情報誌は新聞社系列だけど、そうではない情報誌として、うちは民間としてやっているわけで、対象地域の祭り、Jazz Street、ガレージセール(民間主導)、食の文化祭(行政主導)などを紙面で宣伝したりというかたちでの協力はする。」(Interview 2001. 10. 31)

(24) 池谷によると、実際に、政治問題をめぐってはっきりと意見を表明したことによって、スポンサーが離れてしまい、経営が危機的状況に陥ってしまったローカル・メディアもあったという。

(25) 渡邉・林(2007)および、谷村(2008)などを参照。広告をそれとはわからないかたちで紙面や番組に潜りこませたりする手法もあるので、広告に触れない日はないといっても過言ではないが、ここ数年の広告規制のゆるさには閉口することがある。テレビをつければ、かつては名の売れていた俳優や歌手が大げさな仕草で商品を紹介する「番組」がつねに流れる。新聞を開けば広告の多さに呆れ、しかも自分にはあまり縁のない広告ばかりだったりする。ウェブサイトを開けば〝これがあなたのほしい本です〟と顔のみえないカスタマーサービスから勧められそれが常々気になっていた商品だったりすると気味悪ささえ感じる生活がますます広告に包囲されていっているようだ。

(26) 東京で行われたロハス・フェスタでは、大学生たちがボランティアとして加わったり、そのほかにも大学生が池谷のもとにイベントの運営などを相談に来ることもあるという。

(27) メディア側の姿勢を糾弾するだけでなく、読者のリテラシーの問題も重要な論点である。これについては、本題とは離れてしまうのでここでは扱わないが、少なくともその媒体がどういった性質のものであるか、どういった仕組みでその記事が／番組が自分のもとに届けられてきたのかを自覚して購読・視聴することは重要である。ここ数年、わたしは大学教育の現場における、受け手のメディアリテラシーの必要性を強く感じており、ジャーナリストや映像作家などを講師に招いたオムニバス形式の授業を開講している。そこでいうところのメディアリテラシーとは、コンピューターや新聞記事を手際よく使いこなす技術でもなく、あるいはマスメディアを一方的に批判・糾弾する言語能力でもない。情報の「受け手」がつねにどういったことを意識しながらマスメディアやインターネット等に関わってゆけばよいのか、そこで報道されないことはなにか、それはなぜか、といった問題を各自で考え追求する能力である。この授業がどれほどの「効果」をもつかはわからない。そもそも「教育効果」などというものはある程度の時間が経過してはじめてあらわれてくるものだ。ともかく、多くの履修者が真剣に講師の話に耳を傾けているところをみると、彼らにとってメディアリテラシーがたいへん関心のあるテーマであるということがよくわかる。

(28)　年収や男女、都市規模による利用格差はあるものの、個人のインターネット利用率は、一〇代後半から四〇代にかけてはいずれの世代・性別も九〇％以上で、五〇〜五九歳でも、二〇〇三年の六二・六％から三年後には七五・二％に、六〇〜六四歳では三九％から五九・七％に、六五〜六九歳でも二一・九％から四八・〇％に伸びた（総務省「通信利用動向調査　平成一八年度版（二〇〇六年）」）。

(29)　たとえば、シンポジウム「地域社会におけるIT活用を考える」（富士総研・慶応大学共催、二〇〇一年二月二九日）や、「電子自治体シンポジウム　創発型情報社会の電子自治体――地域の活力を引き出すノウハウ」（電子自治体フォーラム主催、日本総研・日本工業新聞社協力、二〇〇二年一月三〇日）などに代表されるように、近年は地域社会においてインターネットをいかに活用するかの議論が盛んになされている。

(30)　将来的には記録・保存という方向性を考えてはいるという。

(31)　『谷根千』においても、誌面を見てホームページを訪れる人もおり、逆にホームページを検索して雑誌を購入しに来る人もいるからだ。

(32)　池谷によると、もともとは「ユメサト村」というサイトを手本にし、それを「コミュースタイル」（京都）などと共同でビジネスモデルにしたのが「ハピタン」である（フリーペーパー『ぱど』がこれを引き継いでいる）。「ハピタン」は、二〇〇一年はじめには一万一五〇〇人の登録者を数え、二〇〇一年八月～一〇月までの三ヶ月間は一月に三〇〇〇人ずつ増えていった。口コミや紙面での呼びかけに応じて全国から集まった登録者（ハピタンの「住人」）の二割が大阪府民で、登録者は情報交換・交流して「お金」（virtual money）を貯め、それをウェブ上にできた架空の町のなかで使えるシステムである（Interview 2002. 9. 13）。

(33) 一九五九年に（株）関西スーパーマーケットが創業。主に大阪から神戸にかけて五六店舗（二〇〇九年五月時点）を展開している。地元ではよく知られた、オレンジ色の「K」のロゴのスーパーマーケットである（http://www.kansaisuper.co.jp/company/gaiyo.html, 2010. 5. 20）。

(34) 『渡良瀬通信』の発行にあたっては、およそ九割程度が広告費で賄われている。（有）みにむは、雑誌の発行のほかにもイベントやガイドブックなどの販売を行っている。

(35) 『渡良瀬通信』は、『シティライフ』や『谷根千』と同様、地域の活動を「政治的に」ではなく、いうなれば「文化的に」応援する姿勢をとっている。一二～三年前、足利にある大谷石でできた古い倉庫を行政が壊して更地にするというので、その保存・活用運動をしたり、JC（青年会議所）の事務所としてみにむの編集部の場所を貸していたことがあったものの、基本的に「政治にはあまり足をつっこまない」スタンスをとっているのだという（Interview 2002. 11. 7）。

(36) この渡良瀬エリアでもフリーペーパーの勢いはつづいており、広告を出す店舗から『渡良瀬通信』にも（クーポンつきのフリーペーパーみたいに）クーポンをつけたいという要望が出ることもたまにあるという。しかし、『渡良瀬通信』はクーポン誌のフリーペーパーとは一線を画している。野村によれば、実際にクーポンもってお店に来るお客さんは、お店側が求めるお客さんではない場合もあり、クーポン誌に宣伝を出すことで、お客さんの質が変わったり、お店のポリシーが疑われてしまう、ということは多少あるという（Interview 2008. 5. 3）。

(37) N. M. は、何度か書店で購入したり、レストランで貰ってきたりしたが、最近は、地元の生活にも慣れてきたため、購読の頻度も減った。それでも、子どもが通うスイミング・スクールに置いてある『渡良瀬通信』を読んだりしているという。

(38)　歴史的資料の解釈について、ここではとくに詳しく立ち入ることはしない。藻谷がいうように「いずれにせよ、狭義の両毛と呼ばれるこの地域も、『日本書紀』のいうように七世紀末の段階ではすでに群馬・栃木の双方に分かれていたと考えられ」、その後、上野国と下野国は「それぞれ隣接する別の地域として」歴史をきざんできたということだろう（藻谷 2009：29）。両毛エリアの詳しい歴史については、峰岸ほか編（2002）を参照。

(39)　両毛エリアの境界線については、ＮＨＫ教育番組「知る楽」シリーズのテキスト『歴史は眠らない――県境の謎を行く』でも紹介されている。そのなかのテーマのひとつ「不都合な境界線」では次のように説明されている。「群馬県と栃木県は、古代律令制以来の旧国名でいうと上野《こうづけ》国と下野《しもつけ》国にあたります。この両国は、それ以前は毛野《けぬ》国と呼ばれる地域だったといわれ、そのことから両地域を合わせて現在は両毛地域と読んでいます。現在、両毛という言葉は狭義で使われることも多く、とくに栃木県南西部から群馬県南東部にまたがる一帯やＪＲ両毛線の沿線を指す場合もあります。」（藻谷 2009：25–26）

(40)　日本史研究者の馬渕和夫（1981）や寺沢薫（2004）が指摘するところによれば、「くに」という語が、ある種の支配・統治機構をもった「国家」を意味するようになった契機は、隣接する集合体や共同体との友好的ないし敵対的関係を築いたときであったという。

(41)　しかし、各地域のプライドが邪魔をして足並みが揃えられなかったことや、二度の世界大戦の影響などで、一時は経済圏の統一は頓挫するものの、戦後のモータリゼーションのもと、県境を越えた経済活動が再開された（藻谷 2009：35–36）。

(42)　結果的には、両毛地域が田口卯吉の目指した「マンチェスター」になることはなかった（藻谷 2009：36）。しかし、開通当時の両毛鉄道は「シルク鉄道」とも呼ばれ、その沿線には「上州は生絹の高崎からはじまり、生糸の前橋、絣織りの伊勢崎、そして西の西陣東の『桐生』、野州に入って足利、麻集散地の栃木・鹿沼、さらに少し離れるが紬で有名な常陸の結城と、関東平野外縁部の繊維産地がずらりと並んでいた」（松浦 2002：100-101）。そのなかでも、立地条件の良さからとくに桐生と足利は、これらの地域の繊維産業を牽引していたという。このことが、「ブランド」としての両毛エリアを確立していったと思われる。

(43) たとえば、天竜川流域のローカルな文化圏を事例として研究している愛知大学総合郷土研究所の藤田佳久が、ローカルな領域の独自性は、そのエリアの外から文化や情報を受け入れることで形成されると述べているが（藤田 1998）、これを本書の主旨にそって解釈すると、友好的であれ敵対的であれ「ソト」の文化との交流というものは、「ウチ」に対する「ソト」を設定せずには成り立たず、そのときにはかならず、互いの集合を指し示す呼称（記号）が必要になるということだ。藤田は次のように述べている。「天竜川・豊川流域は、東西性の要素を含みつつ、同時に独自の地域文化圏を形成してきたといえる。とくに独自の地域文化圏は、地域外からの文化・情報を受け入れることにより、中世から近世にかけてその性格を強める形で形成されたとみることができる。それは神事に起源を発する今日の民俗芸能の定着とその背景的基盤の中に色濃くあらわれている。」（藤田 1995：13）

(44) 一九七九年から一九九一年まで足利市長を務めた町田幸久は、「県を越えて協力することを提案し」（藻谷 2009：37）、工場排水の基準の統一をはじめ、天然ガスや水道規格の統一や防災協定の締結などを進めた。

(45) http://www.sunfield.ne.jp/ryoumoukouiki/, 2010. 4. 10

(46) これと同時期（一九九二年）に国土庁大都市圏整備局整備課から出された「両毛広域都市圏総合整備推進調査の概要」には次のように両毛地域の特徴が記されている。「両毛地域は、栃木、群馬両県にまたがるにもかかわらず、自然条件や流域、歴史や産業活動の伝統など地域特性において県際を越えて多くの共通性をもつとともに、圏域住民の通勤通学、購買活動、あるいは交通流動などの各面において、地域の5つの中心都市を核としつつ、一体的なまとまりのある圏域を構成している。」（国土庁大都市圏整備局整備課 1992：7）

(47) 一九五〇年代半ばから一九六〇年代にかけて建設されたこの橋は、老朽化によって現在は解体され、二〇〇三年、すぐ横に新たな橋が架けられた。

(48)『両毛新聞』はじめ、「両毛広域都市圏総合整備推進協議会」が出版している『両毛広域タウン誌トウェンティ』、観光情報タウン誌『両毛ふぁんふぁん』、『るるぶ両毛』など。

(49)「渡良瀬橋」を歌った森高千里も、「わたらせ」という言葉の響きの良さに言及している。本章の注(59)を参照。

(50)ほぼ同じエリアをターゲットにする紙のローカル・メディアとしては、『月刊　足利漫我人』(足利市、二五〇円)、『マイ・リトル・タウン』(大田市、二〇〇円、市民運動のグループと一緒にやってきた地域雑誌)などがある。一九九六年、行政からの全面的なバックアップで始めたタウン誌『両毛広域タウン誌トウェンティ』の製作にはみにむも協力した。フリーペーパーでは、毎回八万部ちかくを配布する『Moteco 両毛版』がある。

(51)当時のインタビューでは「(インターネットは)あんまり使わないのでわからないけれど、いまホームページを作成中」とのことであった(Interview 2002. 11. 7)。

(52)(有)トーリフォーが運営する携帯サイト。詳細は http://ryomo.info/ を参照。

(53)この傾向はとくに一九八〇年代以降に多くなったという(高田 1998 : 89)。

(54)フラワーパークのシンボルである巨大な藤を市街地から現在のところに移動させるにあたって、移転先の迫間湿地を半分潰したことも一部で批判の的になった。

(55)「あしかがフラワーパーク」は、新しい企画や施設によって二〇〇九年度の年間入場者数が全国でもトップクラスの「一〇〇万人の大台を突破」し、入場者増加率も九・九%と好調である(綜合ユニコム 2009 : 26)。

(56)わたらせ渓谷鐵道の歴史は古い。一九一二年に、足尾銅山の鉱石や資材を輸送するための鉄道(足尾鉄道株式会社)が開通し、一九六一年に国有化、以後、国鉄足尾線として産業鉄道の役割を担ってきた。一九七三年二月、四〇〇年続いた足尾銅山は閉山。足尾町の人口も旅客輸送人員も激減したが、足尾精錬所は稼動し続けたため、貨物輸送による貨物収入は旅客収入を上回っていた。一九八九年三月に足尾線を引き継いで営業を開始した「わたらせ渓谷鐵道」は、増発や終便の延長、スピードアップ、足尾銅山に関連する観光施設の整備・開発などの対策がとられた。「わたらせ夢切符」の失敗の一方で、二〇〇六年に発足した市民団体「わたらせ渓谷鐵道市民協議会」は、ユニークな試みでわたらせ鉄道を支援している。

(57) ここ数年のわたらせ渓谷鐵道の集客イベント（会社が独自に企画するツアー）は、なかなかおもしろい。陶芸を楽しみ、足尾銅山およびその周辺を観光し、トロッコ列車で下山するという一日のコースに参加してみたが、各種お土産の物販や歴史の解説もふくめて、十分に楽しめる企画であった。

(58) 野村はまた次のように語った。「たとえば、ある有名な温泉地をブームにした仕掛け人は、七〜八年前から、お客さんをあまり〝呼ばないように〟するにはどうしたらいいかと考えるようになってきた。町のサイズに合った数のお客さんが来てくれればいい、というわけです。まぁ、いまのままだったら、足利はそうなりたくてもなれないけどね、できるものならしてみたい！（笑）」（Interview 2008）

(59) この曲が収録されているアルバム『DO THE BEST』（ワンアップミュージック、一九九五年）のライナー・ノーツには、詞作の経緯が次のように説明されている。「（曲が旅番組とのタイアップのため）旅情のある詩にしたくて、言葉の響きの良い川や橋の名前を入れてみよう、とまず思いました。地図帳を開いて索引を見ながらいろいろ探して、結局きれいな名前だなと思って選んだのが渡良瀬川だったのです。次は渡良瀬橋が実在するかを今度は道路マップを使って調べたら、足利市にかかっていることがわかりました。以前足利工業大学に学園祭で行ったことを思い出し、急にイメージがわいたので、今度は実際に渡良瀬橋へ行って、さらにイメージをふくらませて書き上げました。足利の市長さんから感謝状をいただいたり、アンコールでこの曲をみんなで大合唱した足利市民会館のコンサートのことなど忘れられない思い出が多い曲です。」（JASRAC 出1100371-101）

(60) N.K.は、東京のナンバーの車に乗った人が渡良瀬橋をみに来てくれるのは嬉しいが、夕日はきれいだけれど「ぱっとしない橋」なので実際にみて「がっかりして帰ったのかな」とも思ったりするのだという（Interview 2010. 4. 13）。

(61) 東京志向にともなう地方の疲弊は、こうした職種の偏りを生みだした近代社会の労働システムにも起因するのだろう。

（62）できるだけ若者を地元に根づかせたいという願いをよそに、近年は周辺の大学・短大も定員割れするところが多いという現状である。

（63）最近、あいついで老舗タウン誌が廃刊になっていることについて触れたとき、世代間ギャップについて、野村は次のように語った。「スポンサー離れ、読者離れ、もあるとおもうけど、団塊の世代からそのちょっと上ぐらいが編集をやっているでしょ。疲れてきているんだと思う。創刊からずっと同じ体裁だし、読者と作り手の意識がかなりズレてきていることに気づかないことがあるんじゃないか。自分自身もズレているし。だから楽にやりたくて、さっきもいったような（高齢者向けの）雑誌をつくりたいなって思っている。とにかく（自分は）飽きっぽいので、体裁とかも変えたくなる。若い読者向けに、自分でなにか企画したりしようとは思わない。お酒を飲みに行ったときにいろいろ意見を聞いたりはするけど。」（Interview 2008. 5. 3）

終章　地元愛とローカル・メディア

1　生活者の視点と狭間のローカル文化

本書でとりあげてきたローカル・メディアの共通点は、概ね次のように整理されよう。第一に、いずれも行政区画に限定しないでターゲットエリアが設定され、そのエリアに呼称（記号）を付与していること、第二に特定の思想・信条や政治的な価値判断を紙面（誌面）にあまり打ち出さないこと、そして第三に編集者が当該エリアに居住し、地域（ローカル）社会に愛着をもったうえで取材・執筆をしていることである。

まず、対象とする地域（ローカルなエリア）についてであるが、ローカル・メディアが情報提供（ないし情報収集）をする際に、どこまでを雑誌の対象地域とするかは重要な論点のひとつである。『谷根千』『シティライフ』『渡良瀬通信』はいずれも、行政圏にまたがった範囲を対象としている。いい方をかえれば、大規模な都市の狭間であったり、行政の中心地から距離的に離れていたりするエリアをローカルな領域とし、「主流の」文化圏の狭間のエリアに住む人々への情報提供を主な目的としているのである。

谷根千は、特定の路線に沿ったエリアではなく、商業地の上野とはあきらかにちがうローカル・エリアとされ、文京区・台東区・荒川区・北区の四区の境界にある。それゆえ、それぞれの区役所からは遠い。『シティライフ』の北摂もまた、大都市大阪と観光地京都の狭間のエリアである（二〇〇七年以降は阪神エリアも加わる）。『渡良瀬通信』がターゲットとするエリアは、栃木県と群馬県の境界付近に位置しており、いずれの県庁所在地（宇都宮市と前橋市）からも遠い。

このようなエリアにおいて形成される社会的紐帯は、明確に定義づけられた領域にもとづいているわけではなく、また住民すべてがその地理的・社会的な概念を理解し、強固にローカルな帰属意識を保持しているというわけでもない。そこにあるのは、ネット上の virtual community とはいわないまでも、「想像の共同体」（B・アンダーソン）ならぬ「想像のローカリティ（imagined locality）」と呼ぶこともできるだろう。

これらのエリアは、行政区画においては「狭間」であるがゆえ、実生活においてはいくぶん不便さがあるようだ。三誌・紙の編集者らは創刊の理由について、異口同音に「本当に必要な生活情報がないと感じたから」という主旨のことを述べている。つまり、こうした実生活レベルでのローカルな領域設定は、それぞれのローカル・メディアの目的を達成するための重要なポイントなのである。

これらのローカル・メディアを、それぞれがターゲットとするエリアの特性に着目して類型化してみると、それぞれ界隈型／沿線型／沿川型とに分けられる。北摂、渡良瀬（両毛）は、谷根千に比してかなり広域に及ぶ。地元に密着したローカル・メディアといっても、そのターゲットとする範囲に大きな差があるというわけだ。徒歩や自転車で行動できる範囲だけをターゲットにしているメディアばかりではなく、鉄道が発達したところ、モータリゼーションが進んだ広域のローカルエリアを対象としたローカル・メディアもあるのだ。

摂津や両毛といった単語は、かつて実際に使われていた地名であること、そしてそれが指し示す範囲がかなり広いという点で谷根千とは異なっている。そのような広域のローカル文化圏を行政的な共同体として考えることもできるかもしれない。実際に、加賀市、備前市、筑後市などの旧国名が、昭和の大合併や平成の大合併で「復活」した。しかしながら、「旧国のエリアは相当に広いので、相対的に狭い市域とでは名と実が伴わないのは当然」であり、旧国を指し示す広域地名を使うと、「ある一部地域がしばしば県をまたいだ領域を指すことになってしまうことが問題である」（今尾 2006：23-24）[1]（傍線引用者）と指摘されるように、両毛や摂津といった古い地名を、合併した市町村や県の名前としてつけるのは、現実的にはかなり無理があるようだ。しかしそれでも、特定のローカル・メディアが「ローカルな領域」を指すときに用いる名称が旧国の行政単位と重なるかどうか。この論点そのものはきわめて興味深い[2]。

次に、特定の思想・信条や政治的な価値判断からは（紙面・誌面上では）距離を置いていることが三誌・紙に共通するところである。生活者の視点から地域を捉え、そこでの人々の生活に密着すればするほど、地域的な諸問題と関わらざるをえなくなってくるので、完全に思想信条から離れて紙面づくりをすることは不可能ではある。しかし、住民運動との関わり方、特定の政治団体・宗教団体との関わり方に慎重な姿勢は崩していない。

『シティライフ』も『谷根千』も『渡良瀬通信』も、特定の政治団体、宗教、市民活動との連携はなく、地方自治体からの資金的援助もない。『谷根千』と住民運動については、「創刊前には、個人的にはやってる人はいたかもしれないけど、表面的な大きなものはなかった」という。たしかに、東京藝術大学奏楽堂のパイプオルガン修復運動（一九八五年）、谷中五重塔の再建運動（一九八八年）、不忍池の地下駐車場建設計画を機に結成された「しのばずの池を愛する会」による、不忍池の自然環境保全運動（一九八九年）などへの協力はあった。しかしあくまでも、「〝反対業者〟みたいにはなりたくない」「反対するのではなくて、なにかを残したいと思っている人の後ろを押してあげる」というスタンスで関わる姿勢を編集者はみせていた。

『シティライフ』も『渡良瀬通信』もまた、政治的なトピックを前面に打ち出したミニコミとは違った方針で編集されている。個人的な思想や政治的な立場はあるものの、スポンサー（広告主）との関係もあり、それを誌（紙）面で展開することはない。しかしだからといって、まったく当該エリアにおいて生じているさまざまな問題を無視しているわけではない。『シティライフ』の、広告に関するクレームへの対処の仕方をみればわかるように、スポンサーに絶対的な服従をしているわけでもない。

彼らはそれぞれの制約のなかで政治的、文化的、社会的問題に深く関心を寄せ、懸命に取り組んでいる。編集者自身が実際にそこで生活していることを考えれば、それは「あたりまえ」なのかもしれない。「自分の家」のことなのだから。そもそも、こういったローカル・メディアのスポンサーは大型資本ではなく、地元の資本であることがほとんどである。それだからローカル・メディアのスタンスが、ある視点からは商業的と映ることがあったとしても、その内実においては、ローカルな領域への関心や愛情に支えられた「わたしたちの」ローカル・メディアが実現するのである。このことは、いわゆる大手の

「クーポン誌」と呼ばれるタイプのフリーペーパーと彼らのローカル・メディアが一線を画すことを強調しているところからもわかる。

『シティライフ』はとくに、人々のネットワークづくりにこだわっている。彼らが企画・主催する数々のイベントは、行政がやろうと思っても（さまざまな理由で）できないこと、あるいはきわめて困難なことではないだろうか。仮にやったとしても、「赤字」を出した挙句の果てに業者との癒着だ、天下りだ、と多くの「問題」が指摘されたりする。しかし赤字の責任をとるのは「個人」ではない。だから、そういったイベントなどは「おもしろく」なくても成功しなくても平気なのだ。

池谷は、地域の活性化であれ環境問題であれ、目的は同じであっても、どうせやるならば楽しくやりたいのだという。それは大きな儲けにはならないが、社員たちには、社会貢献をきちんとしている会社に自分が勤めていることを誇りに思って欲しいという。

さらに『シティライフ』では、インターネットも積極的に活用している。紙面の内容をすべてネット閲覧できるシステムになっているが、それで紙の発行部数がおちたということはない。「紙」と「インターネット」を対立させるよりも、両者をその目的（北摂というエリアに住む人々のネットワークづくり）を達成するための手段として活用しているのである。

『渡良瀬通信』もまた、地元で行われるイベントや地場産業を積極的に応援している。たとえば、毎年九月に開催される栃木と群馬の蔵元が集まる地酒の試飲会(3)をはじめ、地域活性化のためのさまざまな事業にも協力的で、誌面においてもそれをサポートするような取り組みをしている。

こうした『渡良瀬通信』の活動をサポートするのが地元の「旦那」たち、すなわちスポンサーである。

野村はそれを「社会貢献」だとし、三〇周年記念の二〇一〇年四月号で「社会貢献」や「地域貢献」を特集した理由について、次のように綴っている。

それは、弊誌がこれまで続けられた大きな要因は、たくさんの応援してくれる事業所・企業（スポンサー）の皆さんがいてくれたから。そして、そういうことだって、小さいながらも立派な「社会貢献」「地域貢献」だと胸を張って言いたいからである。
「野村が発行している間は、広告を出して（協賛して）やれ」という、昔の「旦那」的な方々がいてくれたお蔭で今がある、と思ってる。小誌などには目を向けてくれない世界（日本）の富豪の巨額な「社会貢献」よりも、小さくとも毎月毎月を支えてくれる弊誌のスポンサーさんの方が、どんなにありがたいことか。

スポンサーや地元有力者とローカル・メディアとの蜜月関係には「負」の側面があることは否定しない。しかし、巨額の広告費が入ってくるわけでもないローカル・メディアの出版には、こうしたローカル社会（の「旦那」たち）からのサポートと、またサポートしてもよいと思わせるような雑誌の／編集者の魅力が不可欠なのかもしれない。

このことは、第三に挙げた事項、すなわち編集者が積極的に当該エリアに居住し、地域（ローカル）社会に愛着をもったうえで取材・執筆をしていることにも深く関連している。情報を収集・整理することの難しさへの理解、その難しさにあえて挑戦している人々への敬意を欠いた言動が時にローカル社会の側（住民たち）から出ることがしばしばある。地域の人々すべてが「味方」ではないし、また万人に愛されるメディアなどはないも同然である。だがそれでも、取材をし記事にするまでの働きに対するあまりに低い評価は編集者らを困惑させる。自らそのエリアに居住し、生活し、自分の足で歩き、人々の日常を日々観察し、コツコツとインタビューを集め、丁寧に記述する、といった一連の作業が——少なくともそういった作業にたずさわった経験のある人ならば——いかに大変なものかわかる。しかし、そういった取材スタイルでなければ書けないものがあり、また、それが認められなくても（時に読者から「お叱り」を受けながらも）ローカル・メディアの発行をつづけてゆけるのは、そのエリアの情報への欲求とともに、それを応援する人々がいて、地元、そして地元での生活への愛着があるからだろう。

一九八四年一〇月、「わたしたちの町」の小さな店が姿を消し、古い家屋が次々に取り壊されて駐車場になってゆくことに危機感を感じた三人の住民の手によって『谷根千』は創刊された。彼女たちは、同じ保育園に子どもを預ける母親仲間であった。当時は「有閑主婦が暇つぶしにやっている雑誌」としてみられたが、実際は子育て時期とも重なり経済的にも時間的にも余裕の無いなかでの雑誌づくりであった。それでも地域情報誌の刊行を続けた理由のひとつに、本当に必要な情報が十分でない、という強い思いがあったからだという。『シティライフ』『渡良瀬通信』いずれの編集長もそういった感覚を多かれ少なかれもっていた。

彼らはそれぞれのやり方で、地域とそこに暮らす人々をみつめ、愛し、語る。経済的な面だけでなく、身体的・精神的にも出版事業がいかに大変で、独自の情報収集や記事の作成がいかに骨の折れる作業であるか想像に難くない。しかしそれにもかかわらず、インタビューをする側（わたし）は、暗い気分になることはなかった。彼らは街／町への愛情、ローカル・メディアの役割を活き活きと語り――もちろん町が抱える問題についての困惑や将来的な不安もあるが――そこには凝り固まった「べき論」の押しつけもなく、なにかと徹底的に闘争する姿もない。

彼らには表現する手段（媒体）がある。表現したいことがある。表現するためのスキル（言語）がある。記録されたもの（文字）への敬意がある。表現されたもの（記事）を読む人の声を大切にしている。そして、なにより前例や決まりきった考え方にこだわらない、おおらかさがある。だからこそ、行政区画にとらわれない「自分たちのローカルな領域」のメディアをつくることができたのかもしれない。[4]

2　ヒトというメディアと町おこし――地域への「愛着」から「誇り」へ

三誌のなかでもっとも歴史が長いのは『渡良瀬通信』で、その前身『みにむ』の創刊が一九八〇年五月。『谷根千』創刊が一九八四年、その二年後の一九八六年六月に『シティライフ』が創刊された。いずれもタウン誌が盛んに発行されるようになった一九八〇年代からつづいてきたローカル・メディアである（『谷根千』は二〇〇九年に終刊）。

人柄や経歴、自分の発行する媒体に対する姿勢、それぞれの町への個人的な愛情といったものが、ある人物（編集者・創刊者）のなかに結集して、それがかたちとなったものが『谷根千』であり『シティライフ』であり『渡良瀬通信』という紙メディアである。さらにいえば、彼ら自身だけでなく読者や当該地への来訪者も「メディア」なのである。

メディアという概念をより広義に解釈すれば、「場所」や「ヒト」もなにかを繋ぐ媒体、すなわちメディアとして機能しているといえよう。『谷根千』の編集者が、毎回自転車で各店舗に新刊を運んでいたという話はきわめて象徴的であるが、雑誌をつくって販売していることだけではなしに、情報の集積場所にもなった編集者という「ヒト」の顔が知られることで、「この人たちのつくっている雑誌だから買う」という現象も出てくる。つまり、雑誌の内容そのものよりも「〇〇さんたちの雑誌」であることのほうが重要となる。もし、ほかの人物が『谷根千』を発行（配達）していたら、またちがった結果を生んでいたかもしれない。

さらには、当該エリアの住民に「谷根千」というユニットを気づかせた／知らせたのも、新聞などのマスメディアだけでなく、来訪者（たとえば観光客）という「ヒト」である。彼らは口コミで谷根千の「古きよき」町並みや猫スポットを広め、谷根千のイメージ――それを住民が受け入れるかどうか、またそれが現実を正確に表すかどうかは別として――をつくりあげていった。そして、住民にとっては普段見慣れた町の風景にカメラを向け、嬉しそうに歩く来訪者は、住民に、そのエリアに居住していることが「なにか価値のあること」だと気づかせたのである。

この「ヒト」というメディアが、地域の活性化（町おこし）に重要な役割を果たしていることは、本書でとりあげた三つのローカル・メディアをみればあきらかだろう。「メディアとしてのヒト」とは、町の活性化にあたって「重宝」なリーダーシップのある人材のことだけを指すのではない。それもひとつかもしれないが、老若男女を含めた住民と編集者そして来訪者など、その地域について「語る人々」のことである。彼らがその地域への愛着や望郷の気持ちをローカル・メディアを通じて、あるいはローカル・メディアになって語りつづけること。その影響はけっして小さくない。

とくにローカル・メディアの制作過程や編集方針には、編集者たちの町に対する姿勢が如実に現れる。『谷根千』『シティライフ』『渡良瀬通信』いずれもが、大手出版社や大手資本によるローカル・メディアとは一線を画している。町への愛着の方向性が根本からちがっているから当然のことだろう。

これら三誌についてはすでに述べたとおりであるが、大阪のローカル・メディア『Meets Regional』の元編集長、江弘毅もまた町への愛着を強くもつ人物のひとりである。江はエッセイのなかで次のように述べている。

「真っ先に大手広告代理店やクライアントの広告宣伝担当者を集めて創刊発表会をやったり、編集プロダクションをも一緒に大阪に連れてきてその支社を出させて編集させるというようなやり方」をする情報誌と同じカテゴリーのなかに『Meets Regional』が入ることに違和感があった（江 2010：124）。たしかに、『Meets Regional』も店情報が中心で、消費社会の申し子ともいえる情報誌のひとつにちがいない。そう認めつつも江は、「編集部員自らが毎日、街と差し向かいのスタンスで取材」した記事で構成される『Meets Regional』が、「情報誌であって情報誌でないなにか」を「真面目に考えてきた」ことにふれ、だからこそ、「『ミーツ』は生き残って」くることができたのだという（Ibid.：124–125）。町（江の言葉でいえば「街」）と雑誌（紙メディア）に対する熱い想いとともに、生活の場であるローカルな領域とそこに暮らす人々への「敬意」が伝わってくる。

もちろん、ローカル・メディアを作ってゆく過程においては、そういった感情的な要素だけでなく、文章力、取材力、洞察力も含めた周到な計画や戦略、出来事の偶然性、地元を相対化してみる冷静な態度が必要だ。しかし、編集者が感じる町の良さがローカル・メディアを通して読者に理解されるのだとしたら、その読者もまたローカルな情報を抱え町の良さを伝える「ヒトというメディア」となるだろう。つまり、編集者だけではなく住民や来訪者、場合によってはそこを調査する研究者などもローカル・メディアになり得るのだ。

一般的に「成功例」として注目されている町おこしのいくつかに共通する特徴として、ひとつには、ウチなるソトの視点を取り入れられるかどうか、もうひとつには住民（当事者）主導であるということがいわれる。具体的には、コンサルタントやデベロッパーといった完全な外部の視点ではなく、当該エリア内部にいながら「ソト」からの視点をもつ「ヒト」である。

ソトの世界を知るとウチの世界が相対化でき、その欠点や利点がみえる。つまり、外部からの視点によって、内部の特徴（良い面も悪い面もふくめて）に気づくということだ。自分の町の素晴らしさは、その町以外からやってきた人、あるいはいったん外に出て戻ってきた人などによって「発見」されることが多い。

たとえば、茨城県桜川市真壁町の「ひな祭り」を挙げると、ここの町おこしイベントにも、「ソトの世界（自分の生まれ育った地域以外）」をよく知る住民や研究者が、イベントのきっかけをつくったプロセスがみてとれる。そして、彼らが（再）発見した地域の「良さ」は、「なんとなく」ほかの住民にも知らされることになったのである。

この事例に特徴的な点はふたつある。ひとつは、地元の名士や有力者、議員といった明確な中心人物や組織を置かない／表に出さないことである。つまり、明確には代表をつくらない（＝住民すべてが主役)、規則や役職を極力つくらない(＝住民の自主性・自発性を重視)というイベント運営の仕方が、長い歴史を積み重ねてきた地域社会においては功を奏したと考えられる。[5] 今では各家の軒先に一斉に飾られる雛人形も、誰かの号令によるものではない。はじめは数軒で飾っていた雛人形が、来訪者によって「褒められ」たことで「じゃぁ、うちも、うちも」ということで「なんとなく」連鎖して増え、やがては「祭り」になっていったのだと、地元のある女性は語った。女児の祭りとして知られる雛祭りでは、男性よりも女性が積極的に関わる。人形を飾るのは、主に各家庭の女性(妻)、すなわち「嫁」という社会的立場にいる人々の仕事である。

彼女たちへのインタビューから推測できるのは、古い土地柄ゆえ、男性たちはさまざまなしがらみや社会的コンフリクトのなかにいる一方、ソトから入ってきた嫁たちはそういった人間関係の制約から比較的自由であったということだ。あるいは、「自由」とまではいかなくとも、すくなくとも夫たちの社会とはちがった形態のネットワークや付き合い方があったのではないだろうか。そういった背景のなかで、強力な男性リーダーではなく、女性(嫁)たちが祭りの担い手になり、ゆるやかにではあるが着実に祭りの基盤が整えられていったのだろう。

ふたつめは、ある研究者が当該地域の建造物(家屋や蔵など)や雛人形の歴史的価値を指摘し、それが契機となって、町おこしに繋がる活動が徐々に活性化していったことである。研究者による「権威的な」価値づけが、保存運動をめぐる行政への働きかけやほかの住民への呼びかけの際に補完的な役割をしたことを示唆する発言が、関係者とのインタビューにおいて聞かれた。

これらのことが示すのは、ソトの世界を知るウチの者、すなわち「嫁」や「研究者」といった外部的な視点が、エリア内部の特性もしくは特徴――すなわちローカリティ――を住民らに意識させ、それがひとつの町おこしイベントに繋がるというプロセスである。町おこしは「行政主導ではなかなかうまくいかない」とよく聞くが、真壁町のケースをみると、まさにその意味がわかる。

町おこしの一般的なパターンとしては、自治体から予算がつき、商工会議所などに所属する有力者や政治家、地方の「名士」と呼ばれる人々――それは男性であることが多い――が、いわば町の顔となり、活性化を「推進」してゆく。その土地ゆかりの人物やモノに因んだイベントを開催し、モニュメントを建設し、年単位で区切られた報告書を作成して――実際にそういった書類を直接作成するのは「彼ら」ではないことも多いが――ひとつのプロジェクトを終える、といった具合である。そういった地域活性事業は枚挙に遑がない。

困ったことに、そのような事業が「なかなか成功しない」「長続きしない」「赤字ばかりだしてしまった」という話も、数え切れないほど耳にする。あえてここで具体例を書くまでもないほど、地域活性化事業は「失敗」となるケースが多い。行政からの助成がなくなれば終わり、予算を使い果たしたらおしまい、といった取り組みではなく、持続的でより地元に密着した町おこしには、ソトの視点をもつ人物や住民、そして場所そのものが「メディア」になることが重要である。ただ、『谷根千』や『渡良瀬通信』のエリアにおいても同様の問題、すなわち地元有力者でも議員でもない一市民がいい提案をしてもなかなか実を結ぶことはない／難しいといった問題はあるようだ。

地域活性事業がうまくいかない理由はいろいろ考えられる。はじめに「予算」ありきの官主導だから、地域が一丸となっていないから、イベントへの知識不足でうわべだけの活性化事業になってしまうから、マスコミへの宣伝が足りなかったから、などなど、ざっと考えただけでもいくつもある。

比較的うまくいっている真壁町の「ひな祭り」でも、渡良瀬エリアと同じような問題をいくつか抱えている。ある時期（イベントのとき）だけ観光客がどっと押し寄せることが、はたして長期的な視点からみて「良い」といえるのか、そして、町おこしのイベントが一時的には成功しても、雇用の創出には繋がらず、若者の地元離れが止まらないという問題もある。

しかし注意深く考えてみる必要がある。そもそもなにをもってして「成功／失敗」とみなすのか。もうすこしこの疑問を具体的に説明すれば、イベントの収益や来場者数をいつからいつまでの期間を区切ったうえで計算して「成功／失敗」と結論づけているのか、ということである。じわじわと地元への愛着を育ててゆくという姿勢や、地域の担い手として次世代の子どもたちを育てるようなプランについては、数年単位での「評価」では計りきれないものがある。「サステイナブル（持続可能）な町おこし」を掲げてその評価を出すとき、一年後の成果だけで判断するのはおかしな話である。「持続」というのはいうまでもなく時間の経過をともなっているわけで、持続可能な町おこしが「今年は成功しました」という報告はなんともおかしな話である。そもそも所詮人間が生きる時間軸のなかでは持続しているかどうかの評価などできないのかもしれない。

ローカルな帰属意識（ローカル・アイデンティティ）を育むには時間がかかり、また場合によっては都道府県・市区町村単位を越えた思考の枠組みが必要とされる。だからこそ、行政圏を基盤とした組織よりも、柔軟に対応できるローカルな組織にそういった町おこしに関わることが求められるのだ。

ところで近年、ローカルな領域への価値づけが、とくに若者の間で多少変化してきているように感じる。彼らは、大人たちがエンヤコラと「町おこし」をしているのを横目に、まったくちがった感覚で——ときに自嘲気味ではありながらも——「地元への愛」を彼らなりに表現する。

かつては、「地方」もしくは「地方的なもの」に対しては、「東京」もしくは「東京的なもの」が上位に位置づけられ、その頂点をめざして——「東京的なもの」になることをとおして——両者の格差を解消しようとしていた時代があった。地方から上京した青年たちは、郷愁を抱えつつも、故郷や母親を東京と対極にある「恥ずかしいもの」として理解することに努め——それが彼らにとって、東京で生活をしてゆくためのやむを得ない「ストラテジー」であったのかもしれないが——、地方的なものとの社会的・心理的距離を自らつくりだそうとしていた。

テレビドラマや演劇にもなった重松清の『定年ゴジラ』には、そのような状況が印象的に描かれている。故郷の「訛り」を隠し「里心を抑えつけながら」東京の銀行で働きはじめて二年が過ぎた主人公の山崎さんは、上京してきた母親と待ち合わせた上野駅で、彼女から「顔ヲソムケタ」ことを回想する（重松 2001：171）。東京の生活に必死になって慣れようとがんばっているのに「張り詰めた気持ちがいっぺんに萎えてしまいそう」で母親には会いたくなかった彼は、老舗の「虎屋」で羊羹を買いたいという母親に冷たくしてしまう。「上野駅からちょっと足を伸ばせば」赤坂に着くと思っているような母親を「むしょうに腹立たしく」感じたからだ。そして、「東京に暮らし慣れたところ」をみせたくて歩調を速める山崎さんから遅れ、はき慣れない借り物の靴で足を痛めてうずくまる母親、その「踏みつぶしたくなるぐらい小さく、みすぼらし」い母親の背中に「耳が熱く」なったこと（Ibid.：174）をニュータウンで定年をむかえた山崎さんは悔やむ。かつて上京した母親に付き添ってきた故郷の友人チュウとの再会が山崎さんを過去に連れ戻したのである。

貧しい家庭に育ったチュウは、手癖が悪く定職に就かずにいるのだが「級友の母親になぜか気に入られる」(Ibid.: 165)。このチュウとのやりとりをとおして、「東京と田舎」の特徴が鮮明に描き出される。

「要するに、ターちゃん[6]のおっかさんみたいな人は、こういう街にはいねえってことだ」

「田舎者がいないってことか」

「違う違う、負けた奴やがんばれなかった奴を許してくれる人がいねえから、なんのことはねえ、勝った奴とがんばった奴しか住めねえ街になっちまうんだ。わかるか?」

山崎さんはあいまいにうなずいた。(Ibid.: 193)

この場面に自分を重ね合わせた団塊の世代は多いかもしれない。チュウにとっては「田舎者」であっても成功して「勝ち組」になれば受け入れてもらえるのが「都会」である。一方、「田舎」は「負け組」や「がんばれなかった人間」も受け入れてくれるところである。実際にそうであるかどうかはともかくとして、手癖の悪さゆえにどこにも居場所をみつけられないチュウという人物をとおして、がむしゃらに働いてきた山崎さんたちの「勝ち組」の世界(ここでは東京という都会)と彼の母親やチュウの姿に象徴される地方とのコントラストが鮮明に描かれている場面である。

この物語の主人公が現役で働いていた時代は、たとえば方言も「隠すもの」「恥ずかしいもの」とされ、それにともなって、地方の(ローカルな)文化にもまた、成功者の街である東京や大阪といった大都市への「憧れ」とは対極的な価値づけがなされてきたのだろう。しかしながら、近年、「地元民（ジモティ）」としての誇り、「地元」のかっこよさ、といった価値観が強調されて描かれる作品も目立ってきた。「かっこよさ」まではいかないにしても、自分の育った、そしていまも生活している土地を、しばしば自虐的にではあるが、自分の帰属対象として積極的に提示することがめずらしくなくなった。

地方都市を舞台にした若者のドラマ、たとえば「木更津キャッツアイ」では東京の象徴でもある「スターバックス」が地元（木更津）にもできますように、と願う若者や、地元の仲間とともに草野球をしながら淡々と生きてゆくことを望む若者たちの姿がコミカルに描かれる。スターバックスのコーヒーが飲みたいのならば買いに行けばよいのだろうが、そうではなく、スターバックスが地元に「来る／できる」ことが願いなのだ。なにがなんでも東京に出て行ってやる、という姿勢ではない。

さらに、近年の若者のローカリティを考えるとき、「（地元の）ヤンキー」と呼ばれる人々を抜きには語れない。彼らは地元で生まれ育ち、地元で職に就き、年若くして家庭を築き、地元の祭りや地域性の強いスポーツ（サッカーや野球）のイベントには子どもとともに積極的に参加する。そういった点で、彼らヤンキーはローカルな文化の担い手もしくは継承の中心的主体といえよう。ヤンキー（暴走族）とチーマーのちがいを、ヤンキーが地域に密着しているのに対してチーマーは地域とそれほど密着していないところだと永江朗は指摘する（永江 2009：42-43）。すなわち、チーマーは「活動する場所（たとえば渋谷センター街）は固定していても、そこがメンバー一人ひとりの地元というわけではない」ので「卒業してしまえばおしまい」であるのに対し「暴走族／ヤンキーは違う。地元に密着している。チームを卒業しても実家はあるので、ＯＢ・ＯＧとしての関係は続く」（Ibid.）。本書が射程に置くところの

「ローカル」概念からすれば、チーマーとヤンキーの双方がそれぞれが「ローカルなあり方」のふたつの形態を示しているように思える。すなわち、チーマーは獲得的なローカリティを基盤にし、ヤンキーは生得的なローカリティを基盤にして、それぞれの場所と結びついたローカル文化を実践していると考えられるからだ。なおかつ彼らは、一時的であれ持続的であれ、ローカルな領域への愛着を隠さない。

大学で新入生を迎える時期、方言をできるだけ喋らないように「努力」している学生や、地元のローカルな文化をさりげなく隠している学生をいまでもときどき目にするが、それでも『定年ゴジラ』で描かれているような「都会／田舎」観とは多少ちがった価値観をもちあわせているように思われる。それぞれのローカル文化を出し合って異文化比較をする授業で、学生たちは次々と自分や友人の「ローカル文化」をみつけてくるが、そのとき地元への愛着や誇りが言葉の節々に出てくる学生も少なくない。「地元のこと」を楽しそうに話す学生もいる。ローカルな文化への評価や関心は、ローカル文化のあたらしい世代の担い手のなかで、徐々にではあるが高まってきているのかもしれない。

3　多文化共生に向けたローカル・メディア論

現代のグローバル社会に生きる人々の帰属意識を考えるとき、ローカリティ（地域性）抜きには語れない。もちろん、ローカリティや自分の故郷や地元に対する感情は、愛憎なかばという人もいるだろう。しかし、国籍や言語（母語）だけが文化的帰属の対象ではないということである（Okamura 2010）。

たとえば、「団地」もローカルな領域のひとつである。そしておもしろいことに、団地にはふたつの種類の閉鎖性がある（岡村 2008）。閉鎖性とは、必ずしも閉塞的な状況を示す意味に限定されているわけではない。ある境界によって「ソト」と区切られた「ウチ」なる領域という意味である。たとえば、映画において表象される団地をみてみると、『しとやかな獣』（川島雄三監督、一九六二年公開）や『団地妻――昼下がりの情事』（西村昭五郎監督、一九七一年公開）ではとにかくいつかは抜け出したいといった――そして一戸建てに住みたい――「ハコ」的な閉鎖性が描かれ、二〇〇二年公開の『ピカ☆ンチ』（堤幸彦監督）では、ある種の郷愁をもおびた「ムラ」的な閉鎖性が強調されている。つまり、各戸、各世帯ごとに区切られた部屋が「ウチ」なる世界を形成している場合と、団地の敷地が「ウチ」なる世界になっている場合である。とくに「ハコ」的な団地イメージにおいては、団地での「窮屈な」生活が一戸建ての生活との対比において描かれているが、一方で「ムラ」的団地は故郷にもなりうるのである。近年の団地は、老朽化が進み建て替えの時期をむかえている。団地によってはスラム化しているところさえある。一九六〇年代のあこがれの団地への逃走（Escape to 団地）は、やがて団地からの逃走（Escape from 団地）になった[7]。

しかし最近は、団地を「懐かしむ」人々も現れた。団地で育った世代が、あるいは団地の生活を横目で見ながら育った世代が、近年、団地を「愛着」の対象、「懐かしむ」対象として捉え、なかには団地マニアとなっている者までいる。団地はけっして暗い閉鎖的なハコモノでしかないわけではなく、ある人々にとっては団地こそがまさに麗しの居住環境であり、愛しい故郷なのだ[8]。

本書でとりあげてきた谷根千、北摂、渡良瀬（両毛）というローカルな領域とはちがって団地や郊外といった空間は、土着性や歴史性、その土地らしさ（ローカリティ）に乏しいと思われがちだが、そうともいい切れない。もし、土着性や土地の歴史というものが次々に生まれ積み重なるものだとするならば、団地や郊外にもそれは「生じて」しかるべきであろう。

たしかに、郊外から地方都市に向かうと、かならず大規模なショッピングセンターや国道沿いのパチンコ屋、紳士服チェーン店、中古車屋、そして数々のファミリーレストラン……と、どこかでみたことのあるような、「私」にとってはとりたてて特徴のない風景に出会うことはしばしばである。しかし、そこで育つ子どもたちがいる。さらにいえば、彼らがどこの国籍であるか、どの言語を母語にしているかに関わらず、そこがいつの日か彼らの故郷となるかもしれない。ある人の目からみれば、チェーン店が整然と並ぶ「とりたてて特徴のない」風景であっても、そこで生まれ育った人たちにとっては家族とともに楽しい休日を過ごしたショッピングセンターであり、友達と朝まで悩みを語り合ったファミレスであり、貯めたお金ではじめて買い物をした店である。それゆえその町は、思い出深い「特別な」ローカルな領域になるだろう。さらには、土地への愛着の有無に関しても、実際にそこに居住しているか／いたかどうかさえ関係ないようなケースもある。たとえば、東京の上野をフィールドにした調査では「上野の人々」という言葉が上野（台東区）に住民登録をしているかどうかではなく「上野で長年商売をやっている人」かどうかによって当事者たちに定義づけられていることが示されている（五十嵐 2003：236）。要するに、ローカルな領域への愛着というものは、それぞれの経験や思い入れとともに形成され、一朝一夕に築き上げられるものでもなければ、行政的な帰属で判断できるようなものでもない、ということだ。

こうした前提のもとでローカルなエリアへの愛着について考えると、そこで生活する人々のなかに

「ローカルであること」の誇りを徐々に醸成してゆくことがいかに大切であるかがわかる。

ところで、地域活性化の議論とはまったく別の分野ではあるが、多様な文化が共生する社会をめざす教育をめぐる議論は、ローカル文化の研究にとっても示唆的である。多文化主義（マルチカルチュラリズム）の理念にもとづいて実践される教育、すなわち多文化教育のなかで実践されている試みのひとつに、子どもたちに自分の出自に誇りをもたせるような教科書づくりというのがある。

多文化主義とは、それぞれの文化間の文化的な差異を、とくに教育や政治などの場面において積極的に認めてゆこうとする理念である。この理念をめぐっては、理論的にも実践的にもさまざまな問題点が指摘されてはいるものの、それでも多文化の共生を考えるうえでは無視して通ることのできない理念であり、争点のひとつである。多文化教育では、この多文化主義の考え方を教育の場に持ち込み、とくにエスニック・マイノリティに属するもしくはそこを出自とする児童・生徒たちが、知らず知らずのうちに、マジョリティ文化と比べて自分たちが「劣る」存在だと意識しないように配慮する教育的実践をしている。その一環として、アメリカでの多文化教育プログラムの場合、教科書に出てくる「偉人」「賢人」を白人男性ばかりにせず、黒人、ネイティヴ・アメリカンの人々、そして女性も積極的に取り入れた教科書を作成し、さらに子どもたちのステレオタイプを突き崩すようなワークショップなども実施している。そういった教育プログラムをとおして、互いの文化的差異を認め合い、とくにマイノリティの子どもたちが自分の民族的・文化的出自に誇りをもてるように配慮するのである。

この多文化教育の理念と実践の手法に対しては批判する声もある。当事者の児童・生徒の希望に関係なく、彼らの「民族的」出自をなかば「押しつけ」に近いかたちで強調してしまってはいないか、あるいは教育現場でとりあげられる「文化的差異」が教育者によって選別され――つまり、とりあげられる「民族」と、とりあげられない〈民族〉が出てくる――、マイノリティ集団のなかのさらに「マイノリティ」の文化が無視されてはいないだろうか、あるいは、民族や言語のみを基準に子どもたちの文化的帰属意識を捉えるのではなく、もっと広義に文化を捉えてもよいのではないかといった問題である。

しかしそれでも、とくに自分の文化的（あるいは民族的）出自に誇りをもちにくいような社会的状況に置かれている子どもたちが、そういったカリキュラムのなかで自文化への誇りをもつことに繫がる「情報」を与えられるという点では、学ぶところは多い。いうまでもなく、自分の文化的帰属意識を結果的にどこに置くかは当事者の選択もあるが、特定の文化についてのネガティブな価値づけや情報「だけ」が教育現場で提示されることによって、自文化を見下さざるを得ない状況が生じる。そういったケースはわたしたちの周りにもあるのではないだろうか。

多文化教育の理念から学ぶことは、その目的にも掲げられている「各自の文化に誇りをもつ」という考え方である。ここでいう「各自の文化」を、自分が育ったところの文化、自分が愛着をもつところの文化と広義に解釈するならば、そこには国籍、民族や言語、宗教に限らないローカルな文化までふくまれてよいだろう。そのローカルな領域で、どれだけ長い期間暮らしたかは問題ではない。そこに親類縁者が住んでいるかどうかも問題ではない。現在の「自分」を形成したさまざまな文化のうちのひとつが、ローカル文化なのである。文化的帰属意識というものは、各個人にひとつではない。それぞれの個人は、それぞれの場面においてそれぞれの顔があるように、文化的帰属意識もさまざまな局面において多層的にそして複雑に絡み合っている。そのうえで、ひとつの文化的帰属意識としてのローカリティ――国籍だけが帰属ではない――と、そのローカリティを誇りに思うこと、これが持続的な地域活性化の鍵を握っているのではないだろうか。

たとえば、川崎市が取り組む外国人市民施策においては、日本人とともに外国籍の住民も関わっており、「日本人」「外国人」という枠を超えた「川崎市民」という新たなアイデンティティがはぐくまれているという報告はきわめて興味深い。坪谷美欧子は、「確かに外国人保護者が支援を必要とする場合もあるが、彼らは絶対的な弱者ではなく、他の面では能力を有する対等な存在であるということを忘れるべきではない」（坪谷 2007：73）と述べているが、ここで例示される「川崎市民というアイデンティティ」というのも、国家や民族に限定されないひとつのローカルな領域への帰属であると考えてよいだろう。ただ、繰り返しになるが、地域への愛着、その地域で生まれ／育ったことへの誇り、そういった主観的・情緒的な事柄は、すぐに「結果」として現れにくいところがある。それゆえ、このような地域社会における新たなうねりは長期的な視野にたってみてゆかなければならないだろう。

現代のローカルな社会（地域社会）が抱えるさまざまな問題にアプローチするとき、根本的なことが見過ごされがちである。谷根千、北摂、渡良瀬（両毛）それぞれのケースが示すような、ローカルな文化単位（とみなされているもの）はつねに差異を内包している、ということだ。異質なもの、相容れないものが共に暮らすひとつの社会を多文化社会だと定義するならば、ローカル社会もまた多文化社会である。国籍や言語がちがう人々が地域社会の「異質なもの」であるということは目にみえてわかりやすいが、「国際化した」社会だけが多文化社会ではないのだ。

あらためて考えてみたい。日本国籍であること、もしくは日本語母語話者であるといった共通点が、どれほど異文化間コンフリクトを軽減しているというのか。日本国内で引っ越しをしたり、転校したりした経験のある人は、日本人どうし、日本語母語話者どうしでも異文化関係が生じることを知っている。「多文化社会における共生」の問題と「ローカル・メディア」という、それぞれまったく異なった（ようにみえる）分野は、ローカルな領域を広義に捉えてゆく視点からは、きわめて近しい関係にある。本書はこのふたつの分野を統合する「学際的」アプローチともとれるが、むしろこのふたつが別々の領域の論題ではないということも最後に指摘しておきたい。ローカル・メディアは、「異文化間コミュニケーション」研究を専門とする者にとっては避けて通れないテーマなのである。

注

（1）今尾恵介は、例外もあるが「個々の地名には必ず一定の領域がある」ので、「国名を自治体名に使うことは、その地名と領域がこれまで保持してきた秩序を混乱させる」と結論づけている（今尾 2008：23-24）。

（2）それでも、旧国名が一〇〇年余りの時を経て現代に「復活」していること自体はきわめて興味深い現象だと思っている。新しい地名をつくってしまうこともできるであろうに、なぜ旧国名なのか？　結局は旧国名によって境界づけられた領域のほうが実生活に即しているから、という見解もあるだろう。しかし、一時は公に使われなくなった名称（記号）を見聞きしたり使用したりすることなくして、それを地名の呼称として（そして正式名称として）認識することはない。つまり、誰か（個人かもしれないしマスコミかもしれない）が旧国名を使用しつづけることこそが、各自の生活圏と旧国名の領域が「実際に」合致しているかどうかよりも強い影響をもっているのではないだろうか。

（3）もともとこの会は、『渡良瀬通信』が主催していたが、現在は有志でつくる「呑んでいい会」が主催者で運営している。めずらしい日本酒や焼酎が試飲できて、なかなか楽しい会である。

（4）だからこそ、取材をはじめた当時、まだ一介の大学院生でしかなかったわたしの研究にも積極的に協力してくれたのだろう。彼らの懐の深さには、深く感謝している。

（5）もちろん、実質的にさまざまな手続きや交渉をする役割を担う人はいるが、表向きは（公的には）「中心人物をつくらない」と、取材をした「世話人」の男性は説明していた。『JOYO ARC』（常陽地域研究センター編、二〇〇六年四月号、二九 - 三四頁）に「真壁町の地域力を探る」と題した詳細な報告がある。また、同誌二〇〇六年三月号と二〇〇八年五月号にも関連記事がある。なお、真壁町の「ひな祭り」取材はＪＩＡＣ赤津一徳氏の協力によって実現した。

（6）「山崎さん」のこと

（7）森千香子は、団地からの脱出のプロセスを次のように説明している。すなわち、「団地に弱者が集まり、孤立が進み、マイナス・イメージが定着すると、住民は自己の尊厳を守るために他の住民との差異化を図り、そこから抜け出すことを画策するようになる。団地内で学力が高いなどの個人的資源を持ち、社会上昇の可能性を持つ者は、団地からの『脱出』を目指し、それに成功することが多い。能力の高い個人が転出すると、団地の潜在的な力は一層低下し、建て直しがより困難になるという負のスパイラルに陥る」（森 2006：106）。この考察の背景には、近年の団地に増えてきた外国人と福祉対象者（高齢者や障害者など）をめぐって、「自立」や「ノーマライゼーション」のもとに進められる集住（＝森はそれを「福祉施設化」という）によるスティグマ化、そこから引き起こされる貧困や恥の再生産（負のスパイラル）、外国籍住民同士の差異化といった問題がある。それゆえ森は、団地における「共生」をめぐっては、文化や生活習慣、言語のちがいによって住民間のトラブルが引き起こされることが多いと認めつつも、日本人／外国人という対立図式で捉えるだけでなく、「『共生』を困難にする『異文化接触』以外の要因」すなわち「自分の生活や居住空間に対する不満から他人に不寛容になり、関係構築を難しくすることもある点」（森 2006：106）にも目を向けている。

（8）東京の中心部からはすこしはずれた団地を舞台にしたコメディ映画『ピカ☆ンチ』にも、似たような場面がある。

この作品では、団地はひとつの確固としたローカルな領域とされ、仲良し五人組が原宿に出かけるときには――たいした距離ではないにもかかわらず！――大げさな別れのエールが住民たちから送られたり、彼らのうちのひとりのガールフレンドが団地に遊びに来たときは「ヨソ者」だとバレないような振る舞いを彼女に要求したりする。五人の主人公だけでなく団地の住民たちもまた、ローカル・ルールのなかで生活していることを「恥ずべきこと」とは思っていないばかりか、むしろ誇りに思っているように誇張されて描かれているのがおもしろい。

資　料

地図に描かれたさまざまな谷根千

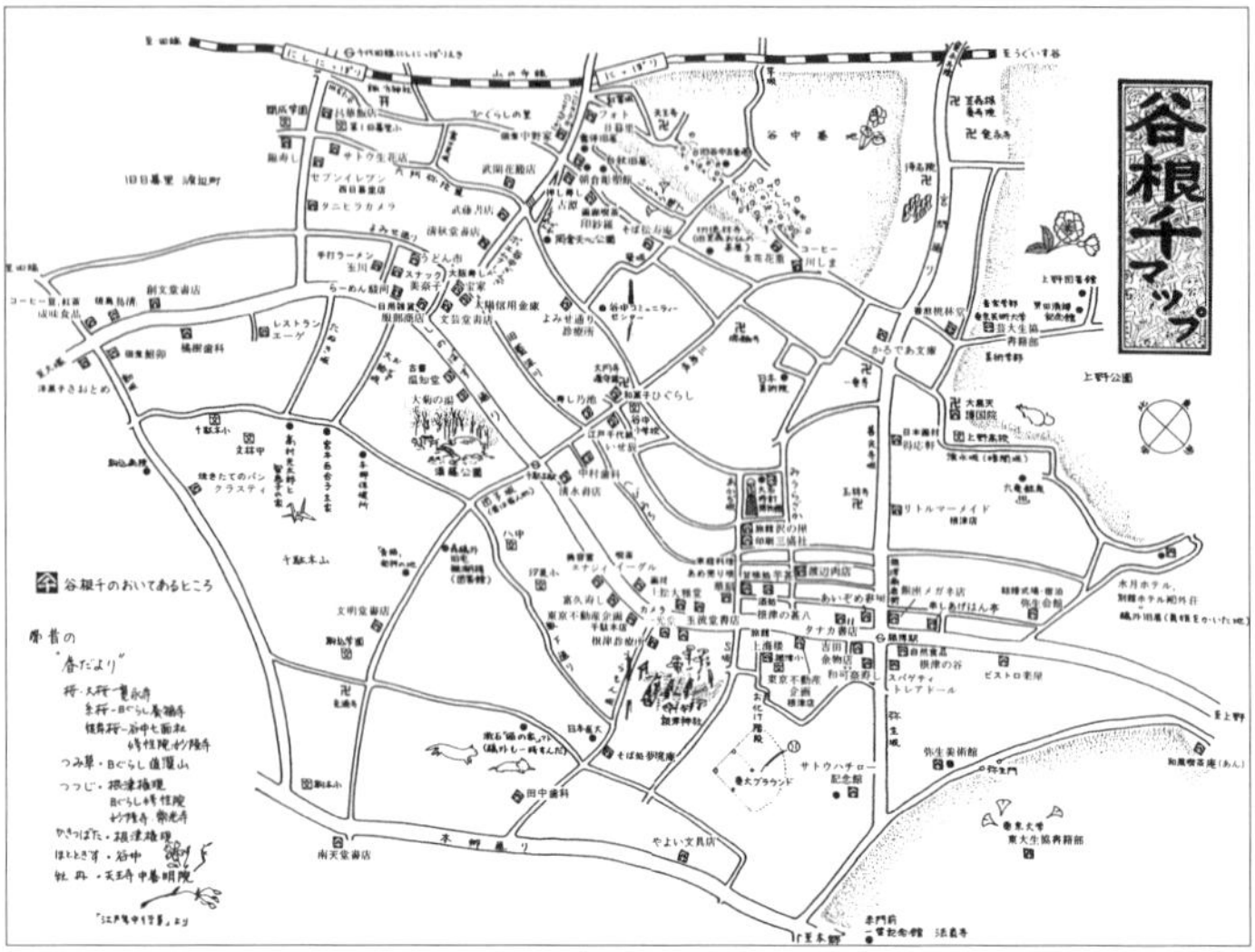

1－(a)『地域雑誌　谷中・根津・千駄木』其の三，1985年

注：1－(a)～14－(a)の地図中の店舗・施設等の情報は，各誌の発行時点（もしくは撮影した当時）のものである。

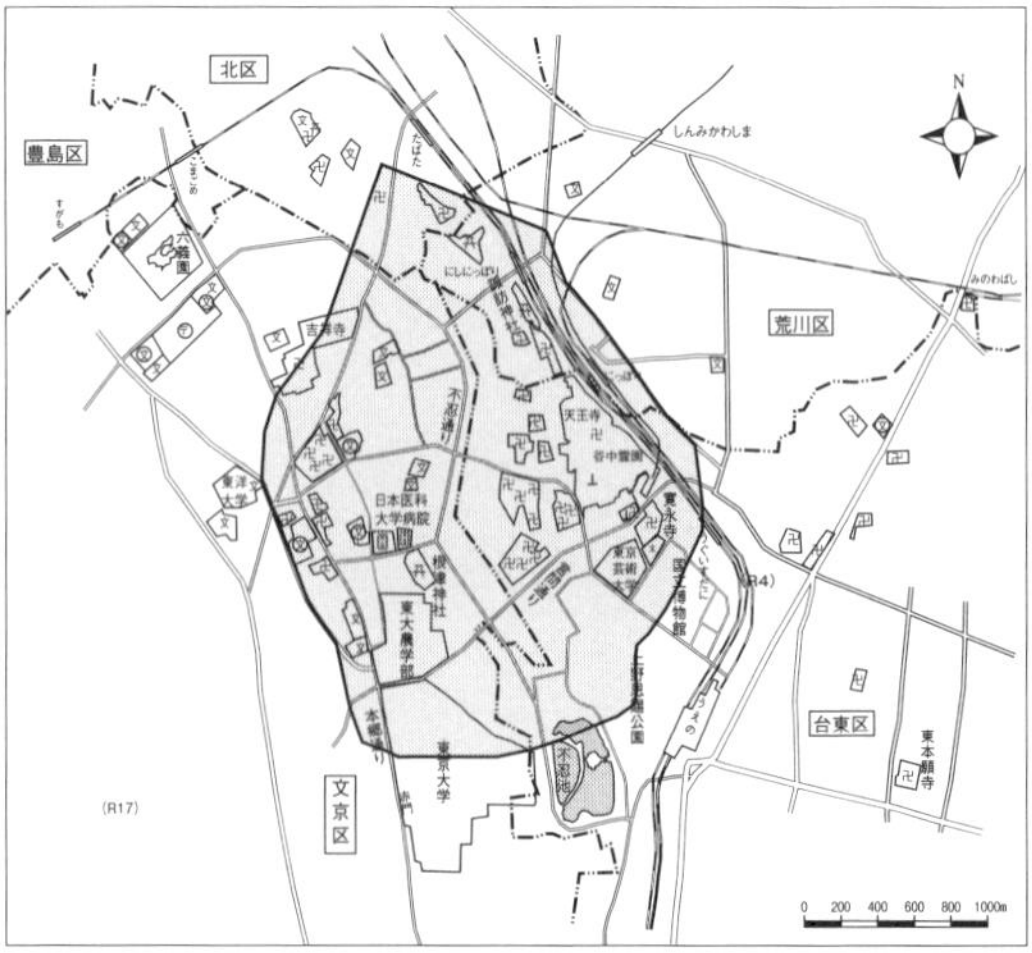

1－(b)

2-(a)『食は下町にあり』下町タイムス社，1991年

注：2-(a)の地図の版権の所在に関して情報をお持ちの方は
　　ミネルヴァ書房までご一報お願いします。

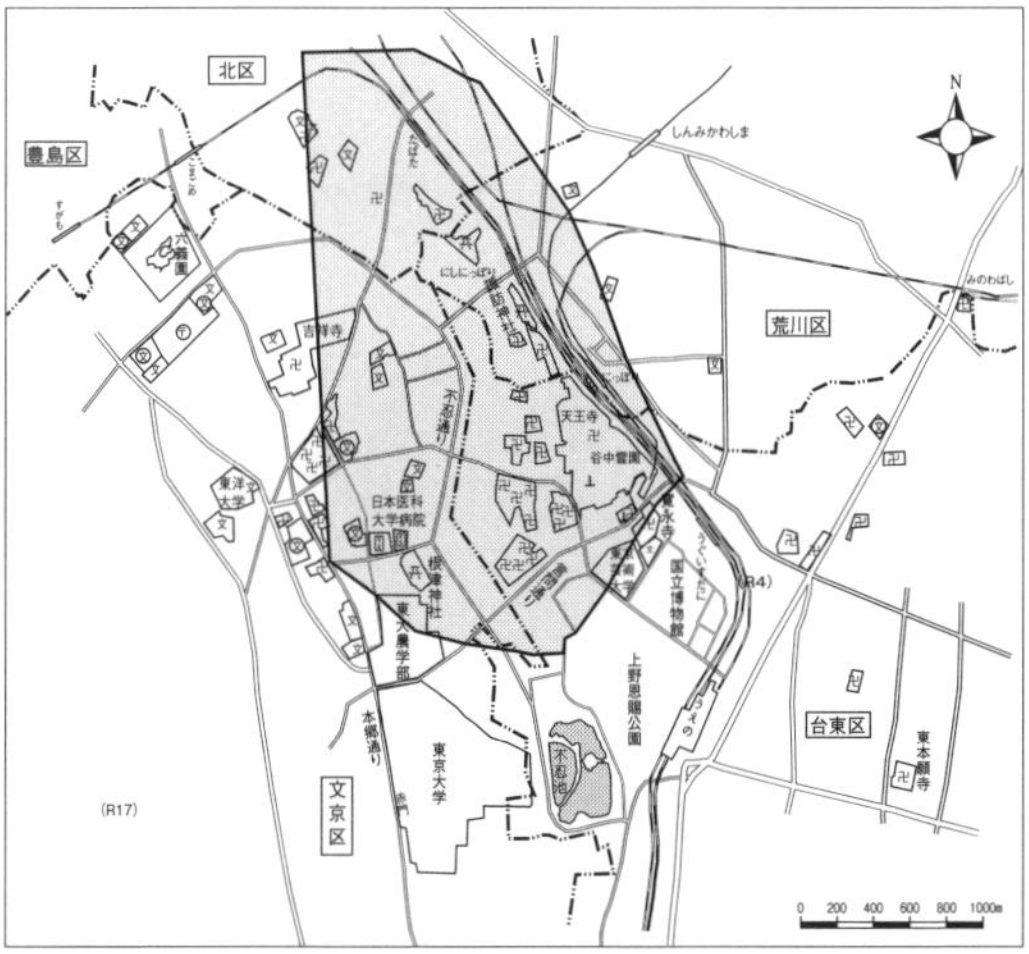

2-(b)

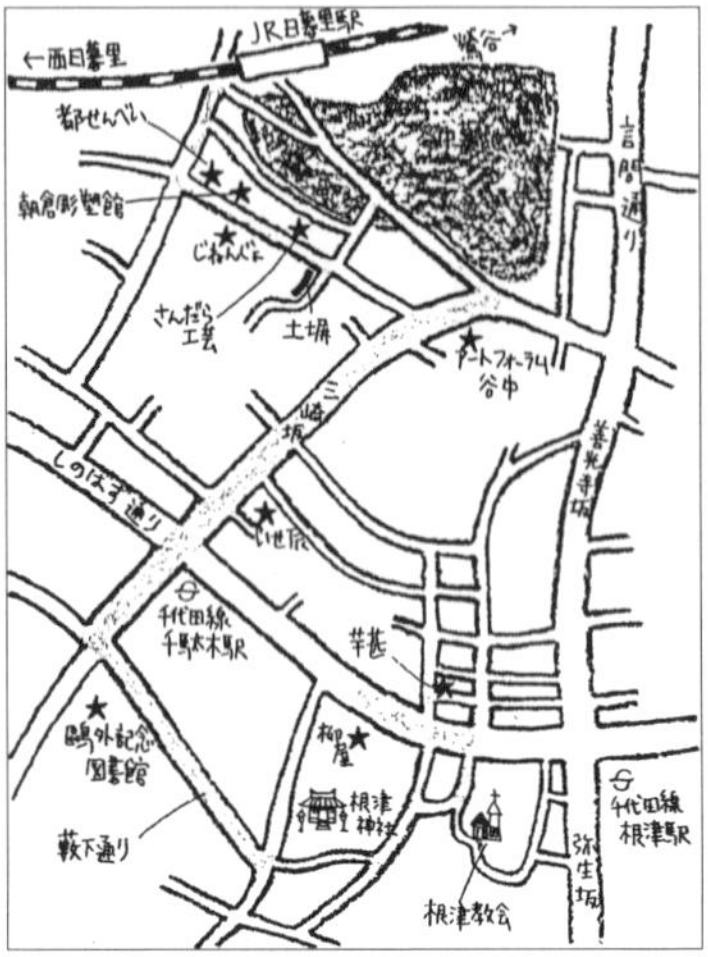

3－(a)『クロワッサン』マガジンハウス，1993年５月10日号

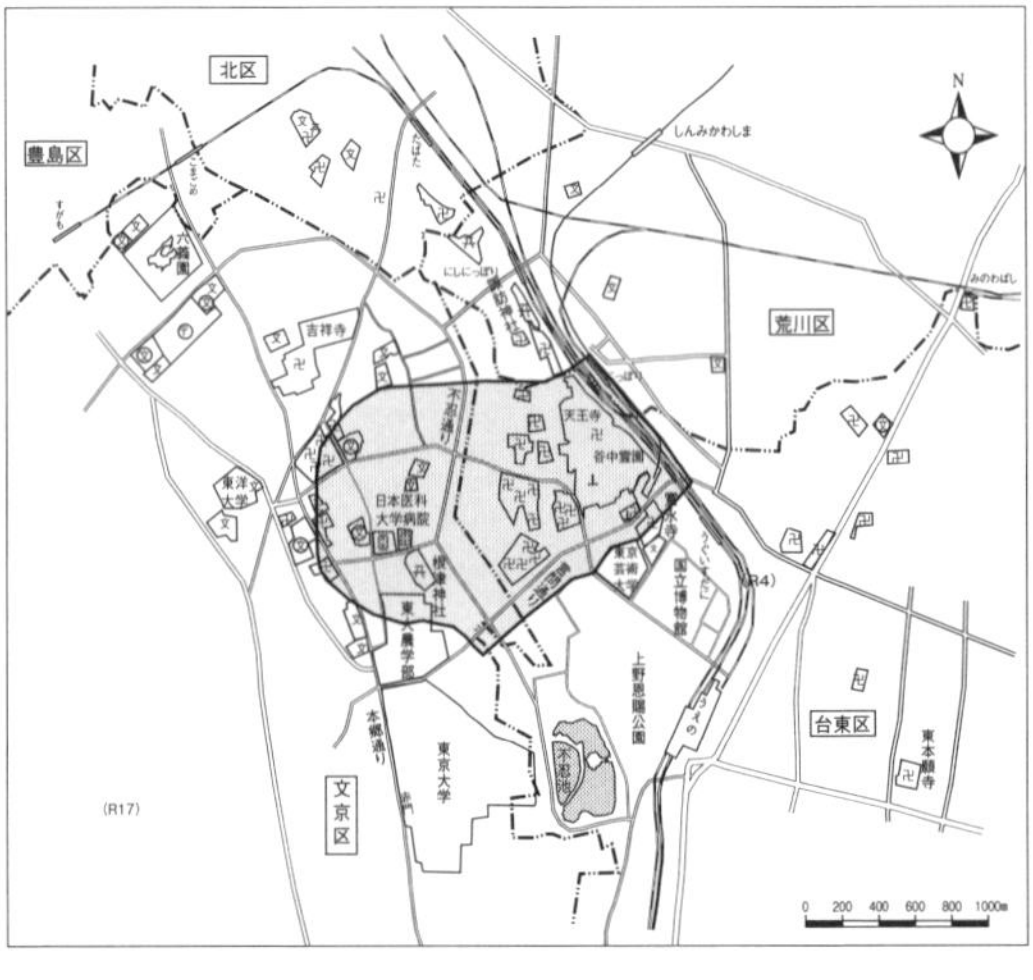

3－(b)

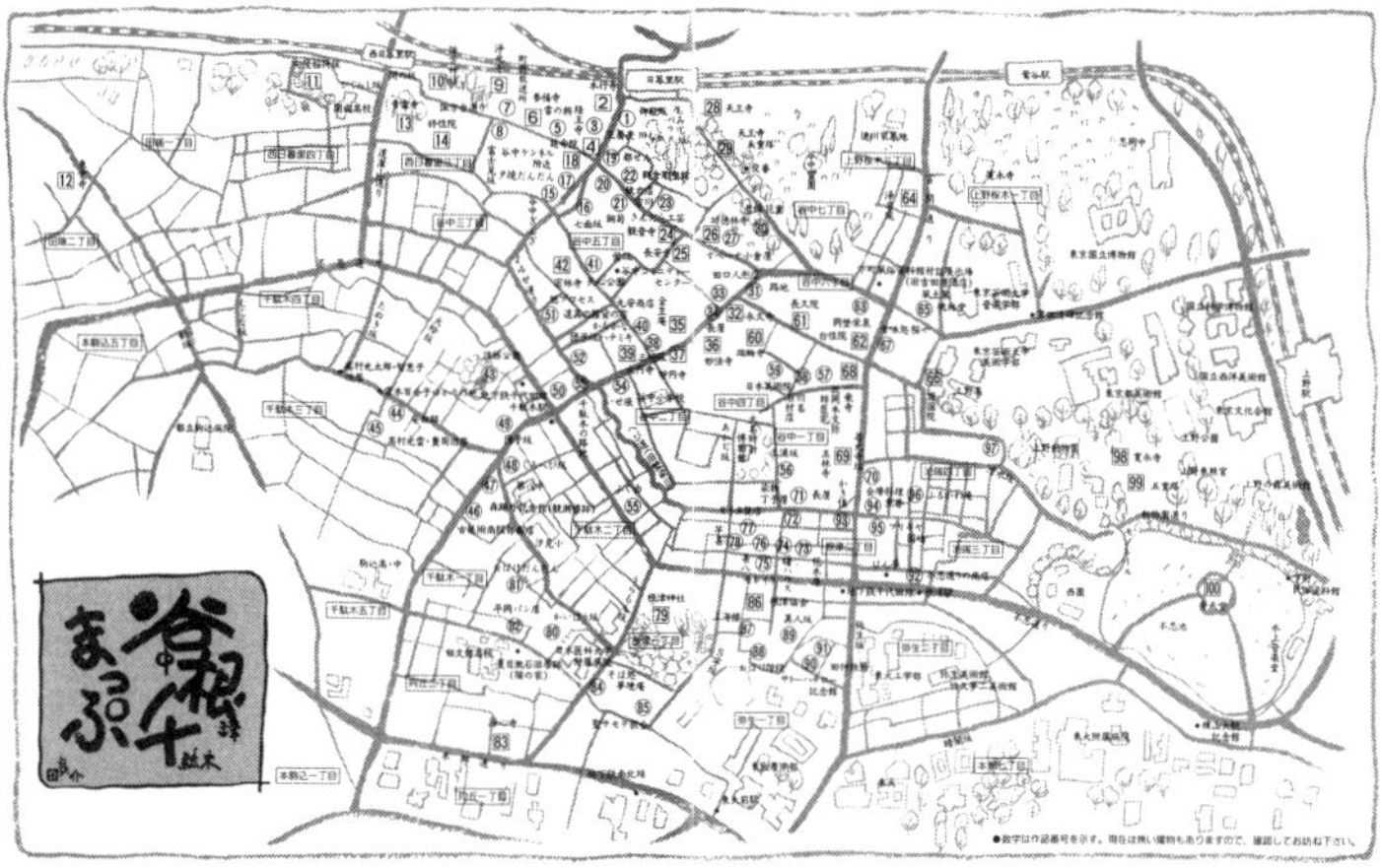

4 -(a) 石田良介『谷根千百景』日貿出版社，1999年

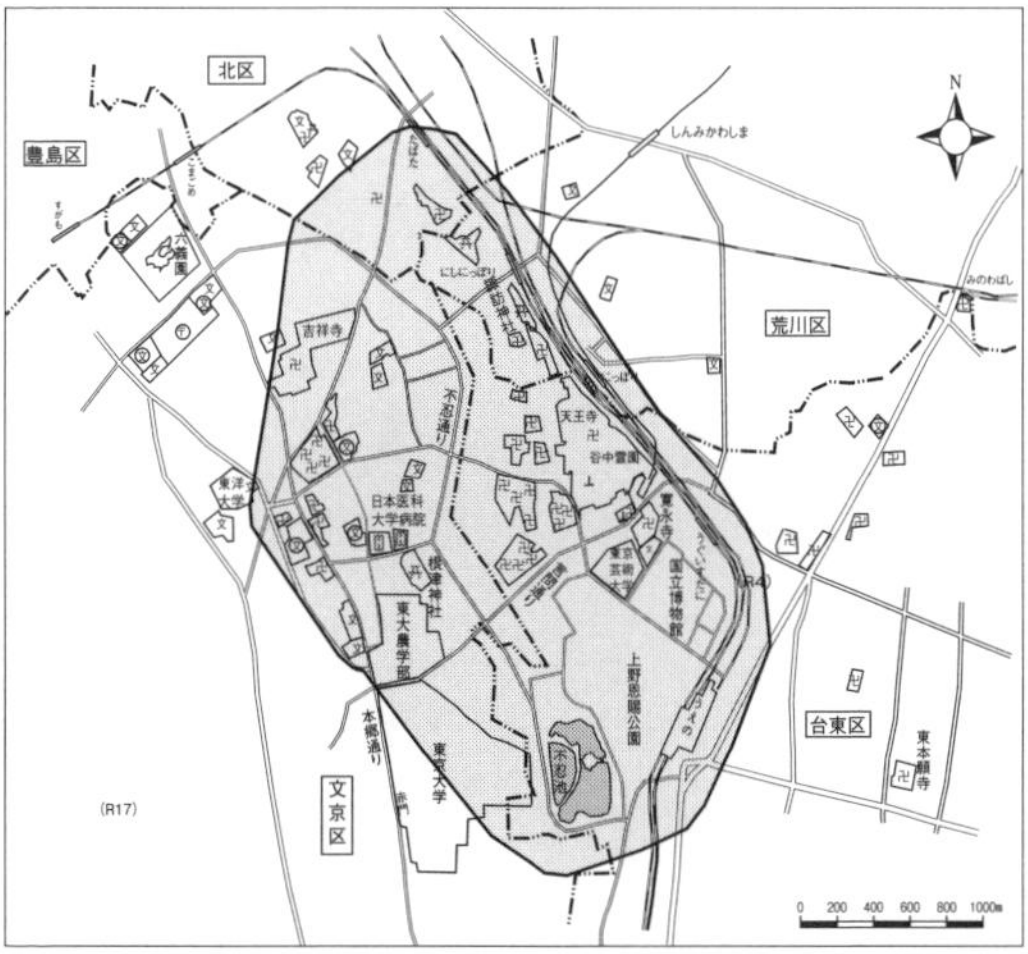

4 -(b)

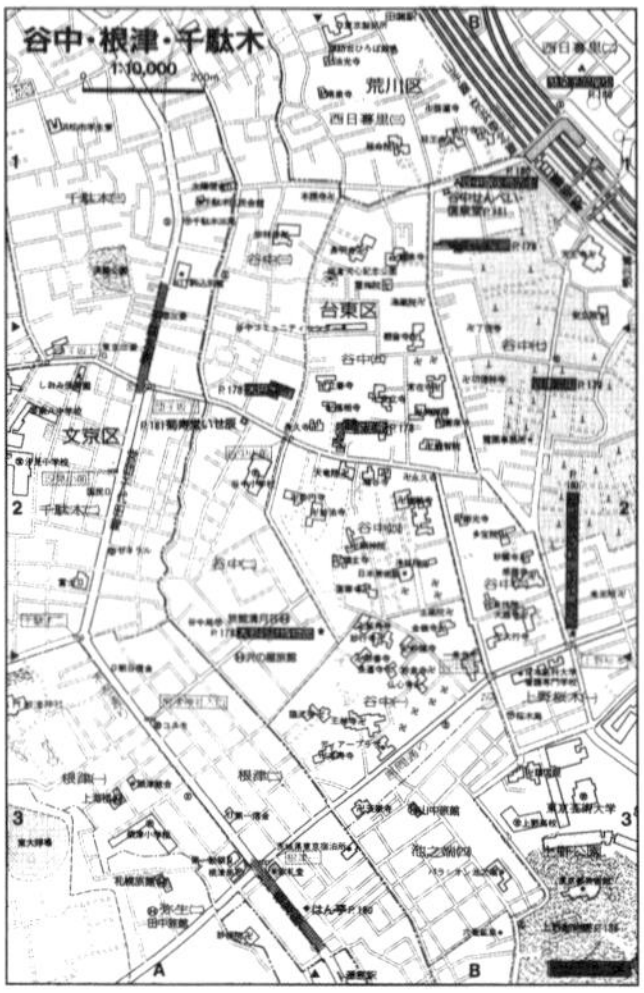

5－(a)『エリアガイド13　東京』昭文社，1999年

注：地図使用承認© 昭文社第11w001号

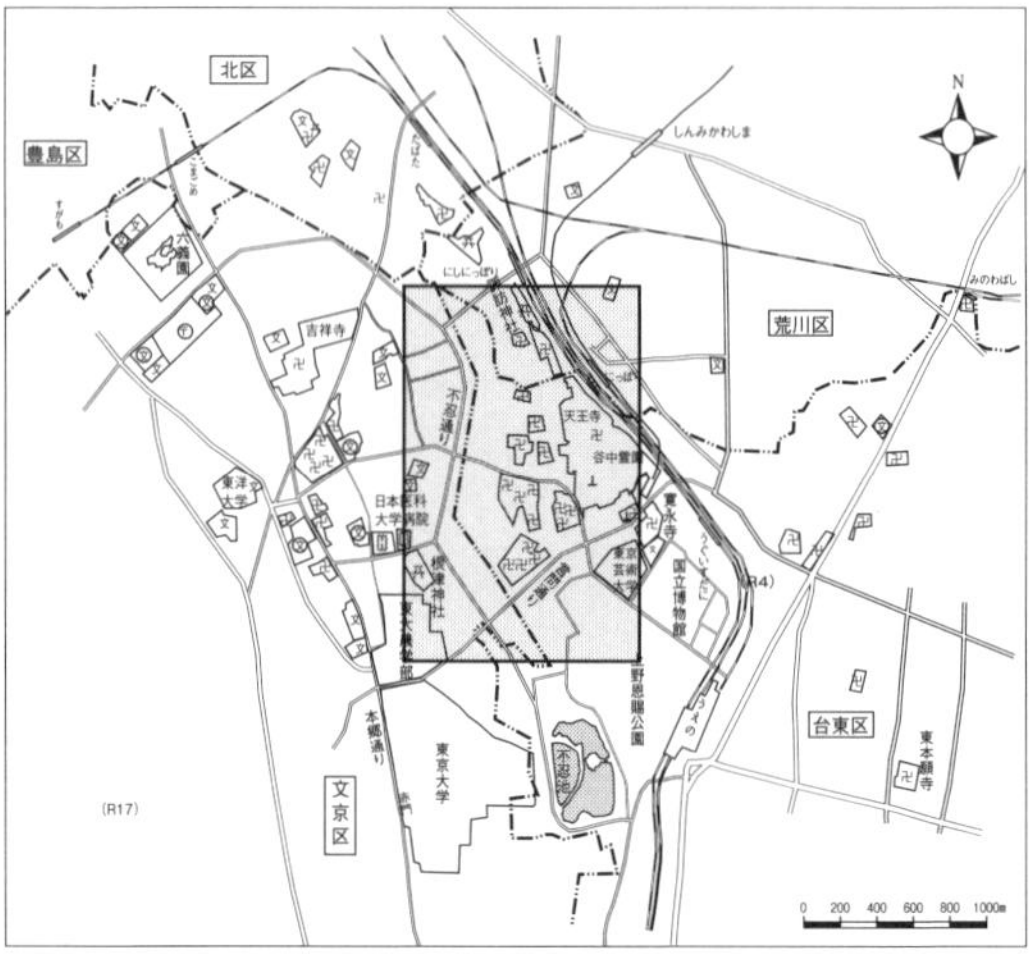

5－(b)

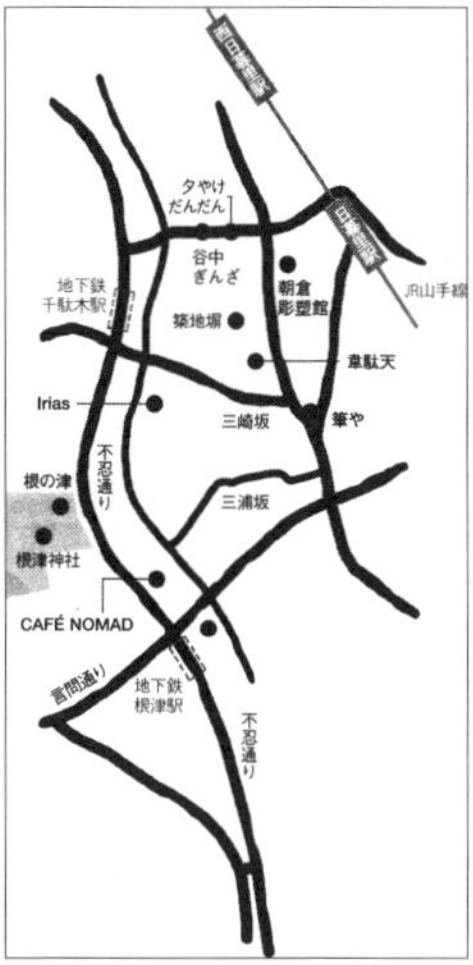

6－(a)『Oz magazine――粋な下町　味な下町』スターツ出版，2003年７月28日号

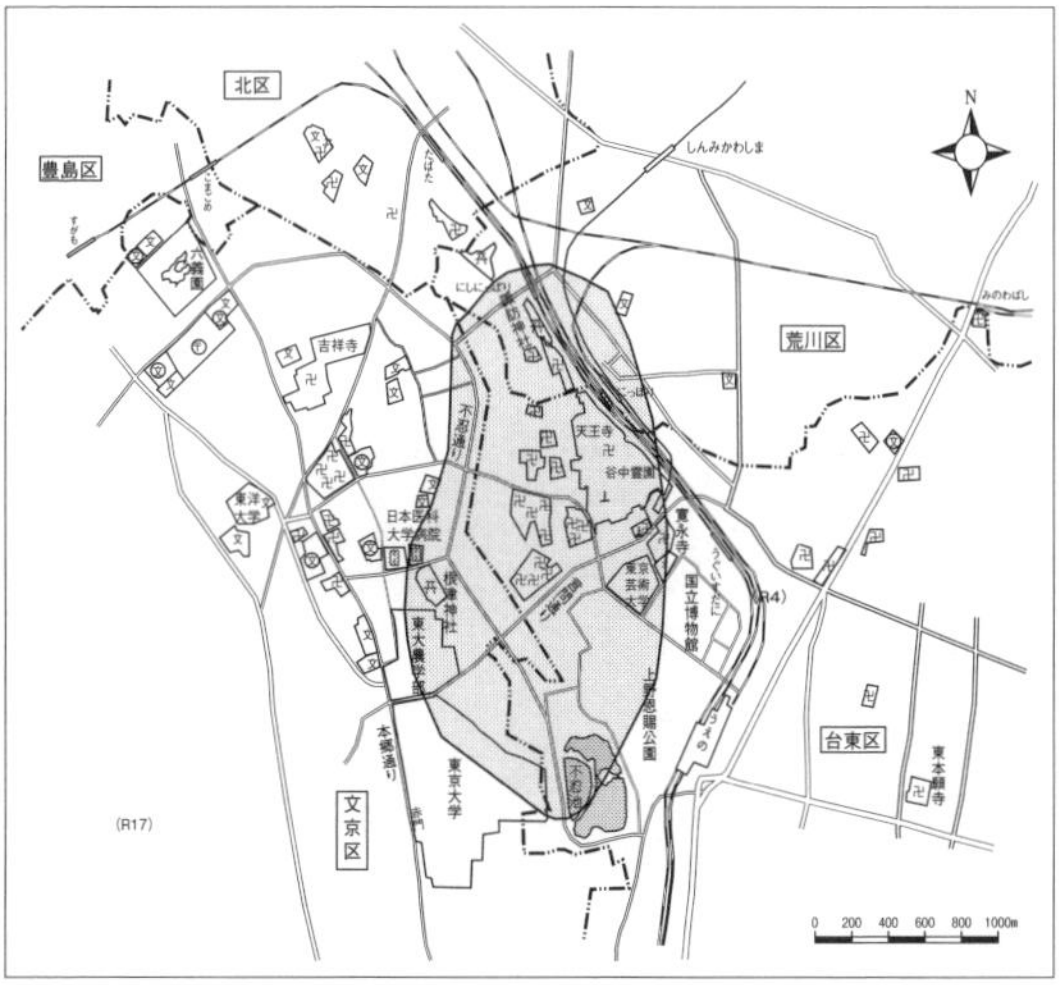

6－(b)

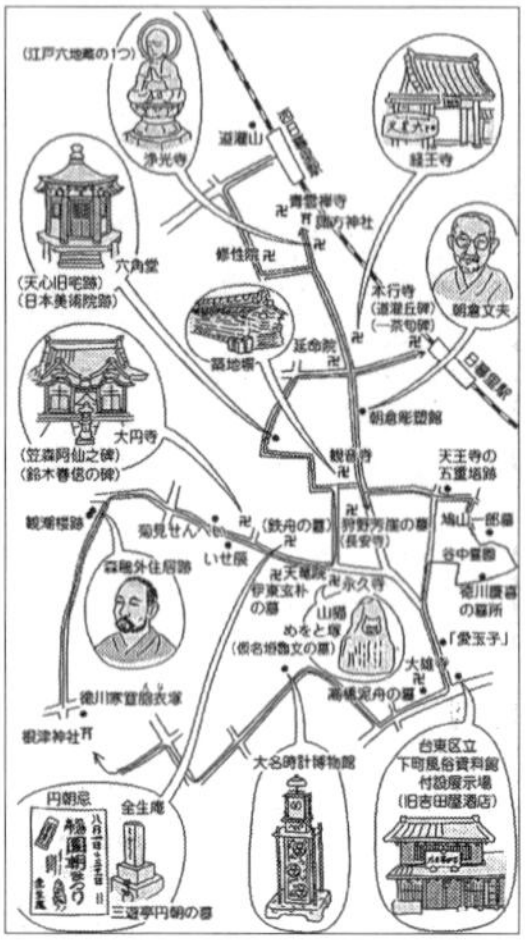

7 -(a)『東京下町散歩』山川出版社，2003年

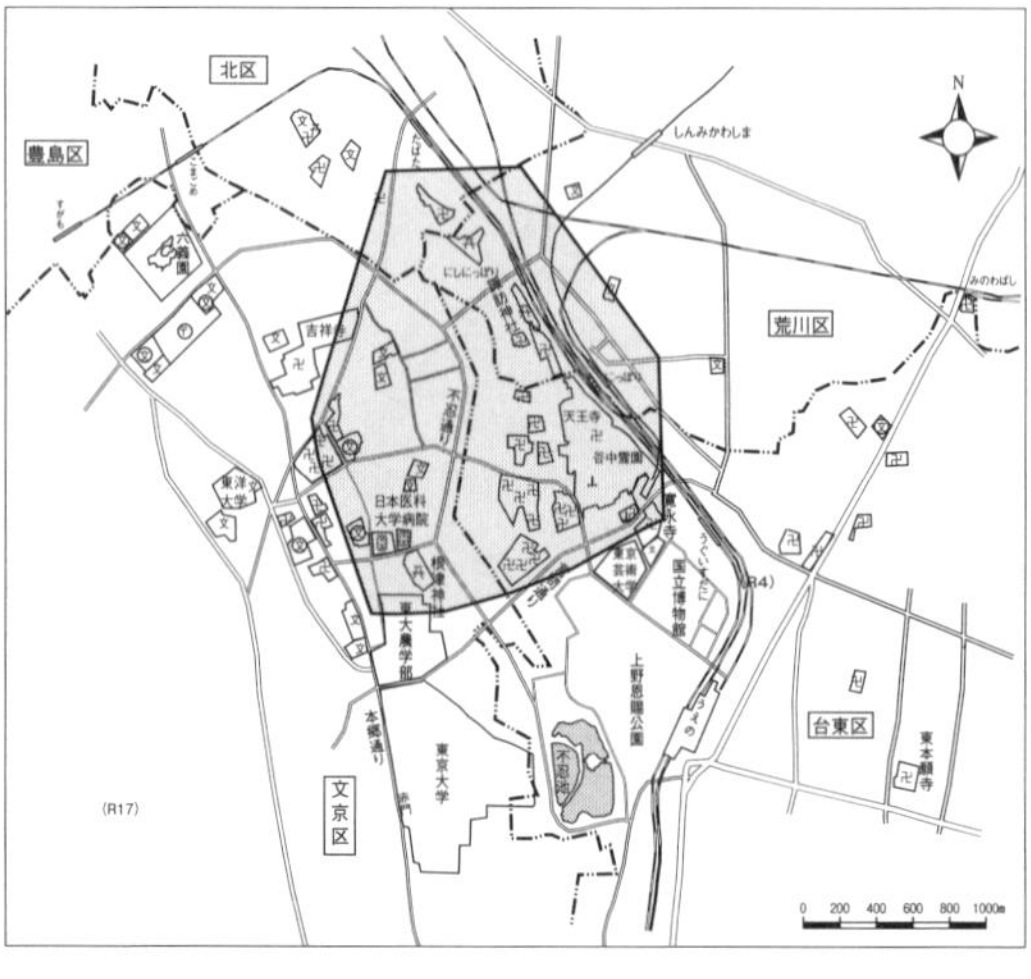

7 -(b)

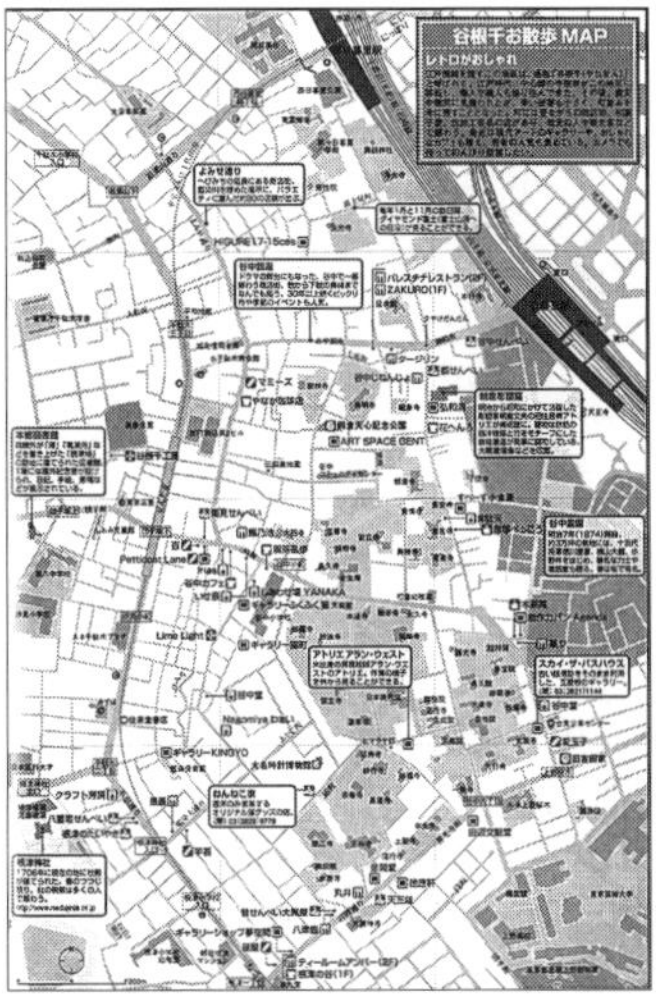

8－(a)『ぴあ MAP 2005-2006　首都圏版』ぴあ，2005年

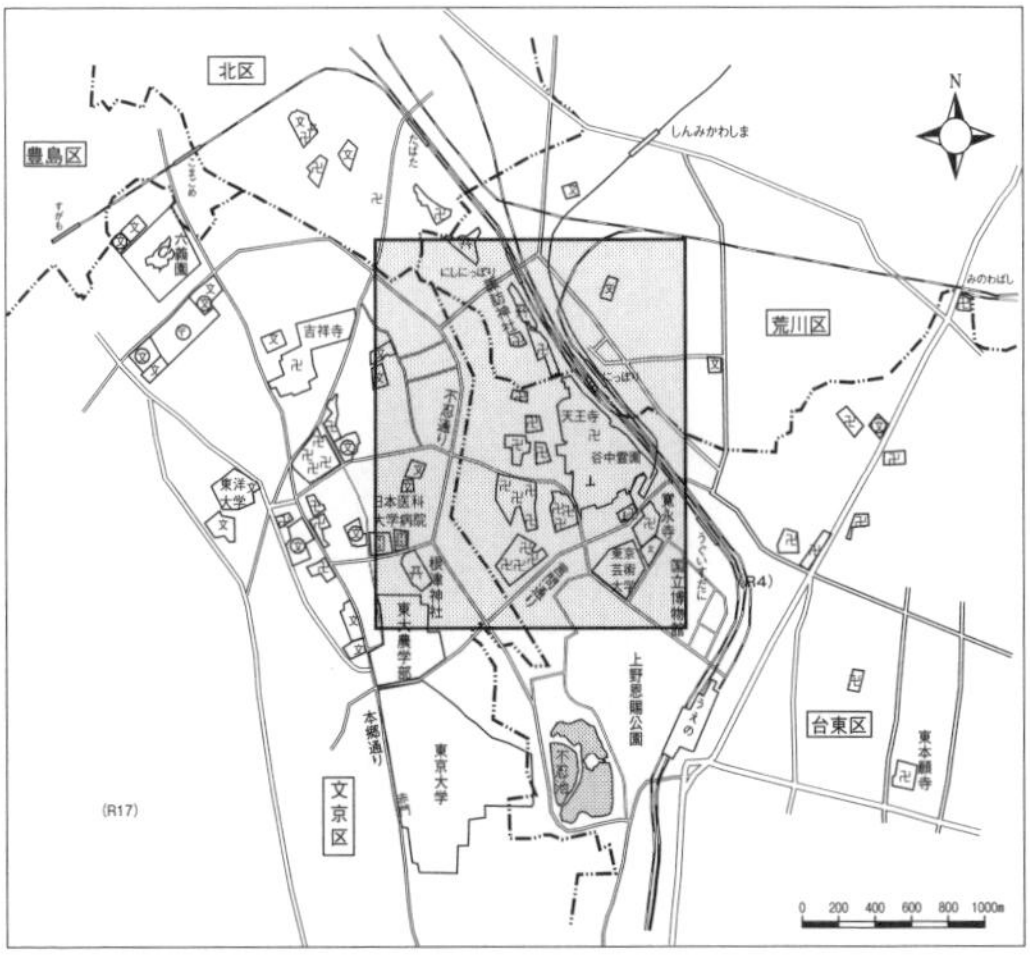

8－(b)

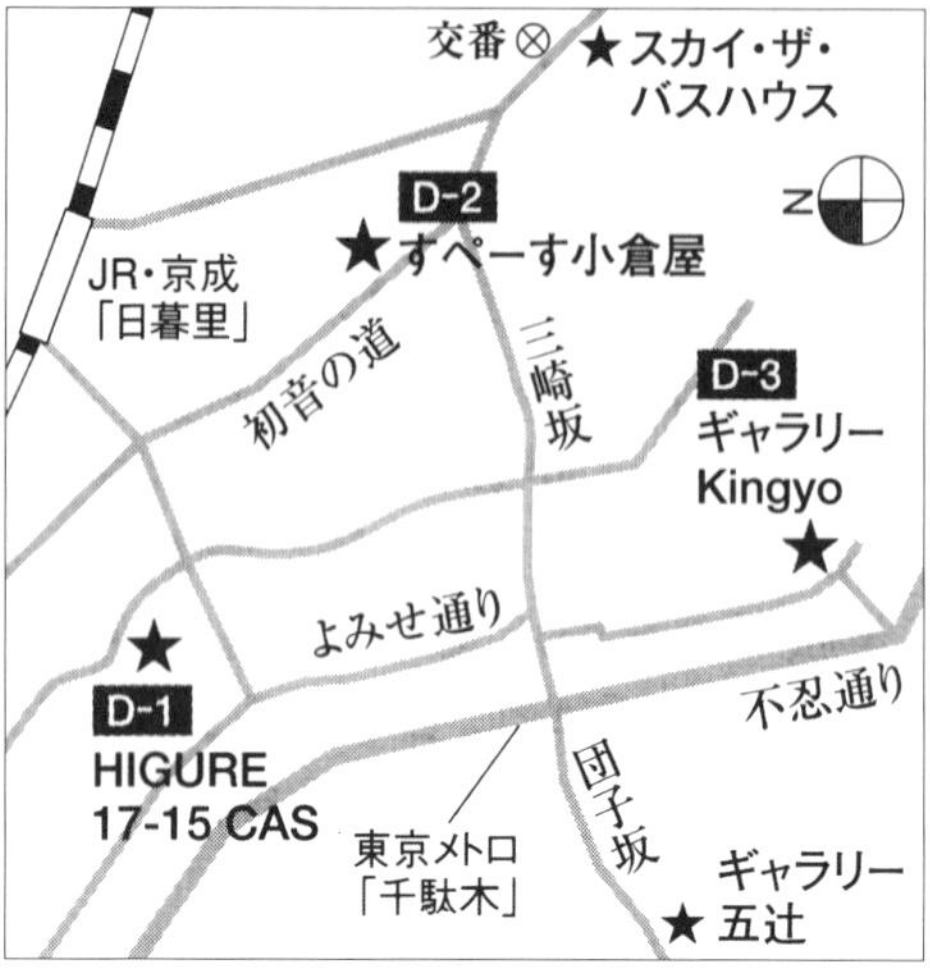

9－(a)『Yomiuri Weekly』2005年9月4日号

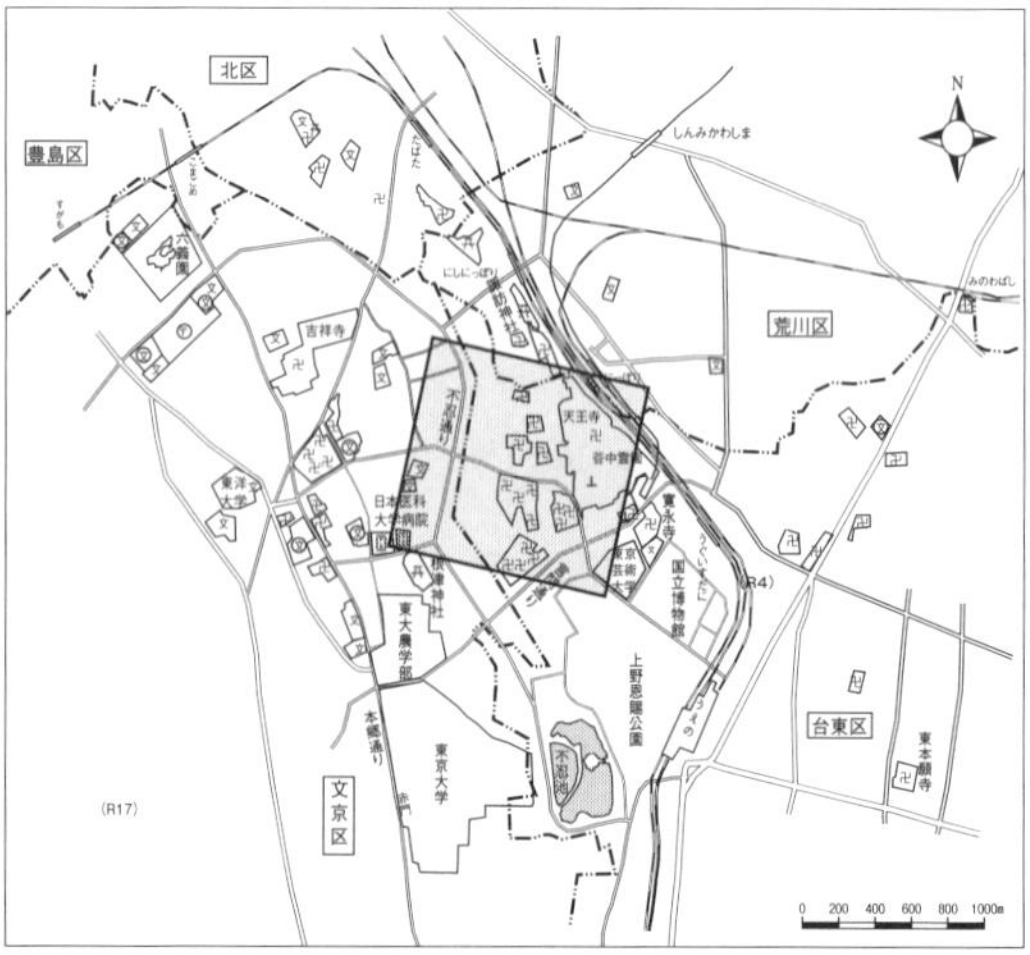

9－(b)

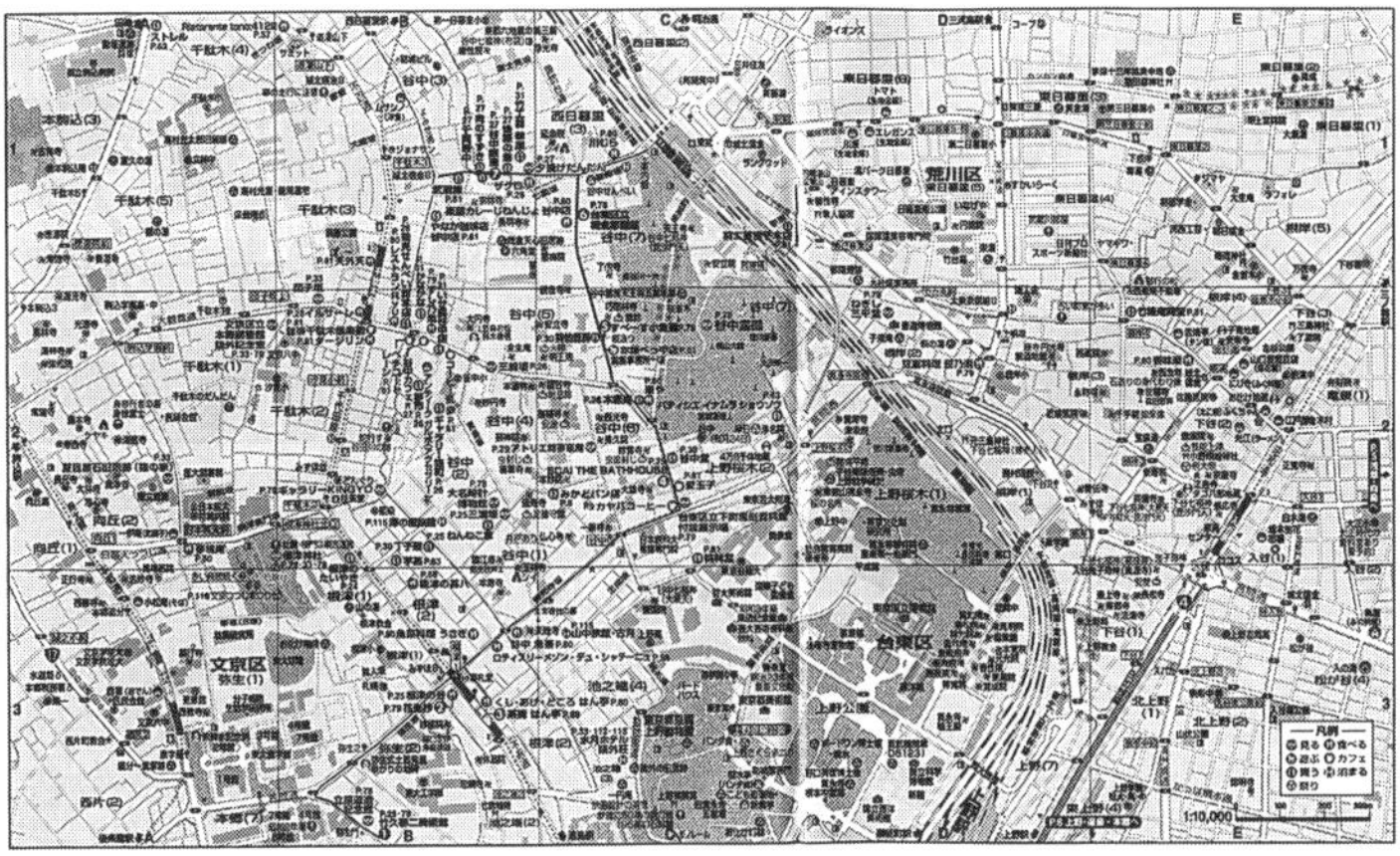

10-(a)『まっぷるマガジン――東京下町散歩』昭文社，2006年

注：地図使用承認 © 昭文社第11w001号

10-(b)

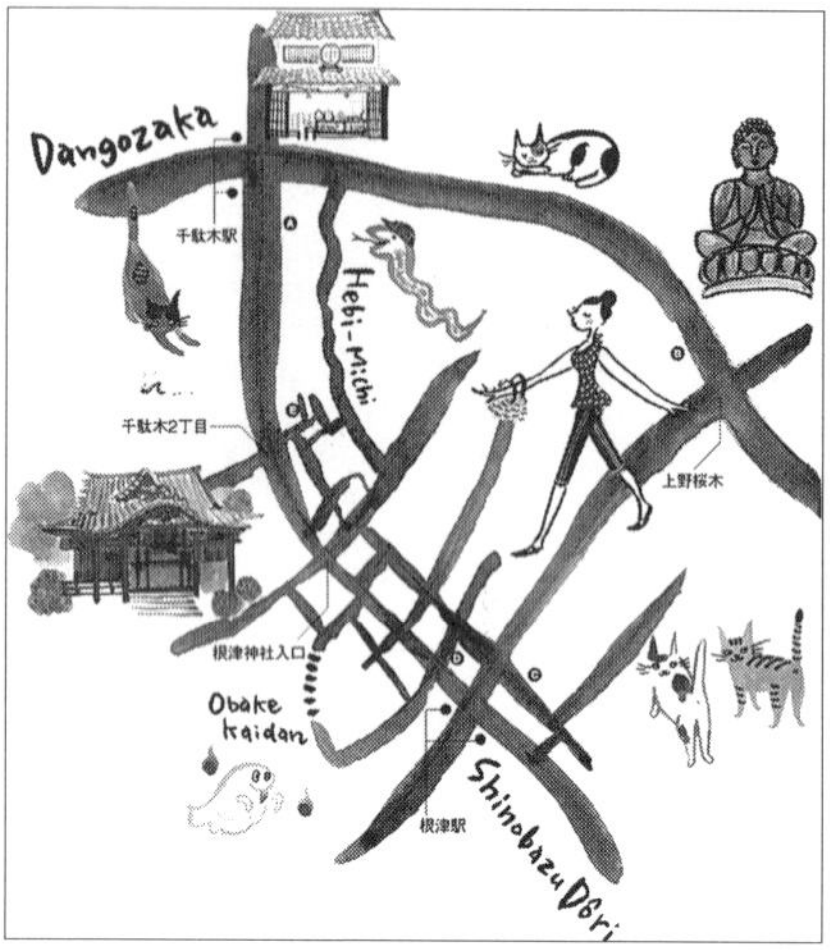

11-(a)『Hanako ――下町に恋してる』マガジンハウス，2006年 7 月27日号

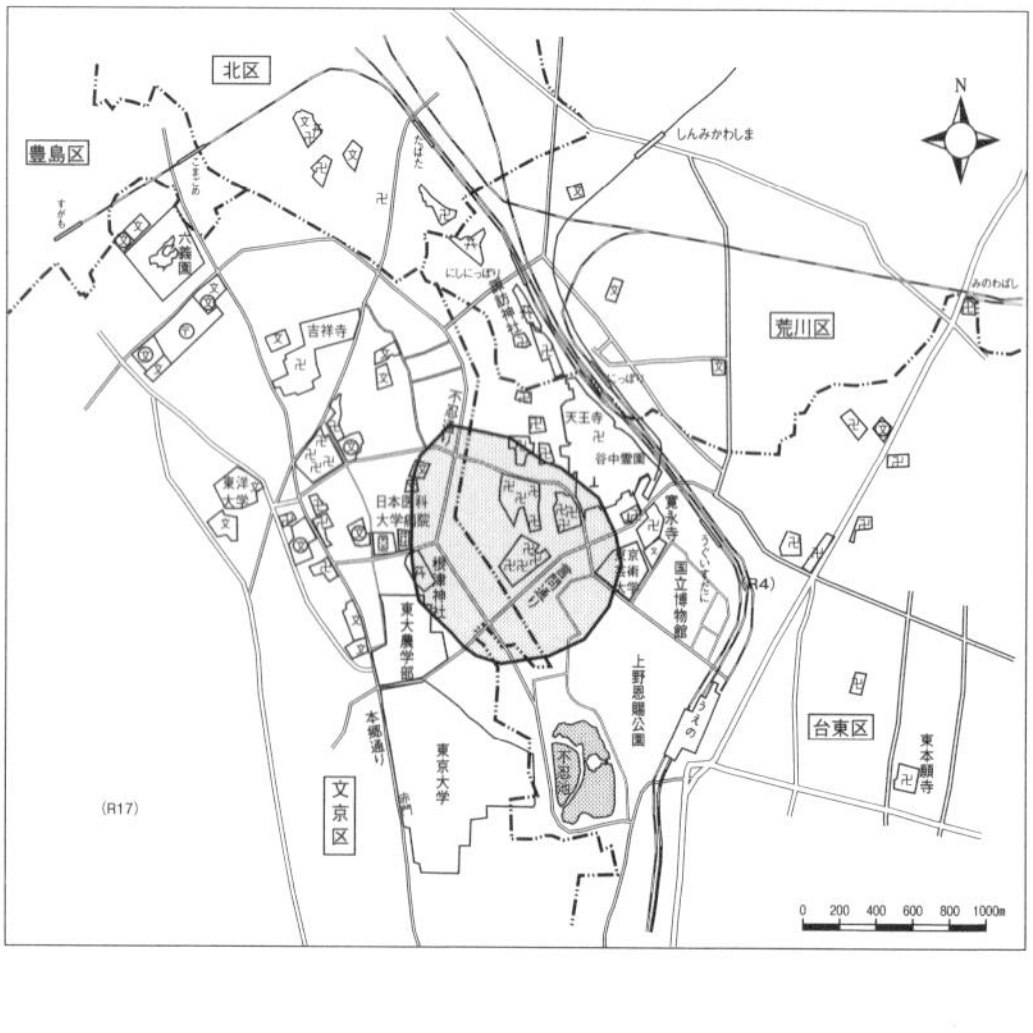

11-(b)

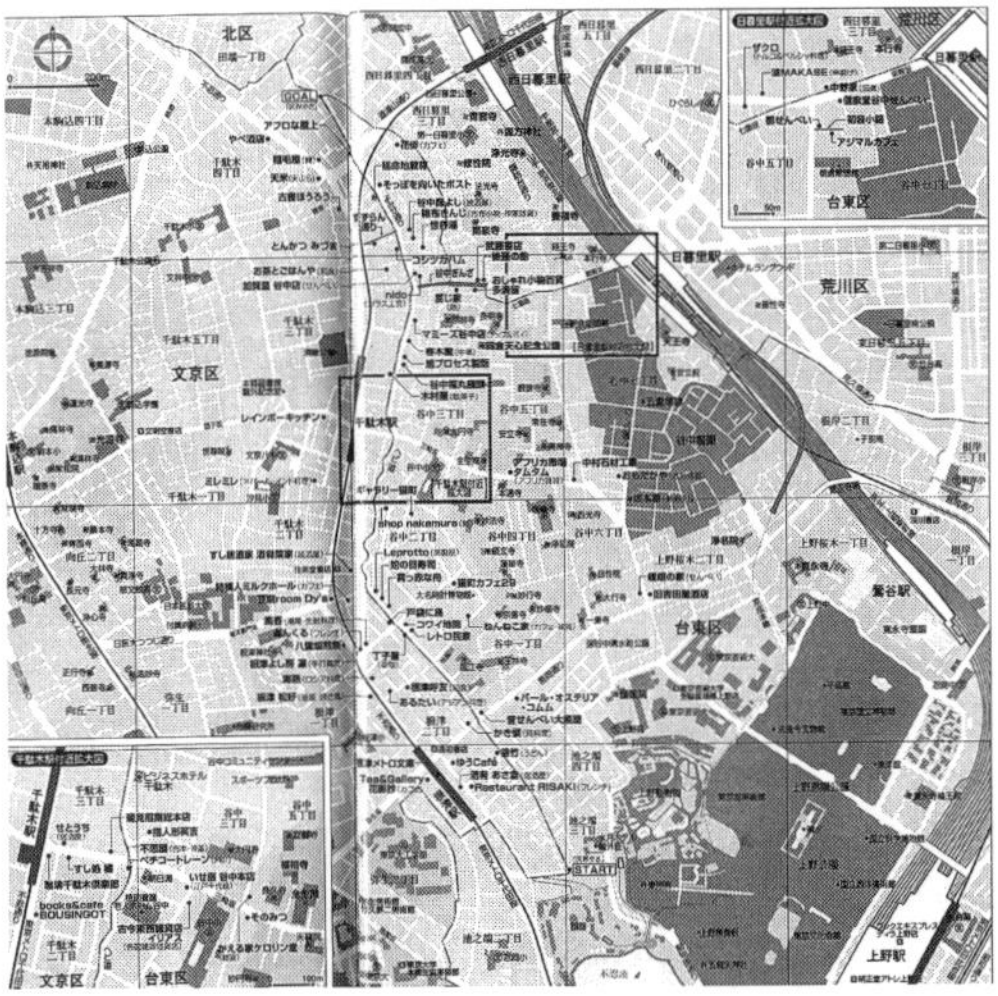

12-(a)『散歩の達人――谷中・根津・千駄木』交通新聞社, 2007年10月号

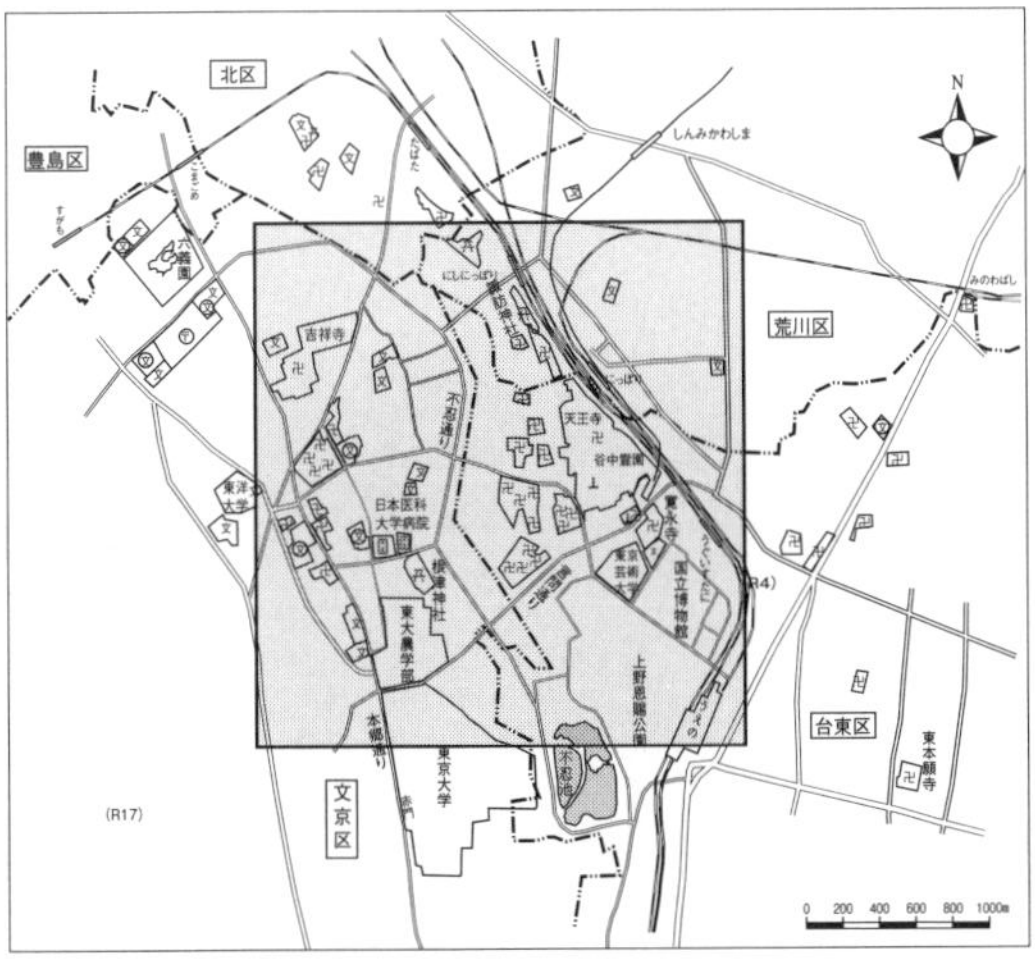

12-(b)

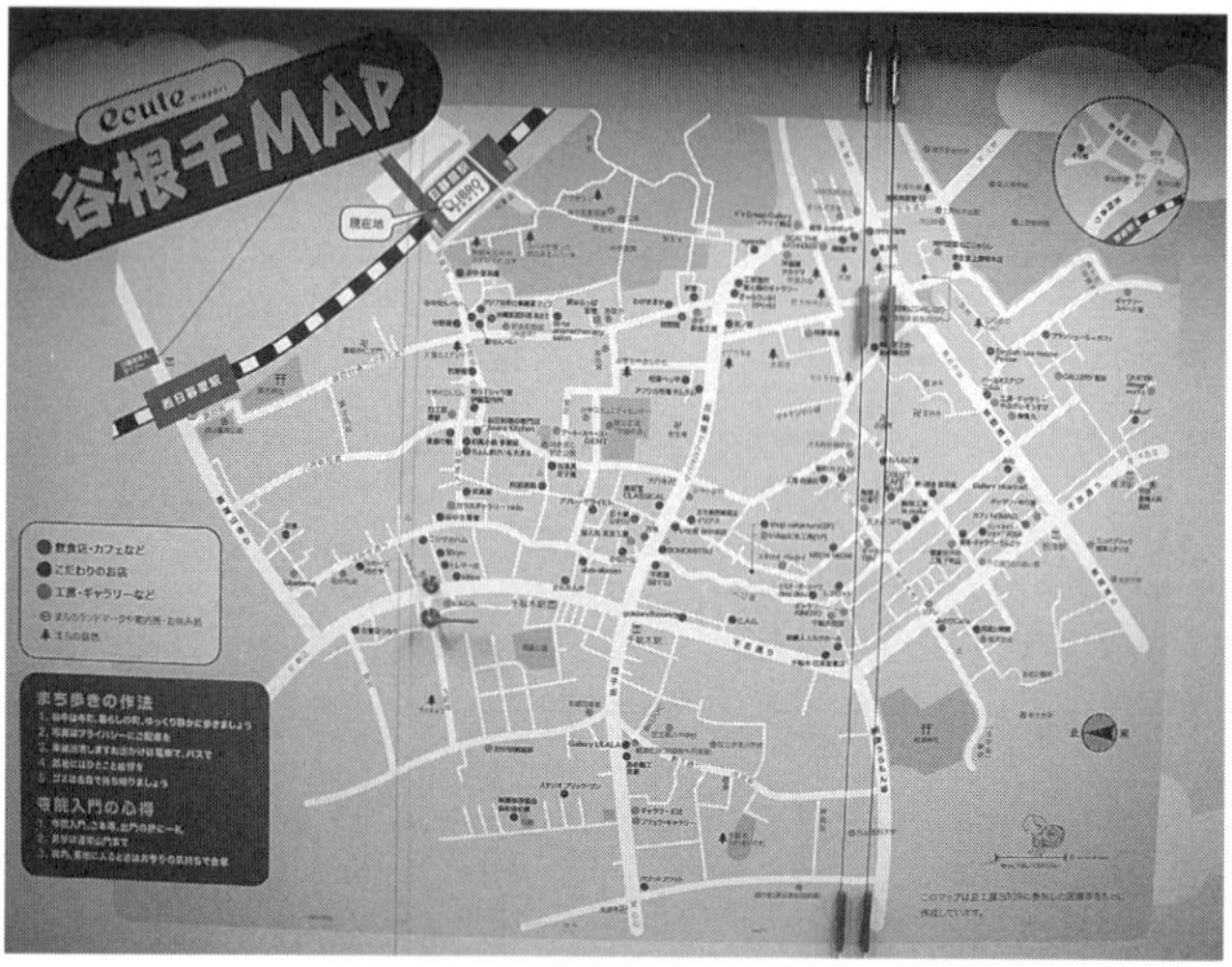

13-(a) JR 日暮里駅「谷根千 MAP」2009年撮影

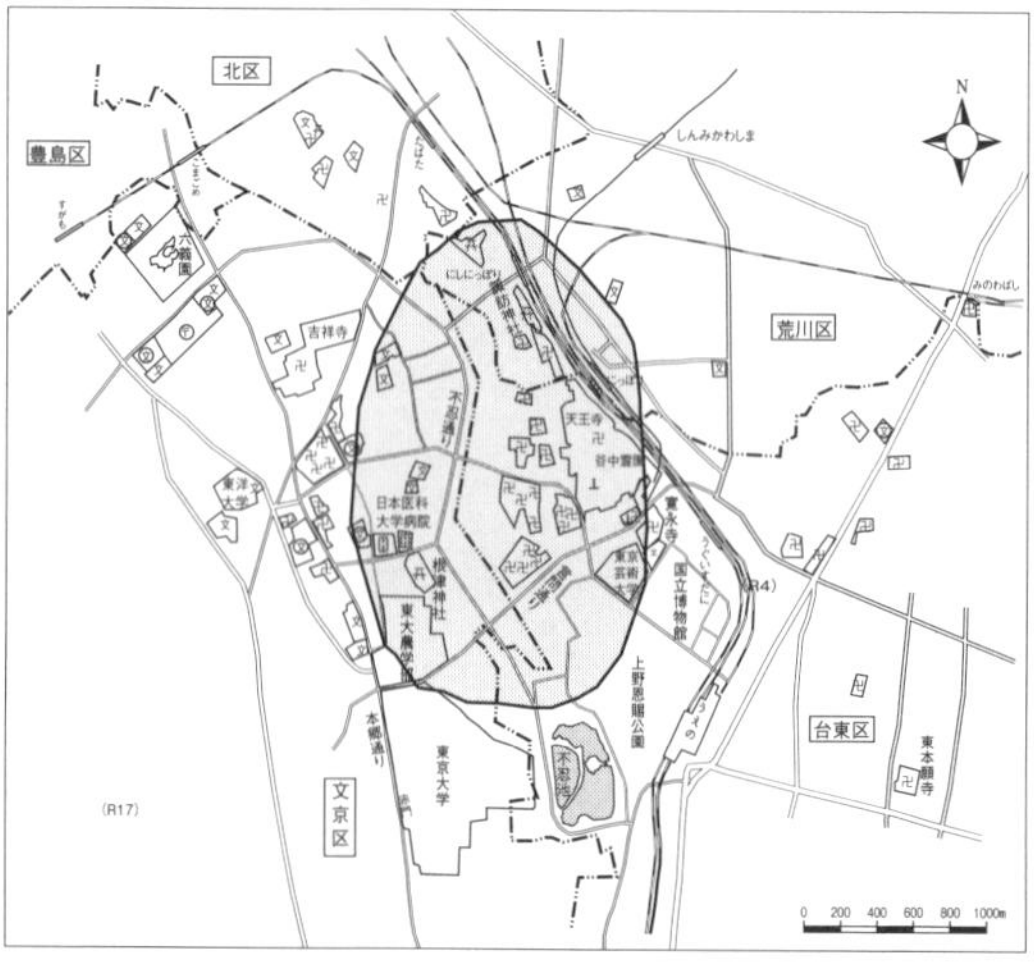

13-(b)

14-(a)『Meet's Regional 別冊——東京の手仕事』
京阪神エルマガジン社，2009年

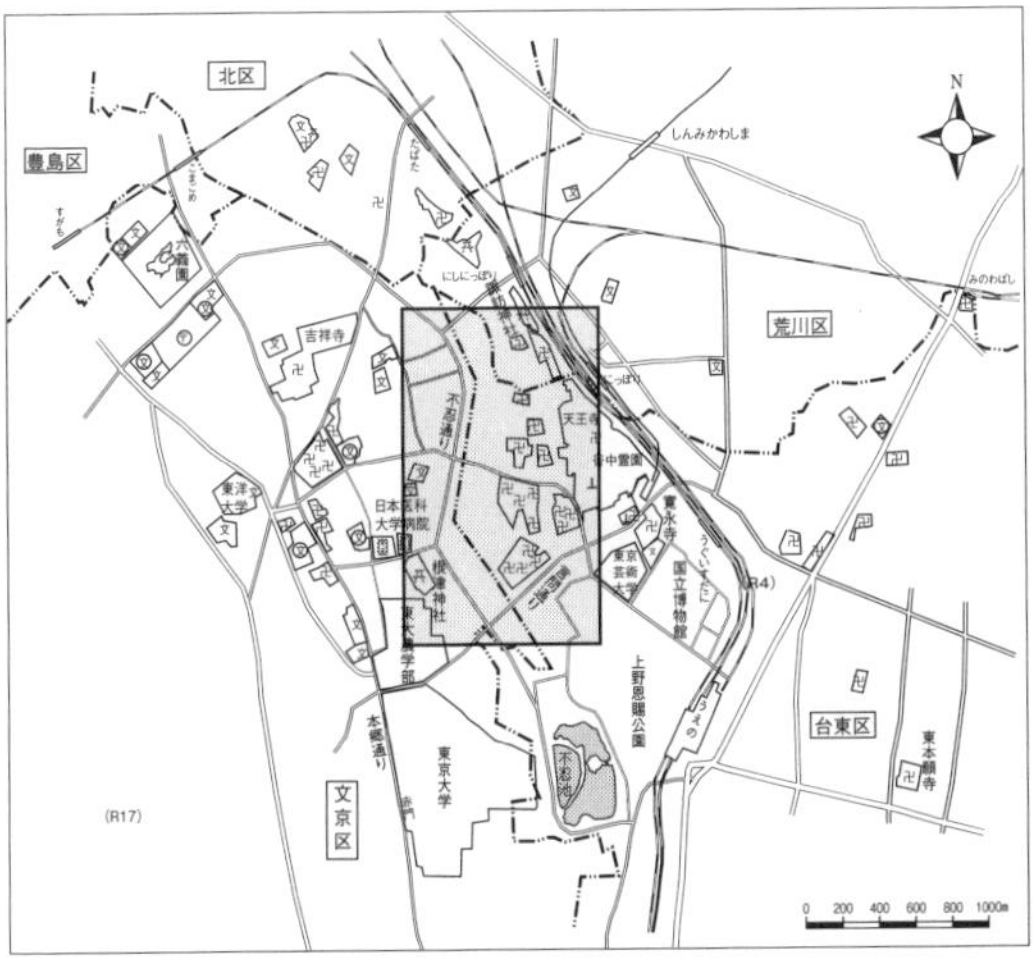

14-(b)

あとがき

ローカル・メディアについての研究を始めたのは一九九九年ごろ、専攻を社会学から社会情報学に変更したのが大きな転機だった。ローカルな文化がいかにしてひとつのユニットとして形成されるのか具体的な事例で説明できないものかと模索していた頃、大学院のゼミや研究会でのやりとりのなかで、「谷根千」がおもしろい現象だということに気づかされていった。

本書は、これまでに発表した研究論文や、学会・研究会などでの口頭発表原稿をもとに構成されている。初出はつぎのとおりである。

序章「ローカル・メディアの現代的意義――『地域雑誌　谷中・根津・千駄木』から考える」（獨協大学地域総合研究所『地域総合研究所紀要』第3号、二〇一〇年）。

第1章、第2章「文化単位の生成と維持について」（博士学位論文、二〇〇三年）の後半、および「生起する文化単位――『谷根千』幻相と地域メディア」（早川善治郎編『現代社会理論とメディアの諸相』中央大学出版部、二〇〇四年）。

第3章、第4章　学会・研究会での口頭発表原稿をもとにした書き下ろし。

いずれも大幅に加筆・修正をした。データや図表もできるだけ新しいものを掲載し、また文中の人名は学術論文の慣例に従って敬称を省略させていただいた。ローカル・メディア研究にとりあえず一区切りつけたいと思いまとめてはみたものの、まだまだ至らない点は多い。今後、ぜひとも読者の方々からのご批評を仰ぎたい。

この研究を細々とではあるがここまで継続してこられたのは、一九九九年度～二〇〇三年度までは中央大学社会科学研究所から、また二〇〇八年度以降は獨協大学地域総合研究所からのサポートと、そして何といっても谷根千工房の仰木ひろみさん、森まゆみさん、山崎範子さん、『シティライフ』の池谷綱記さん、『渡良瀬通信』の野村幸男さんといった魅力的な編集者たちのおかげである。お忙しいなか、彼らは快くインタビューや資料収集に協力してくださった。

中央大学大学院在学中から現在に至るまで、指導教授の早川善治郎先生はじめ林茂樹先生、山崎久道先生は、つねに研究の進捗状況を気にかけ、その時々貴重なアドバイスやヒントを与えてくださった。統計資料の作成・分析にあたっては、同じ研究科に在籍していた学友たちからの助け舟が不可欠であった。そのなかでも皆の「駆け込み寺」的な存在である田端章明さんは、かなり細かいところまで文章やデータをチェックし、目から鱗が落ちるような指摘をしてくれた。また、現在の職場である獨協大学の同僚諸氏にも感謝したい。谷根千に関連した情報やコメントの提供など、さりげなく私の研究意欲を刺激してくれた。地図の作成は同大学環境共生研究所の大竹伸郎さんに、その他の資料整理や索引の作成および校正は、同大学言語文化学科の飯塚潤美さん、大野弥太郎さん、前田奈津さん、水越結子さんに手伝っていただいた。このほか、調査にご協力いただいたすべての方々、そしてつねに良き相談相手になってくれた社会文化理論研究会の諸氏のおかげで、この研究をこうして「かたち」にすることができた。

谷根千は私にとって研究対象のひとつであると同時に、私的な記憶の集積地でもある。そこを研究するのはいろいろな意味で難しい。しかし、身近なところから大きなテーマを考える好機にはなった。いや、むしろ自分の足元のことさえ知らないで、遠くのことがわかるのかという気にさえなっている。『谷根千』をはじめて買ってきたのは父だった。創刊して一年ほど経った頃だろうか。いまは営業していないが、駄菓子屋と本屋が奥で繋がっていて子どもの溜まり場になっていた伊沢書店で薦められたらしい。谷中や上野周辺の散策に連れ出されるようになったのはちょうどその頃からだ。もっとも、怖い幽霊の掛け軸や墓標を古いお寺で見たり、路傍に咲く植物の季語の解説などは、いくら生意気盛りとはいえまだ小学生だった私にとって、とりたてておもしろい経験ではなかった。しかしローカルな記憶とは不思議なもので、退屈な日常やしぶしぶ行っていたことが、時の流れのなかで個人的な経験と共振しながら、懐かしく甘美なものに変わることもある。これを「ノスタルジー」などと呼ぶのだろうが、私にとってこのエリアが特別なのは、感情の移ろいを体験できるからではなく、むしろ過去と現在そして未来をつなぐメディアとしての場所であるからだ。いまは亡き人や風景に囲まれていた頃の自分を思い出し、そして今、その延長線上にいることを確認するためのメディアなのである。本書を書き終えて、そんなことを考えている。

お世辞にも華やかとは言えない「紙の」ローカル・メディア研究に理解を示し、適切な助言で後押ししてくださったミネルヴァ書房の涌井格さんに、末筆ながら感謝の気持ちを述べさせていただきたい。

著　者

人名索引

あ 行

か 行

さ 行

た 行

な 行

は 行

事項索引

あ　行

か　行

さ　行

た　行

な　行

は　行

ま　行

や　行

ら　行

わ　行

参考文献

足立重和，2001，「伝統文化の管理人――郡上おどりの保存をめぐる郷土史家の言説実践」中河伸俊・北澤毅・土井隆義編『社会構築主義のスペクトラム――パースペクティブの現在と可能性』ナカニシヤ出版

Allen, Graham, 2003, *Roland Barthes*, Routledge.（＝グレアム・アレン，2006，『ロラン・バルト』原宏之訳，青土社）

Appadurai, Arjun, 1996, *Modernity at large : cultural dimensions of globalization*, University of Minnesota Press.（＝アルジュン・アパデュライ，2004，『さまよえる近代――グローバル化の文化研究』門田健一訳，平凡社）

新井直之，1980，「地ダネとは何か」日本新聞労働組合連合新聞研究部編『地方紙の時代か！――現場からの報告・討論』

荒畑寒村，1970，『谷中村滅亡史』新泉社

有田博司，1974，「深まる地方への愛着」『新聞研究』日本新聞協会，1974年9月

浅井健爾，2009，「県境と道州制」『歴史は眠らない――県境の謎を行く』NHK出版

Barber, Benjamin R., 1998, *A place for us : how to make society civil and democracy strong*, Hill and Wang.（＝ベンジャミン・R. バーバー，2007，『〈私たち〉の場所――消費社会から市民社会をとりもどす』山口晃訳，慶應義塾大学出版会）

Barthes, Roland, 1957, *Mithologies*, Les Editions du Seuil.（＝ロラン・バルト，1967，『神話作用』篠沢秀夫訳，現代思潮社）

Barthes, Roland, 1971, "Sémiologie et urbanisme", *L'architecture d'aujourd'hui*, 1970 decembre et 1971 janvier.（＝ロラン・バルト，1975，「記号学と都市の理論」篠田浩一郎訳『現代思想』青土社，vol. 3 no. 10-11）

Barthes, Roland, 1970, *L'empire des signes*, Éditions d'Art Albert Skira, Genève.（＝ロラン・バルト，2004，『ロラン・バルト著作集7　記号の国1970』石川美子訳，みすず書房）

Boorstin, Daniel J., 1962, *The image : or, what happened to the American dream*, Weidenfeld & Nicolson, ; Pelican Edition.（＝ダニエル・J. ブーアスティン，1964，『幻影の時代――マスコミが製造する事実』星野郁美・後藤和彦訳，

東京創元社）
Barth, Fredrik, 1969, "Introduction", Barth, F. ed., *Ethnic Groupsand Boundaries : The Social Organization of Culture Difference,* UNIVERSITETSFORLAGET.
千葉雄次郎，1968，『マス・コミュニケーション要論』有斐閣
地域情報会議編，1998，『地域の価値を創る――発展への戦略』時事通信社
Bauman, Zygmunt, 2001, *Community : seeking safety in an insecure world,* Polity Press.（＝ジグムント・バウマン，2008，『コミュニティ――安全と自由の戦場』奥井智之訳，筑摩書房）
ベルク，オギュスタン，1990，『日本の風景・西欧の景観――そして造景の時代』篠田勝英訳，講談社
Cohen, Anthony. P., 1985, *The Symbolic Construction of Community,* Ellis Horwood Limited.（＝アンソニー・P. コーエン，2005，『コミュニティは創られる』吉瀬雄一訳，八千代出版）
Delanty, Gerard, 2003, *Community,* Routledge.（＝ジェラード・デランティ，2006，『コミュニティ――グローバル化と社会理論の変容』山之内靖・伊藤茂訳，NTT 出版）
Dore, Ronald P. [1958] 1999, *City Life in Japan : A Study of A Tokyo Ward,* University of California Press, Routledge and Kegan Paul.（＝ロナルド・P. ドーア，1962，『都市の日本人』青井和男・塚本哲人訳，岩波書店）
Duval, Patrick, 2010, *Guide Evasion Japon : Tokyo, Kyoto, Osaka et environs,* Hachette Tourisme.
Eco, Umberto, 1976, *A Theory of Semiotics* (Advances in Semiotics), Indiana University Press.（＝ウンベルト・エーコ，1996，『記号論 I』池上嘉彦訳，岩波書店）
Eco, Umberto, 1980, *Segno,* Enciclopedia Filosofica, Arnold Mondadori Editore S. p. A., Milano.
Eco, Umberto, 1986, *Travels in Hyperreality,* Harcourt.
遠藤英樹・堀野正人編，2004，『「観光のまなざし」の転回――越境する観光学』春風社
Fischer, Claude S., 1984, *The urban experience,* 2nd edition, Harcourt Brace Jovanovich.（＝クロード・S. フィッシャー，1996，『都市的体験――都市生活の社会心理学』松本康・前田尚子訳，未來社）

Fischer, Claude S., 1982, *To Dwell among Friends : Personal Networks in Town and City,* The University of Chicago Press.（＝クロード・S. フィッシャー, 2002,『友人のあいだで暮らす――北カリフォルニアのパーソナル・ネットワーク』松本康・前田尚子訳, 未來社）

Flichy, Patrice, 1991, *Une histoire de la communication moderne : espace public et vie privée,* La Découverte & Syros.（＝パトリス・フリッシー, 2005,『メディアの近代史――公共空間と私生活のゆらぎのなかで』江下雅之・山本淑子訳, 水声社）

藤代裕之, 2009,「魔法の杖はない――地域活性化のためにメディアを使う」河井孝仁・遊橋裕泰編『地域メディアが地域を変える』日本経済評論社

藤田佳久, 1995,「『天竜川・豊川流域文化圏から東・西日本をみる』をめぐって」愛知大学総合郷土研究所編『天竜川・豊川流域文化圏から東・西日本をみる』名著出版

藤田佳久, 1998,「県境を越えた地域づくり」愛知大学綜合郷土研究所編『県境を越えた地域づくり』岩田書院

船津衛, 1994,『地域情報と地域メディア』恒星社厚生閣

Gumpart, Gary, 1987, *Talking Tombstones and Other Tales of the Media Age,* Oxford University Press.（＝ゲーリィ・ガンパート, 1990,『メディアの時代』石丸正訳, 新潮社）

博報堂地ブランドプロジェクト編, 2006,『地ブランド』弘文堂

原沢政恵, 1993,「タウン誌で町を再発見」『エコノミスト』毎日新聞社, 1993年9月7日, pp. 72-78

林茂樹, 1968,「地域社会における県紙の機能と役割――千葉県を例として」『新聞学評論』日本新聞学会, vol. 17

林茂樹, 1988,「地域情報化の現実態と可能態」荒瀬豊・高木教典・春原昭彦編『自由・歴史・メディア』日本評論社, pp. 275-300

林茂樹, 1996,『地域情報化過程の研究』日本評論社

林茂樹, 2003,「地域メディア小史――新しい視座転換に向けて」田村紀雄編『地域メディアを学ぶ人のために』世界思想社

林茂樹・浅岡隆裕, 2009,『ネットワーク化・地域情報化とローカルメディア』ハーベスト社

堀野正人, 2004,「地域と観光のまなざし――『まちづくり観光』論に欠ける視点」遠藤英樹・堀野正人編『「観光のまなざし」の転回――越境する観光

学』春風社
平本一雄，2003，「メディアを通じた地域づくり」田村紀雄編『地域メディアを学ぶ人のために』世界思想社
久繁哲之介，2010，『地域再生の罠――なぜ市民と地方は豊かになれないのか？』ちくま新書
広井良典，2009，『コミュニティを問いなおす――つながり・都市・日本社会の未来』ちくま新書
Hobsbawm, Eric and Ranger, Terence, eds., 1983, *The Invitation of Tradition,* Cambridge University.（＝エリック・ホブズボウム，テレンス・レンジャー編，1992，『創られた伝統』前川啓治・梶原景昭ほか訳，紀伊国屋書店）
細川周平，1984，「『ぴあ』の記号学」山口昌男・前田愛編『別冊国文学文化記号論 A－Z』學灯社
Hunter, Albert, 1974, *Symbolic Communities : The Persistence and Change of Chicago's Local Communities,* The University of Chicago Press.
市川宏雄，2007，『文化としての都市空間』千倉書房
五十嵐泰正，2003，「グローバル化の中の『下町』」『現代思想』青土社，vol. 31, no. 6
池上嘉彦・山中桂一・唐須教光，1994，『文化記号論――ことばのコードと文化のコード』講談社学術文庫
池谷綱記，2008，「フリーペーパービジネスの仕組みとその展開」『VENTURE BUSINESS REVIEW』追手門学院大学ベンチャービジネス研究所，vol. 2
今尾恵介，2008，『地名の社会学』角川学芸出版
稲葉佳子，2006，「外国人居住の現状と課題」『住宅』日本住宅協会，vol. 55
稲垣太郎，2008，『フリーペーパーの衝撃』集英社新書
井上逸兵，2002，「異文化間コミュニケーションとことば③――形と響きのコミュニケーション」『読売 AD リポート OjO（オッホ）』読売新聞社，vol. 4, no. 11
井上宏，1998，『現代メディアとコミュニケーション』世界思想社
井上俊，1984，「地域の文化」井上俊編著『地域文化の社会学』世界思想社
石田佐恵子，1992，「情報誌による〈都市〉空間イメージ」『都市問題研究』都市問題研究会，vol. 44, no. 6
磯部卓三，1996，「フィクションとしての社会制度」磯部卓三・片桐雅隆編『フ

ィクションとしての社会』世界思想社，pp. 3-22
磯村英一，1983，「コミュニティ理論の形成と展開」福武直・磯村英一編『コミュニティ理論と政策』東海大学出版会
伊藤滋，1998，「新しい『国土計画』と地域価値の創造」地域情報会議『地域の価値を創る――発展への戦略』時事通信社
井上俊・伊藤公雄，2009，『文化の社会学』世界思想社
井上芳保，2003，「ローカル・メディア研究に寄せて」（第16回「社会調査の方法に関する研究会」報告）『社会情報』札幌学院大学，vol. 12, no. 2,
犬田充，1998，「地域連携と情報化――地域と革新の導入」地域情報会議編『地域の価値を創る――発展への戦略』時事通信社
岩合光昭，2000，「ニッポンの猫10」『SINRA』新潮社，no. 73，2000年1月号
Jackson, Peter，1989，*Maps and Meaning : An Introduction to Cultural Geography,* Routledge.（＝ペーター・ジャクソン，1999，『文化地理学の再構築』徳久球雄・吉富亨訳，玉川大学出版部）
Janowitz, Morris [1952] 1967, *The Community Press in an Urban Setting : The Social Elements of Urbanism,* Second Edition, The University of Chicago Press.
城達也・宋安鐘編，2005，『アイデンティティと共同性の再構築』世界思想社
常陽地域研究センター編，2006，『JOYO ARC』vol. 38, no. 438
住宅総合研究財団，2008，『すまいろん――特集：谷中はコレクティブタウンか』第86号
加賀野井秀一，2009，『メルロ＝ポンティ――触発する思想』白水社
片桐圭子，2001，「半径2kmの幸せ　ネット時代に『ご近所主義』が流行る」『AERA』朝日新聞社，2001年11月5日
片桐雅隆，1996，「フィクション論から見た自己と相互行為」磯部卓三・片桐雅隆編『フィクションとしての社会』世界思想社
川名宏，1980，「全国紙と地方紙の役割」日本新聞労働組合連合新聞研究部編『地方紙の時代か！――現場からの報告・討論』
木村礎，1980，「東京の下町――その形成と展開」地方史研究協議会編『都市の地方史――生活と文化』雄山閣
清原慶子，1989，「地域メディアの機能と展開」竹内郁郎・田村紀雄『新版　地域メディア』日本評論社
国土庁大都市圏整備局整備課編，1992，「両毛広域都市圏総合整備推進調査の概

要」（平成 4 年 9 月18日）
小浜ふみ子，1995，「コミュニティ・カルチャーとコミュニティ・メディア——都市におけるコミュニティ・プレス研究への試論的考察」『社会学論考』東京都立大学社会学研究会，第16号
小浜ふみ子，2010，『都市コミュニティの歴史社会学——ロンドン・東京の地域生活構造』御茶の水書房
Kollock, Peter and Smith, Mark A., 1999, Communities in cyberspace, Kollock, Peter and Smith, Mark A., ed., *Communities in Cyberspace,* Routledge.
江弘毅，2010，『ミーツへの道——「街的雑誌」の時代』本の雑誌社
ヨーゼフ・クライナー編，1996，『地域性からみた日本——多元的理解のために』新曜社
Kroeber, A. L. and Kluckhohn, 1952, "Culture : a Critical Review of Concepts and Definition", *Papers of the Peabody Museum of American Archaeology and Ethnology* 47, Harvard University.
Lingis, Alphonso, 1994, *The community of those who have nothing in common,* Indiana University Press.（＝アルフォンソ・リンギス，2006，『何も共有していない者たちの共同体』野谷啓二訳，洛北出版）
Luhmann, Niklas, 2005, *Einführung in die Theorie der Gesellschaft,* Carl-Auer-Systeme Verlag, Heidelberg.（＝ニクラス・ルーマン，2009，『社会理論入門——ニクラス・ルーマン講義録［2］』ディルク・ベッカー編，土方透監訳，新泉社）
馬渕和夫，1981，「『くに』の語源」『日本語と日本文学』筑波大学国語国文学会，第 1 号，
前田武彦，2003，『マエタケのテレビ半生記』いそっぷ社
前田塁，2010，『紙の本が滅びるとき』青土社
前泊博盛，2006，「地方課題の全国発信への挑戦——ローカルメディアの課題と可能性」『都市問題』都市市政調査会，vol. 96, no. 12
丸田一，2006，「いま・なぜ・地域情報化なのか」丸田一・國領二郎・公文俊平編著『地域情報化　認識と設計』NTT 出版
丸田一，2007，『ウェブが創る新しい郷土——地域情報化のすすめ』講談社
増田悦佐，2002，『東京圏これから伸びる町——街を選べば会社も人生も変わる』講談社
丸山尚，1992，「市民社会の形成とミニコミの役割——解説にかえて」住民図書

館編『ミニコミ総目録』平凡社
丸山尚, 1997,『ローカルネットワークの時代――ミニコミと地域と市民運動』日外アソシエーツ
松田浩, 2007,「戦後メディアの成立」山口功二・渡辺武達・岡満男『新版 メディア学の現在』世界思想社
松浦利隆, 2002,「機織の町と両毛地域」峰岸純夫・田中康雄・能登健編『両毛と上州諸街道』吉川弘文館
松本和也, 1977,『東京史跡ガイド6 台東区史跡散歩』學生社
松本和也, 1988,『下町四代――庶民たちの江戸から昭和へ』朝日ソノラマ
松本康, 1996,「クロード・S・フィッシャーの『アーバニズムの下位文化理論』について」(＝C. S. フィッシャー『都市的体験――都市生活の社会心理学』松本康・前田尚子訳, 未來社)
松村茂, 1998,「情報インフラの整備による地域情報革命」地域情報会議編『地域の価値を創る――発展への挑戦』時事通信社
松尾洋司編, 1997,『地域と情報――メディアと住民の関係』兼六出版
MacIver R. M., 1917, *Community,* Macmillan and Co., Limited, 1917, 3rd ed., 1924.(＝R. M. マッキーヴァー, 1975,『コミュニティ』中久郎・松元通晴ほか訳, ミネルヴァ書房)
Merleau-Ponty, Maurice, 1960, *Signes,* Gallimard.(＝M・メルロ＝ポンティ, 1969,『シーニュ』滝浦静雄・木田元訳, みすず書房)
南田勝也, 2008,「表現文化への視座」『文化社会学の視座』ミネルヴァ書房
峰岸純夫・能登健・田中康雄編, 2002,『街道の日本史――両毛と上州街道』吉川弘文館
水谷羊介, 2009,「既存擁壁の現状調査結果――東京・谷根千エリアなどでの擁壁調査例」『基礎工』総合土木研究所, vol. 37, no. 6
水内俊雄・加藤政洋・大城直樹, 2008,『モダン都市の系譜――地図から読み解く社会と空間』ナカニシヤ出版
Morris-Suzuki, T., 1998, *Re-Inventing Japan : Time, Space, Nation.* M. E. Sharpe.
藻谷浩介, 2009,「県境の謎を行く：不都合な分断線――両毛地域」『知る楽――歴史は眠らない』NHK 出版
森千香子, 2006,「『施設化』する公営団地」『現代思想』青土社, vol. 34, no. 14
森千香子, 2007,「郊外団地と『不可能なコミュニティ』」『現代思想』青土社,

vol. 35, no. 7
森まゆみほか編，1984，『地域雑誌　谷中・根津・千駄木』(1984. 12)
森まゆみ，1985，「地域史の叩き台になりたい」『エコノミスト』毎日新聞社，1985年10月29日
森まゆみ，1988，「谷根千ブームと下町神話」『東京人』1988年12月号，都市出版
森まゆみ，1991，『小さな雑誌で町づくり—「谷根千の冒険」』晶文社
森まゆみ，1994，『谷中スケッチブック——こころやさしい都市空間』ちくま文庫
森まゆみ・平良敬一，1999，「対談：『谷根千』の15年」『造景』建築資料研究社，no. 24：pp. 11-18
森まゆみ，2001，「近代東京の下町」(2001年11月25日講演録)『都心居住の再考——江戸東京の生活史・文化史の観点から』第150回江戸東京フォーラム
Morley, David and Kevin Robins, 1995, *Spaces of Identity : Global media, Electronic Landscapes and Cultural Boundaries,* Routledge.
村松茂，1998，「情報インフラの整備による地域情報革命」地域情報会議編『地域の価値を創る——発展への戦略』時事通信社
中沢孝夫，2003，『〈地域人〉とまちづくり』講談社現代新書
永江朗，2009，「ヤンキー的なるもの——その起源とメンタリティ」五十嵐太郎編『ヤンキー文化論序説』河出書房新社
南陀楼綾繁，2009，『一箱古本市の歩きかた』光文社
ナンシー関・山田五郎，2003，『文藝別冊　トリビュート特集ナンシー関』河出書房新社（初出『VIOLA』1998年12月号）
日本コミュニティ・メディア研究所編，1985，『地域メディア総覧』
日本地誌研究所，1974，『日本地誌　大阪府・和歌山県』第15巻（責任編集者青野壽郎・尾留川正平）
日本新聞労働組合連合新聞研究部，1980，『地方紙の時代か！——現場からの報告・討論』晩聲社
日経産業新聞編，2004，『ネット100人調査——お金と時間はこう使われる！』日本経済新聞社
西村幸夫，2009，「観光まちづくりとは何か——まち自慢からはじまる地域マネジメント」西村幸夫編『観光まちづくり——まち自慢からはじまる地域マネジメント』学芸出版社
ＮＴＴ全国タウン誌フェスティバル事務局編，1998，『全国タウン誌ガイド』

1998年度版
越智昇，1969,「書評：田村紀雄『日本のローカル新聞』」『新聞学研究』日本新聞協会，vol. 18
小川千代子，2003,『電子記録のアーカイビング』日外アソシエーツ
大石裕，2003,「地域メディアと地方政治」田村紀雄編『地域メディアを学ぶ人のために』世界思想社
岡本奈穂子，2007,「外国人保護者への支援の現状と課題——川崎市の諸例から」研究代表宮島喬『外国人児童・生徒の就学問題の家族的背景と就学支援ネットワークの研究』（平成16〜18年度科学研究費補助金基盤研究Ｂ（１）研究成果報告書）
岡本哲志，2005,「谷中・根津・千駄木」『東京人』都市出版，no. 211
岡村圭子，2003,『グローバル社会の異文化論』世界思想社
岡村圭子，2004,「生起する文化単位——『谷根千』幻相と地域メディア」早川善治郎編『現代社会理論とメディアの諸相』中央大学出版部
岡村圭子，2008,「記号としての団地——忌避，羨望，偏愛」『地域総合研究』獨協大学地域総合研究所，vol. 2
Okamura, Kayko, 2010, "Multicultural Identity in a Global Society : Locality and Nationality of Contemporary Children of the Japanese Diaspora in Germany", Adachi, Nobuko ed., *Japanese and Nikkei at Home and Abroad : Negotiating Identities in a Global World,* Cambria Press.
奥田道大，1983,「コミュニティと都市の理論」福武直・磯村英一編『コミュニティ理論と政策』東海大学出版会
逢坂巌，2005,「現場の声から探る地方紙の自立——アンケートから見る地方紙の健闘と課題」『都市問題』東京市政調査会，vol. 96, no. 12
大島登志彦・劉智飛，2008,「わたらせ渓谷鉄道とその沿線地域の変遷にみる諸問題と考察」『高崎経済大学論集』高崎経済大学，vol. 51, no. 3
太田好信，2001,『民族誌的近代への介入——文化を語る権利は誰にあるのか』人文書院
小和田次郎，1980,「現代とジャーナリスト」日本新聞労働組合連合新聞研究部編『地方紙の時代か！——現場からの報告・討論』晩聲社
Ray, Paul H. & Anderson, Sherry Ruth, 2000, *The Cultural Creatives,* Three River Press.
酒井順子，2004,『容姿の時代』幻冬舎

坂部明浩，2008，「谷根千境へ，ようこそ」『TASC MONTHLY』（財）たばこ総合研究センター，no. 395
Sassen, Saskia, 2001, *The global city : New York, London, Tokyo,* Princeton University Press.（＝サスキア・サッセン，2008，『グローバル・シティ——ニューヨーク・ロンドン・東京から世界を読む』伊豫谷登士翁監訳，筑摩書房）
佐藤典子，1996，「地域のミニコミ誌と都市コミュニティの関係性についての一考察——地域雑誌『谷中・根津・千駄木』とその地域を事例として」特別研究論文，広島大学総合科学部・社会科学コース
Seidensticker, Edward, 1983, *Low City, High City,* Alfred A. Knopf.（＝エドワード・サイデンステッカー，1986，『東京下町山手1967-1923』安西徹雄訳，TBS ブリタニカ）
サイデンステッカー, E.，2008，『谷中，花と墓地』みすず書房
重松清，2001，『定年ゴジラ』講談社
新保正夫，2006，「既存鉄道の再整備による都市間ネットワーク構築——両毛広域都市圏における新たな交流体系」『地域政策研究』高崎経済大学地域政策学会，vol. 8, no. 3：219-234
篠原章，2005，「タウン誌が伝えたロック——『新宿プレイマップ』『ぴあ』『シティロード』」『日本ロック雑誌クロニクル』太田出版
綜合ユニコム，2009，『レジャーランド＆レクパーク総覧2010』
Strauss, Claudia and Quinn, Naomi, 1997, *A Cognitive Theory of Cultural Meaning,* Cambridge University Press.
菅谷実，1997，「ローカル・メディアとしてのテレビの役割」『公営企業』公営企業金融公庫
鈴木謙介，2006，「〈情報〉が地域をつくる——メディアが拓くコミュニティの可能性」丸田一・國領二郎・公文俊平編著『地域情報化　認識と設計』NTT 出版
鈴木理生，2006，「東京の『下町』とは」『サライ——東京「下町」散歩』小学館，2006年 7 号
『新聞研究』編集部，1971，「地方編集者の意見と展望——“県紙”の編集姿勢を聞く」『新聞研究』日本新聞協会，8 月号
高木教典，1967，「ローカル・メディアの変容」『新聞学評論』日本マス・コミュニケーション学会，vol. 16

高木教典，1981，「地域的新聞メディアの問題状況」東京大学新聞研究所編『地域的情報メディアの実態』東京大学出版会
高田陽介，1998，「両毛地域における県域を超えた都市システムの形成」愛知大学総合郷土研究所編『県境を越えた地域づくり——「三遠南信地域」づくりを中心に』岩田書院
高橋均，2003，「地域メディアとしての電話帳・タウン誌と広告」田村紀雄編『地域メディアを学ぶ人のために』世界思想社
高崎隆治，1976，『戦時下の雑誌——その光と影』風媒社
高松平藏，2008，『ドイツの地方都市はなぜ元気なのか——小さな街の輝くクオリティ』学芸出版社
滝浦静雄・木田元，1969，「解説」（＝M・メルロ＝ポンティ『シーニュ』滝浦静雄・木田元訳，みすず書房）
竹井隆人，2009，『社会をつくる自由』ちくま新書
竹内誠，2006，「江戸の地名」『言語』大修館書店，vol. 35, no. 8
竹内郁郎・田村紀雄，1989，『新版　地域メディア』日本評論社
竹内好・橋川文三・鶴見俊輔，1967，「アメリカのこと，中国のこと——鶴見俊輔氏を招いて」『中国』中国の会，1967年12月号
寺岡伸悟，2007，「地域社会とメディア——ケータイの圏外でなくなることが情報化なのか」小川伸彦・山泰幸編『現代文化の社会学入門』ミネルヴァ書房
田村紀雄，［1968］1976，『日本のローカル新聞（改訂増補版）』現代ジャーナリズム出版会
田村紀雄，1972，『コミュニティ・メディア論——《地域》の復権と自立に』現代ジャーナリズム出版会
田村紀雄，1974，「地域開発とローカルメディア」『新聞研究』日本新聞協会，9月号
田村紀雄，1976，『日本のローカル新聞』現代ジャーナリズム研究会
田村紀雄，1977，『ミニコミ——地域情報の担い手たち』日経新書
田村紀雄，1979，『地域メディアの時代』ダイヤモンド社
田村紀雄，1980，『タウン誌出版——コミュニティ・メディアへの招待』理想出版社
田村紀雄，2005，「地方紙と地方自治体の新たな関係」『都市問題』東京市政調査会，vol. 96, no. 12

田村紀雄，2007，「『市民が所有する地域のジャーナリズム』思想の出現」田村紀雄・白水繁彦編『現代地域メディア論』日本評論社
田村紀雄・白水繁彦編，2007，『現代地域メディア論』日本評論社
田中直毅，1985，「地域自体をメディア化する『谷根千』」――消費の渦の外側からの街づくり論」『エコノミスト』毎日新聞社，1985年10月29日
田中美子，1997，『地域のイメージ・ダイナミクス』技報堂出版
田中豊治・浦田義和編，2008，『アジア・コミュニティの多様性と展望――グローカルな地域戦略』昭和堂
谷村智康，2008，『マーケティング・リテラシー――知的消費の技法』リベルタ出版
寺沢薫，2004，「日本列島の国家形成」『シンポジウム――倭人のクニから日本へ』学生社
Time Out Guide, 2007, *Time Out : Tokyo*, Time Out Group.
東京大学新聞研究所編，1981，『地域的情報メディアの実態』東京大学出版会
Tuan, Yi-Fu, 1974, *Topofphilia : A Study of Environmental Perception, Attitudes and Values,* Prentice-Hall Inc.（＝イーフー・トゥアン，1992，『トポフィリア』小野有五・阿部一訳，せりか書房）
Tuan, Yi-Fu, 1977, *Space and place,* University of Minnesota.（＝イーフー・トゥアン，1988，『空間の経験――身体から都市へ』山本浩訳，筑摩書房）
坪谷美欧子，2007，「外国人の子どもたちの進学と将来像――郊外団地におけるサポートネットワークの視点から」研究代表宮島喬『外国人児童・生徒の就学問題の家族的背景と就学支援ネットワークの研究』（平成16～18年度科学研究費補助金　基盤研究Ｂ（１）　研究成果報告書）
土屋礼子，2002，『大衆紙の源流――明治小新聞の研究』世界思想社
津田大介，2008，『Twitter 社会論』洋泉社
津田正太郎，2005，「地域における情報化の進展と市民意識の変容」『慶應義塾大学メディア・コミュニケーション研究所紀要』no. 55
上野・谷根千研究会，1995，『新編　谷根千路地事典』住まいの図書館出版局発行，星雲社発売
内田康夫，1991，『上野谷中殺人事件』角川文庫
宇井純，1968，『公害の政治学』三省堂
浮田典良・中村和郎・高橋伸夫監修，1998，『コンパクト版　日本地名百科事典』小学館

Urry, John, 1990, *The tourist gaze : leisure and travel in contemporary societies*, Sage.（＝ジョン・アーリ，1995，『観光のまなざし』加太宏邦訳，法政大学出版会）

Urry, John, 1995, *Consuming places*, Routledge.（＝ジョン・アーリ，2003，『場所を消費する』吉原直樹・大澤善信監訳，法政大学出版会）

若林幹男，1998，「イメージのなかの生活」内田隆三編『情報社会の文化２　イメージのなかの社会』東京大学出版会

若林幹夫，2000，『都市の比較社会学――都市はなぜ都市であるのか』岩波書店

若林幹夫，2004，「都市への／からの視線」今橋映子『都市と郊外――比較文化論への通路』NTT 出版

若林幹夫，2007，『郊外の社会学――現代を生きる形』ちくま新書

若林幹夫，2010，『〈時と場〉の変容――「サイバー都市」は存在するか？』NTT 出版

鷲津美栄子，1987，「谷根千を聴け」『正論』産経新聞社，1987年11月号

渡辺諒，2007，『バルト――距離への情熱』白水社

渡邉正裕・林克明，2007，『トヨタの闇――利益２兆円の「犠牲」になる人々』ビジネス社

Wellman, Barry and Gulia, Milena, 1999, "Virtual communities as communities : Net Surfers don't ride alone", Kollock, Peter and Smith, Mark A. eds. *Communities in cyberspace*, Routledge, pp. 167-194

山岸健ほか，1991，「東京下町の都市空間の再生と活性化のための基礎的研究――子どもの日常生活と遊びという視点から」（慶応大学山岸研究室　日常生活研究会　調査研究報告書，第一住宅建設協会）

山口恵一郎編，1983，『日本自然地名辞典』東京堂出版

山口昌男，1999，「文化の仮設性と記号学」日本記号学会『記号学研究19　ナショナリズム／グローバリゼーション』東海大学出版会

山口仁，2006，「地方紙のニュース生産過程――熊本日日新聞記者アンケートを中心に」『慶應義塾大学メディア・コミュニケーション研究所紀要』

山下普司編，1996，『観光人類学』新曜社

山下晋司，1999，「創られる地域文化――バリ島と遠野の事例から」青木保・梶原景昭編『情報社会の文化１　情報化とアジア・イメージ』東京大学出版会

山崎範子・笈入健志・扇谷京子，2008，「谷根千新商店街――谷根千の新しい波」

『すまいろん』（財）住宅総合研究財団，第86号
柳原和子，1995，「日本学者 R・ドーアの50年」『中央公論』中央公論新社，7月号
横山高治，2006，『北摂歴史散歩――高槻・茨木・島本編』創元社
寄藤昴，2003，「地域メディアと地域調査――地理学の視点から」田村紀雄編『地域メディアを学ぶ人のために』世界思想社
吉田春生，2006，『観光と地域社会』ミネルヴァ書房
吉見俊哉，1994，『メディア時代の文化社会学』新曜社
吉本敏洋，2007，『グーグル八分とは何か』九天社
吉野英岐，1991，「下町地域の変容と子どもの遊び」研究代表山岸健『調査研究報告書　東京下町の都市空間の再生と活性化のための基礎的研究――子どもの日常生活と遊びという視点から』（慶応大学山岸研究室　日常生活研究会，第一住宅建設協会）

《著者紹介》

岡村圭子（おかむら・けいこ）

1974年　東京生まれ

2003年　中央大学大学院文学研究科博士後期課程修了，博士（社会情報学）

現　在　獨協大学国際教養学部教授

専　攻　社会学（異文化間コミュニケーション），社会情報学（地域メディア）

著　作　『グローバル社会の異文化論――記号の流れと文化単位』（単著）世界思想社，2003年

Japanese and Nikkei at Home and Abroad（共著）Cambria, 2010年

叢書・現代社会のフロンティア⑯

ローカル・メディアと都市文化

――『地域雑誌　谷中・根津・千駄木』から考える――

2011年３月25日　初版第１刷発行　〈検印省略〉

2024年５月20日　初版第２刷発行

定価はカバーに
表示しています

著　者　岡　村　圭　子

発行者　杉　田　啓　三

印刷者　中　村　勝　弘

発行所　株式会社　ミネルヴァ書房

607-8494　京都市山科区日ノ岡堤谷町１

電話（075）581-5191（代表）

振替口座　01020-0-8076番

中村印刷・新生製本

ISBN978-4-623-05921-8

Printed in Japan